高等院校学生教育管理研究与实践

李洪霞 著

北京工业大学出版社

图书在版编目（CIP）数据

高等院校学生教育管理研究与实践 / 李洪霞著．—
北京 ： 北京工业大学出版社，2021.4
  ISBN 978-7-5639-7942-4

  Ⅰ．①高… Ⅱ．①李… Ⅲ．①高等学校－学生工作－
研究 Ⅳ．① G645.5

  中国版本图书馆 CIP 数据核字（2021）第 081835 号

高等院校学生教育管理研究与实践

GAODENG YUANXIAO XUESHENG JIAOYU GUANLI YANJIU YU SHIJIAN

著　　者：李洪霞
责任编辑：张　贤
封面设计：知更壹点
出版发行：北京工业大学出版社
　　　　　　（北京市朝阳区平乐园 100 号　邮编：100124）
　　　　　　010-67391722（传真）　bgdcbs@sina.com
经销单位：全国各地新华书店
承印单位：天津和萱印刷有限公司
开　　本：710 毫米 ×1000 毫米　1/16
印　　张：13
字　　数：260 千字
版　　次：2022 年 5 月第 1 版
印　　次：2022 年 5 月第 1 次印刷
标准书号：ISBN 978-7-5639-7942-4
定　　价：60.00 元

作者简介

　　李洪霞，女，1979 年 8 月出生，山东省泰安市人，毕业于天津工业大学，硕士研究生学历，现任聊城大学讲师、学院团委书记、高级职业指导师、二级心理咨询师。研究方向：思想政治教育专业。参与并完成国家民委科研项目一项、校级课题一项，获得省级以上奖励两项，指导学生比赛获奖多项，发表论文十余篇。

前　言

在建设创新型国家和实现人才强国战略中，高等教育肩负培养大批创新人才和高素质专门人才的使命，提高教育质量已成为当前我国高等教育发展的重要任务。高校学生教育管理质量保障是高校教育质量保障体系的重要组成部分，是各级教育管理部门、高校、教师、学生和社会都十分关注的问题。目前，从高校学生教育管理的发展历程和高校学生教育管理存在的问题出发，探索高校学生教育管理的本质，坚持科学的管理理念，制定总体管理目标，采用科学的管理模式，实现高校学生教育管理的科学化，创新高校学生教育管理理论，开辟中国高校学生教育管理发展的创新路径等，具有重大意义。

本书共八章。第一章为高校教育管理概述，主要阐述了高校教育管理的概念和内涵、中国高校教育管理的发展历程、创新教育理念下高校学生教育管理和立德树人理念下高校学生教育管理等内容。第二章为中外高校学生教育管理比较，主要阐述了中外高校学生教育管理现状与问题、中外高校学生教育管理主体特征、中外高校学生教育管理的运行机制、中外高校学生教育管理的理念与专业化发展以及中外高校学生教育管理的质性比较与文化反思等内容。第三章为高校学生教育管理工作在新时期的发展趋势，主要包括构建专门的网络平台，教育、管理、服务一体化发展以及智能化和信息化协调发展等内容。第四章为高校学生教育管理与思想政治教育的融合，主要包括高校学生教育管理的主要内容、高校学生宿舍管理与思想政治教育的融合、高校学生学风建设与思想政治教育的融合、高校学生资助机制与思想政治教育的融合、高校学生安全教育与思想政治教育的融合、高校学生就业指导与思想政治教育的融合以及高校学生教育管理与思想政治教育的融合路径等内容。第五章为大数据时代高校学生教育管理的模式转变与应对策略，主要包括大数据时代传统高校学生教育管理模式的弊端、大数据时代高校学生教育管理的模式变革、大数据时代高校学生教育管理模式创新和大数据时代高校学生教育管理的应对策略等内容。第六章为高校学生教育管理法治化存在的问题及其对策，主要阐述了高校依法治校存在的问题、依法治校背景下高校学生教育管理的法治化路径、高校学生法治意识培育的问题及培育路径以及法治观念与法治文化融合促进高校学生教育管理等内容。第七章为以生为本理念下的高校学生教育管理发展路径，主要阐述了以生为本教育管理的时代内涵、以生为本教育管理的价值特征、以生为本教育管理的诉求和以生为本教育管理理念的实践路径等内容。第八章为中国高校学生教育管理存在的问题与创新实践，主要包括高校学生教育管理存在的问题、高校学生教育管理与学生时代特征相融合的创新思考和高校学生教育管理创新实践等内容。

作者在撰写本书的过程中，得到了许多专家和同人的指导和帮助，在此一并表示感谢。由于时间仓促，加之作者能力有限，书中难免存在不足之处，请广大读者批评指正。

目　录

第一章　高校教育管理概述

随着我国高校教育的发展，高等院校（简称高校）无论是在身份定位、角色认同、功能定位、学科门类、培养结构、校园系统等方面，还是在师资队伍建设、在校学生规模、对外交流合作等方面，均已呈现出现代高校教育管理的特征和发展趋势。要使高校教育管理科学化、规范化和高效化，就必须以科学理论为指导，树立以人为本的高校教育管理理念，构建以人为本的高校教育管理体系，制定以人为本的高校教育管理目标。

第一节　高校教育管理的概念和内涵

一、高校教育管理的概念

高校教育管理是根据高校教育的目的和发展规律，调配高校教育资源，调节高校教育系统内外部的各种关系，进行有效的计划、组织、领导和控制，从而实现既定的高校教育系统目标的过程。

从教育管理的层面来讲，高校教育是中等教育基础之上的教育，因此，高校教育管理是指高校教育这一特殊的专业层面上的管理。

从管理的分类来讲，高校教育管理可以分为宏观高校教育管理和微观高校教育管理。

从管理的内容来讲，高校教育管理可以分为宏观高校教育管理中的战略规划管理、宏观调控管理，微观高校教育管理中的教育组织内部的具体的教育管理活动。

二、高校教育管理的内涵

对高校教育管理的概念进行分析，其主要包括三方面内涵。

（一）高校教育管理的依据

高校教育管理的概念首先指明了高校教育管理活动的依据是高校教育的目的和发展规律。高校教育的目的是为社会提供各级各类的高级专门人才，各级各类高级专门人才的教育是指：在类别上为普通高校教育、成人高校教育，在性质上为公办高校教育、民办高校教育，在层次上为专科教育、本科教育、研究生教育。这些教育的目的和目标是管理的根本依据。高校教育针对学生身心发展的情况，通过德育、智育、体育、美育等过程，培养全面发展的人。只有把人作为社会关系的总和来看待，才能对人的发展有全面的理解。因此，各级各类教育过程都有其自身的客观内在规律，只有正确认识它们的客观内在规律，才能实施科学的管理。高校教育必然会受到一定的社会经济、政治、文化的制约，并为一定的经济、政治、文化发展服务。因此，生产力和科学技术的发展水平，社会的制度、文化传统都对高校教育活动产生制约；无论是国家宏观的高校教育发展政策的制定，还是高校培养人的过程，都必须遵循高校教育的目的和高校教育发展的客观规律。这也是高校教育管理的出发点。

（二）高校教育管理的任务

高校教育管理的概念指出了高校教育管理的任务，就是有意识地调配高校教育资源和调节高校教育系统内外部的各种关系，以适应高校教育系统发展的客观规律。从一个国家或者地区来讲，高校教育系统是国家或者地区社会系统中的一个子系统；从高校教育组织系统来讲，高校也是一个社会子系统。由于系统中存在多种矛盾，所以，高校教育管理的任务就是协调并最终解决系统中存在的矛盾。在高校教育管理中，要用系统论的眼光来设计高校教育的整体与各部分之间、要素与要素之间、学校系统与外部环境之间、学校系统内部子系统之间的相互关系，树立整体的观念，并通过有效的管理实现系统要素间的整体优化。

（三）高校教育管理的目的

高校教育管理的概念还指明了高校教育管理的结果是不断促成高校教育系统目标的实现。高校教育管理的目的最终也只是高校教育目的的一种辅助性（工具性）目的。在高校教育系统中，培养人的目的是高校教育的根本目的，高校教育系统的一切工作（包括管理工作）都必须围绕这一目的展开。对高校教育系统中各种关系和资源的协调构成了高校教育管理的目的，即通过有效的管理，确保达到高校教育的实质性目的。因此，高校教育管理也只是手段。当然，由于高校教育管理有其自身的需要，所以其自身也有目的，如提高效率就是管理的目的之一。

综上所述，不论是宏观的高校教育管理，还是微观的高校教育管理，所依据的都是国家的教育方针，组织的发展目标，高校教育的发展规律，社会经济、政治、文化的发展背景与环境，通过各种手段进行协调和控制，保证提升高校人才培养质量、推动科学文化知识创新、促进社会进步等目标的实现，最终实现高校教育的可持续发展。

第二节　中国高校教育管理的发展历程

自中华人民共和国成立以来，我国高校教育管理工作基本在高校学生思想政治教育的框架内进行。改革开放后，伴随我国政治、经济、文化、社会的逐步转型，高校教育领域的改革也不断深化。我国高校教育管理的发展历程可以分为以下六个阶段。

一、孕育期：制度初建阶段

1949 年至 1965 年，我国的高等教育经历了完成社会主义改造时期和全面创建社会主义高等教育体系的阶段，完成了对旧的高等教育体制和高校的改造任务。这一时期高校学生工作完全从属于学校政治工作，还没有形成现在意义上的学生事务管理。

在这一时期，我国通过接管、恢复和调整，基本完成了对高校的改造，使之成为社会主义大学。教育部在 1949 年 12 月召开的第一次全国教育工作会议上强调教育工作要为政治服务。1952 年 10 月教育部在《关于在高等学校有重点地试行政治工作制度的指示》中指出，全国高等学校有重点地试行政治工作制度，设立政治辅导处，应有准备地建立政治辅导员制度，负责学生的政治学习、思想改造工作，这标志着高校政治辅导员制度成为学生工作的重要内容。1949 年至 1965 年，根据政治形势的需要，在党和政府的引导下，全国高校先后配备了一定数量的政治辅导员。受 1957 年反右斗争的影响，许多高校针对当时的国内政治形势在学校里设立了政治辅导处，政治辅导员人数开始增加。中共中央在 1961 年批准试行的《教育部直属高等学校暂行工作条例（草案）》的第五十条中规定："要逐步培养和配备一批专职的政治辅导员。"这是在正式文件中首次提出在高校培养和配备专职辅导员。

由此可见，政治立场坚定、思想觉悟高的政治辅导员成为这一时期教育管理的主要力量。这一阶段高校教育管理工作最为突出的特点是强调对学生的马克思列宁主义思想政治教育，强调政治挂帅和思想改造。高校将"对大学生开展革命的政治思想教育"列入高校培养目标，组织学生参加政治运动、生产劳动和社会实践，提高学生的社会主义觉悟和共产主义的道德品质。在机构设置和人员分工方面，强调政治领导，各高校先后建立党委、学生会等学生组织，组织开展学生课外活动。这一时期的教育管理工作由高校的党团组织和政治辅导员把持和负责，这一做法一直延续至今。而这一时期还没有出现完全意义上的学生事务管理。

二、停滞期：革命替代阶段

从 1966 年开始历时十年的"文化大革命"，对高等教育的发展产生了一定影响，高校的培养目标被改变，中华人民共和国成立后 17 年积累的高校学生教育和管理的做法与规章制度也被放弃，已经建立起来并逐步正规化的学生工作体系受到破坏。

"文化大革命"期间，学校停课，高校政治辅导员制度等规章制度被废止，高校教师、政治辅导员无法行使管理学生的职责，高校教育管理工作进入停滞阶段。

三、萌芽期：体系重建阶段

"文化大革命"之后，我国高校教育管理工作最重要的任务就是恢复和重建体系，在恢复"17 年体系"的基础上，根据新时期高等教育人才培养的要求，对教育管理工作进行改革。党的十一届三中全会之后，国家也对教育管理工作"政治统帅"进行反思，提出学生政治思想工作只是高校教育的一部分，"学生政治思想工作"被改为"学生思想政治工作"，虽然只是个别词序的调整，但反映出当时教育管理工作的指导思想发生了深刻变化。

1977 年高考制度的恢复使高校学生人数迅速增加，生源逐渐变得多元，高校教育管理工作面临巨大的挑战。1978 年教育部出台的《全国普通高等学校暂行工作条例》提出了恢复政治辅导员制度。1990 年国家教委出台的《普通高等学校学生管理规定》中提到了"学生管理"这一概念，包括学籍管理、课外活动、校园秩序、奖励与处分四大方面。这些文件对于规范高校教育管理起到了积极作用。

这一时期的高校教育管理工作有许多新的扩充，主要有以下特点：

首先，转变了对教育管理工作地位的认识，纠正了过去将教育管理工作当作政治工作的一部分的做法，教育管理工作成为高校教育工作的一部分，注重结合学生实际思想状况开展工作，强调站在时代的角度正确看待和评价学生。这一时期的教育管理工作对促进高校发展起到了重要作用，也因此在高校中取得了较为重要的地位，开创了我国历史上高校教育管理工作的新格局。

其次，教育管理工作的内容不断扩充。这一时期思想政治教育的主要内容都纳入教学计划，教育管理工作在高校德育工作系统中主要承担学生思想教育、学生管理和校园文化建设等任务。

最后，这一时期的教育管理工作以严格管理为方针，更加强调行政权力的运用和对学生纪律的管理，表现为对学生行为的规范和约束，以及对事关学生利益的一些事务的管理和控制。

四、探索期：理论实践初建阶段

20 世纪 90 年代，为适应社会主义市场经济体制和中国高等教育大众化进程的要求，我国高等教育开始了新一轮大发展和大变革，高校教育管理工作也随之发生了前所未有的深刻变化。1993 年，中共中央和国务院发布的《中国教育改革和发展纲要》提出了"逐步实行收费制"的高校招生改革和"自主择业"的毕业分配制度等改革措施。学费制度改革使经济困难学生数量增多，高校大规模扩张使毕业生就业形势严峻。这些导致高校教育管理工作日益复杂，业务领域和工作职能也处于不断扩张和发展之中。

可见，这一阶段高校教育管理工作发生了许多深刻的变化，得到了充分的重视，有了自己的独立地位，呈现出以下特点：

第一，在机构设置方面，全国高校普遍设置教育管理工作处（部），其职责包括思想政治教育、日常管理、奖惩激励等，同时，也开始将高校其他部门分管的涉及学生管理的具体事务如招生注册、学籍管理、宿舍管理、毕业分配等工作划归教育管理工作处。

第二，教育管理工作的范围不断扩大，就业指导、心理咨询和贫困生资助等事务开始进入教育管理领域。随着高校学生社团的逐渐兴起，社团管理也成为教育管理的重要内容。

第三，高校开始重视对教育管理者（辅导员、教师）相关知识技能的培训，管理者队伍呈现出四个特点，即专职与兼职相结合、使用与培养相结合、实践锻炼与正规培训相结合、稳定与更新相结合。

这一时期，我国高校教育管理的内容初步形成，内涵和外延不断丰富，进入理论与实践的探索期。

五、初建期：规模初步形成阶段

21世纪初，经济全球化和信息化促使高等教育发展进入一个新的阶段，高等教育大众化、大学生就业市场化、后勤管理社会化等对高校人才培养管理模式产生全面影响，使得高校人才培养模式和管理模式发生了深刻变化。

2000年以后，伴随着高等教育大众化的进程，我国高校学生的主要特征和生活方式也发生了很大的变化。由于学生在学业和就业等方面压力普遍增大，高校中因心理压力过大产生心理问题的学生增多。心理咨询服务和就业指导服务成为高校教育管理非常重要的一部分。

这一时期的高校教育管理逐渐取得相对独立的地位，工作职能进一步拓展，教育管理的规模效应初步形成，具体表现在以下四个方面：

第一，形成了一定的支撑理论和管理理念。马克思主义关于人的发展学说成为教育管理的理论基础，同时广泛吸收了思想政治教育学、高等教育学、高等教育管理学、教育心理学等领域的研究成果以及美国有关学生发展的理论，这在一定程度上丰富了教育管理的理论基础。这一阶段开始形成为学生成才服务的管理理念，在重视对学生管理和规范的同时，注重研究学生的群体特征和发展趋势，重视学生权益的保护，特别关注学生的心理健康。

第二，初步形成了管理、咨询、服务的内容体系。随着时代的发展和改革的深化，高校逐步加大了对学生的心理辅导、经济资助、勤工助学、就业指导、社团管理、宿舍管理等事务的工作力度。

第三，初步形成了学生事务管理的组织体系，管理职能日益扩大，服务功能开始细化。部分高校专门成立了学生工作指导委员会来协调各项学生事务，学生事务管理的职能在扩展的同时逐渐分化和不断细化，设立了学生心理咨询中心、就业指导与职业规划教育中心、勤工助学服务中心、学生活动管理中心、宿舍服务中心等组织机构，各高校对学生事务管理的经费投入也在日益增多。

第四，教育管理队伍的素质不断提高，教育管理制度逐步完善。这一时期许多从事教育管理的专职人员取得了思想政治教育专业的第二学士学位、硕士学位或者博士学位，极大地改善了教育管理队伍的学历结构和专业结构。与此同时，有关教育管理的交流、培训和研讨活动不断增加。

六、发展期：走向专业化阶段

随着我国高等教育迈入大众化阶段，高校也逐渐从规模和数量的扩张转向质量的提高，全面提高高等教育质量成为教育改革与发展最核心最紧迫的任务。

在这种背景下，高校教育管理作为高等教育的有机组成部分，其质量的提高也成为高等教育的重要目标之一。专业化发展是提升高校教育管理质量的必经之路，需要在管理意识、工作机制、队伍建设及资源配置等方面朝专业化方向变革和发展。

目前，我国高校教育管理正日益走向专业化发展，主要呈现出如下特点：第一，确立了教育管理"以生为本"的理念和较为系统的理论基础；第二，教育管理机构更为完善，管理与服务内容进一步拓展；第三，教育管理学科建设进一步推进，部分高校逐步开始在高等教育学专业下设立教育管理研究方向；第四，教育管理从业人员的专业化水平进一步提高，整体素质在逐步提升；第五，教育管理内容逐渐向多层面、专业化方向发展。

总之，在我国高校教育管理工作的发展历程中，思想政治教育始终是重要组成部分。但经过多年的发展，我国高校教育管理工作逐渐从单纯强调思想政治教育转变为教育、管理和服务并重，教育管理工作体系也由单一的思想政治教育演变为由思想政治教育和学生事务管理两个子系统构成。在此过程中，教育管理专业化水平有了很大的提高。

第三节　创新教育理念下高校学生教育管理

一、创新教育理念概述

（一）创新教育理念的内涵

教育理念是正确反映教育本质和时代特征的指导思想。创新教育是为了适应人类社会进入知识经济时代，适应建设创新型国家和未来国际竞争的需要，在全面推进素质教育的基础上提出来的。所谓创新教育，就是指发挥教育的主导作用，充分调动学生认识与实践的主观能动性，注重学生主体创新意识、创新思维和创新潜能的唤醒以及促进学生主体充分发展的教育。它的实质是更加重视人的主体精神，更加注重以人的创新发展为本的教育，着力培养学生的创新人格、创新精神和创新能力。从人才学的角度来看，创新教育是开发人的创新能力、培养创新型人才的教育；从教育学的角度来看，创新教育是为人们将来的创新发明打基础做准备的教育；从心理学的角度来看，创新教育是培养、训练人的思维（尤其是求异思维、创新思维）的教育。创新教育具有以下基本特征：

1. 超越性

就其本质而言，创新教育是引导和激励学生不断超越与前进的教育，具体包括：克服遇到的困难，超越障碍去获取新知；超越自己不满意的现状去改造世界，创造新的生活环境；超越自己当前的状态，提高自己的能力和修养。在教学与教育中，如果教师只是根据常规、按照教参、依据惯例行事，不能满怀激情地引导学生探究和突破在生活和学习中遇到的困难和障碍，实现超越，就不会有进步与创新。要想实现超越，仅仅不满足于客观现状，敢于改造客观世界是不够的，还要不满足于自我，不断提升自己的能力，提高自己的修养。教师要重视内因，重视学生内在的动力，引导学生自我认识、自我要求、自我教育，使之自觉地树立奋斗目标，超越现实自我，实现理想自我。

2. 探究性

在创新教育中，对问题的探究不可或缺。在教育活动中，不对问题进行探究，学生就不可能积极主动地参与，就不会有学生的独立思考和学生之间思维的碰撞而迸发出的智慧火花，学生的思维能力也就得不到真正的锻炼与提高。所以，没有探究就不会有创新性的学习与应用，探究在创新教育中是十分重要的环节。在教学中，教师应该鼓励学生独立思考、积极探索，得出自己独到的见解和设想，从而完成富有个人特色的创新性作业，同时还要注重让学生在探究的过程中，开阔个人的知识视野，形成探究的兴趣、创新性思考和学习的能力以及习惯。

3. 全面性

在创新教育中，教师要引导学生掌握全面的基础知识，多方面开发学生的潜能，使学生获得全面发展，这是学生创新的基础和前提。应不断拓宽学生的知识面，以博取胜；要鼓励学生对学科有所擅长，同时让他们懂得学习不能偏废，不应该出现某些知识领域的空白。在发展方面，不应该偏重认知，忽视兴趣、情感与意志等非智力品质的培养；在认知方面，不可以只注重思维，忽视观察、记忆、想象等能力的培养；在思维方面，不可以只重视以逻辑思维为基础的复合思维，或以形象思维为基础的发散思维。创新只依靠一两种素质，或某一方面的素质是远远不够的，必须全面开发人的潜能，运用人的整体素质，将人的全部经验、智慧、能力、情感和意志以最佳方式组合起来，并在解决问题的过程中加以运用，这样才能有所超越和创新。全面性并不是要求面面俱优，而是要从学生的实际情况出发，使他们的个性全面而自由地得到发展。

（二）创新的教育观念

传统的人才观念和教育观念在人们心中根深蒂固。虽然21世纪的知识经济对创新人才的教育提出了新的培养目标，但人们的观念很难在短时间内转变适应。因此，要真正将创新性的人才培养纳入正轨，就必须树立创新的教育观念。

1. 价值观

创新的价值观就是指要深刻理解创新对促进社会进步和个体发展的重要作用，要让所有教育者和受教育者充分认识到创新能力的价值。就国家而言，民族的创新素质是民族腾飞和兴旺发达的基础，是民族综合实力和竞争力的重要标志，是民族生生不息的发展源泉和动力，也是民族进步的灵魂和核心，因此，要把提高整个民族的创新素质视为教育工作的重中之重。就社会个体成员而言，创新素质是一个人最具有价值的能力体现，要把创新素质看作不断突破自我、超越自我，获得更高层次发展的体现，因此，要认识到创新素质不仅是一个人的智力特征，更是一种人格特征与精神状态及综合素质的体现。从教师的角度来说，应该树立起以培养学生的创新素质为自己神圣职责的坚定观念，任何一种阻碍学生创新素质发展的做法，都是教育工作的失败。从学生的角度来说，如果他们没有把自身创新素质的发展看作努力追求的目标，就是缺乏理智的表现，他们不仅是对自己缺乏责任感的人，还是对社会缺乏责任感的人。从学校的角度来说，如果不将培养受教育者的创新素质作为教育的目标，不能为学生创设有利于创新素质发展的环境与氛围，那么，这样的学校绝不是一所好的学校。总之，我们要使所有的社会成员，尤其是教育工作者和学生树立起以创新为荣的观念，把不断探索、积极创新、推动社会进步作为自己的神圣职责和应尽的义务。这样的创新价值观，对整个社会成员创新素质的发展会起到持久有力的激励和推动作用。

2. 教育功能观

创新的教育功能观需要我们重新认识并理解教育的作用和本质。当代教育要超越传统教育"传道、授业、解惑"的功能，把培养学生的创新素质作为自身的使命和任务。利用教育手段培养学生的创新性才能，是当今教育的真谛。1972年，联合国教科文组织国际教育发展委员会的《学会生存》报告中曾指出，

"人们愈益要求教育把所有人类意识的一切创造潜能解放出来""人的创造能力，是最容易受文化影响的能力，是最能发展并超越人类自身成就的能力；也是最容易受到压抑和挫伤的能力。教育具有开发创造精神和窒息创造精神这样双重的力量"。这表明，在培养学生创新能力的过程中，教育是一把双刃剑，教育能否发挥其固有的正面功能和作用，关键一点就在于我们是否对教育有一个正确的认识。只有我们在思想意识的深层认识到教育对培养学生创新能力的重要作用，我们才会积极探索和挖掘教育中有利于创新能力培养的积极因素，而避开传统教育中不利于学生创新能力培养的消极因素。反之，我们的教育活动就可能在无意识中助长挫伤学生创新能力发展的消极因素。心理学家皮亚杰也曾指出，教育的首要目标就在于培养有创新能力的人，而不是重复前人所做的事情，要使教育从以传统的传授、继承已有知识为中心的功能模式，转变为着重培养学生创新精神和创新能力的教育功能模式。

3. 人才观、学生观和教师观

在 21 世纪，国家与民族的竞争越来越表现为创新实力的竞争。在这样的一个大背景下，社会衡量人才的标准也发生了明显的变化，新的人才观强调的是具有创新精神和创新能力，认为只有这样的人才才能为社会的发展起到支持和推动作用。著名的计算机专家谭浩强教授指出，现在衡量人才的标准已由知识的积累改变为知识的检索和知识的创新。人们应该在最短的时间内，用最有效的方法获得原来不知道的知识，这就是一项本事，在这个基础上再去发展知识。只靠背书获得高分的人在 21 世纪是没有出路的。这表明，在 21 世纪，知识经济社会中的人才标准与传统农业社会和工业社会中的人才标准相比，已产生了质的飞跃。在新的人才标准下，人们对学生、教师及学校的认识评价观念也必将实现一次新的超越。

对于学生的评价，不应再停留在这个学生是否"听话"与"顺从"上，而应该注重保护和支持那些在学习上"爱钻牛角尖"和"爱耍小聪明"的学生。这些学生往往敢于尝试，敢于标新立异，不怕失败，并容易形成不断开拓创新的学习品质，他们往往能创新性地完成学习任务。许多事实表明，这些学生在走上社会后，其创新意识和创新能力明显高于在学校中学习保守的学生。年轻的学生最具有可塑性，整个社会必须营造出适合学生的创新能力发展的良好环境，使每一个学生都能在新的社会要求和标准下，个性得到充分发展，创新的激情不断得到激发，并逐步形成敢于创新的个性品质，最终成为社会所需的真正人才。

　　与此同时，要想培养具有创新素质的学生，教师必须具有勇于创新的品质，那些教死书、死教书，拘泥于考试大纲和教科书的教师将被逐步淘汰。要彻底改变"以教师为中心、以课堂为中心、以教材为中心"的教学模式，就要求教师必须敢于打破常规，不断探索出新的教学方法和手段，使教学活动真正成为活跃学生思维、启发学生思维和激发学生创新的过程。教师应该从传统的知识传授者变为学生探求知识的引路者，以培养学生的创新意识和创新能力为己任，这是创新教育对教师素质和角色的新的理解。而作为学生学习的主要场所——学校，也不应仅仅是传播知识的机构，更应该成为培养学生创新意识、创新思维、创新技能及创新个性的乐园。

（三）开展创新教育的意义

1. 提高学生的综合素质

　　人的智力主要由注意力、观察力、记忆力、理解力、想象力等能力组成，而创新能力是这些能力的有效综合。反之，创新能力的能动作用又将促进各种智力因素的积极发展，使之逐步完善。此外，创新的过程不会一帆风顺，需要创新者具有坚定的信念、坚强的意志、顽强的毅力等心理品质，还要克服一系列困难。创新教育的过程正是引导受教育者投身实践，锻炼上述种种非智力素质的过程。创新教育能使人的智力因素与非智力因素都得到改善，从而达到提高人的综合素质的效果。

2. 开发学生的创新潜能

　　提及创新能力，人们总会联想到科学家、艺术家，似乎只有这些人才具备这种能力。事实上，创新能力是一切正常人都具有的潜能。人本主义心理学家罗杰斯认为，具备创新能力的首要因素就在于人的自我实现的倾向。人的倾向在于自我实现，这一倾向是人的生命所固有的，它是个体要表达、要发挥自己固有能力的需要。这个倾向可能被深深地压抑在个人心中而不被发觉，然而它却实实在在地存在于每个人身上，而且一旦机会来到就会自我显露。

　　人不但具有高于一般动物的多种潜能，而且这些潜能需要通过释放的形式发挥出来，这是一种自然的倾向。教育对促进人类自身的发展是通过开发人的潜能并使之外化为适应、征服和改造自然的能力来实现的。创新能力作为人的一种心理潜能，在其未被挖掘之前只是以可能的状态存在。较之生理潜能，心理潜能更为微弱，更有赖于后天的学习训练和培养才能使之充分地转化为人的实际能力。创新教育对人的创新能力的培养正适应了挖掘人的潜能、实现自身价值的需要。

3. 促进学生的个性发展

创新是以人的创新活动为基础的。创新是人首次获取崭新的精神成果或物质成果的思维与行为。创新的本质是新，是独特，是与众不同。个性则是区别于其他人的稳定心理特征，也是独特性的体现。因此，创新能力与个性相辅相成，提高创新能力的过程，也是体现个性的过程。随着创新教育的深入，学生的创新能力逐渐增强，独特的创新成果逐渐增多，其个性也会日益鲜明。

4. 培养创新人才

在人类发展的历史中，教育经历了工具型教育—知识型教育—智能型教育三个阶段。在古代社会，教育是统治阶级用来传播其伦理价值、社会道德规范和行为准则的工具，主要为统治阶级培养忠顺的臣民。近代资产阶级提出了知识就是力量的口号后，教育随之进入了知识型阶段，科学知识在教育中的比重逐渐增大，提高学生的科学文化水平成为教育的基本目的。教育不仅要提高学生的道德、科学文化水平，更要提高学生的智力和技能水平。于是从 20 世纪50 年代开始，教育又过渡到了智能型阶段。智能型教育视智能为人才的根本素质，因而更加重视人的智能的发展。尽管三种类型的教育关注的内容有差别，但它们都以传递人类已积累的实践经验和成果为手段，强调对已有知识的记忆。传统的教育把掌握知识本身作为教学的目的，把教学过程主要理解为知识的积累过程，将知识掌握的数量和精确性作为评价的标准。然而，随着信息时代的到来，传统的重知识、重技能的教育所培养出的知识型、专才型人才已不能满足社会的需要。

在 21 世纪，我们要重新审视教育的培养目标。在现代社会，多媒体、网络技术的广泛应用使人们获取知识的手段日趋多样，课堂不再是获取知识的唯一途径。而在知识增长日新月异，试图拥有所有知识已经完全没有可能的今天，个体能否具备分析、判断、选择和创新性地运用知识的能力已成为教学的关键。因此，学校教育不能再局限于传授知识，创新能力的培养应是 21 世纪教育的最高目标。正如皮亚杰所说，教育的主要目的在于造就能干的人，他们不仅能重复前人做过的事，而且是有创新能力的人和发现者。

5. 促进教育健康发展

当今时代，科学技术突飞猛进，国力竞争日趋激烈。在综合国力的形成中，教育处于基础地位，国力的强弱越来越取决于劳动者的素质，取决于各类人才的质量和数量。改革开放以来，我国的教育事业成就卓著，但不容回避的是教育观念、教育体制、教育结构等滞后于时代的发展，不适应 21 世纪的要求，尤其是片面追求升学率的现象还不同程度地存在，升学竞争不断加剧，使学生难以得到全面发展。全面推进创新教育，对于改变我国教育的落后状况，促进教育健康发展具有重要作用。

二、基于创新教育理念的高校学生教育管理

（一）高校学生教育管理的目标

创新教育与传统教育不同，它是一种新型教育，它既不以知识积累的数量为目标，也不以知识继承的程度为目标。与传统教育相比，创新教育同样强调必要知识的积累，但更强调合理的知识结构及获取知识的方式；同样强调培养学生的各种能力，但更强调学生创新能力的培养。创新教育不仅相信人人都有创新能力，而且认为创新能力是可以通过创新教育开发出来的。创新教育坚持认为，应该根据学生的思维特点和才能情况，因材施教，把他们培养成创新型的人才。创新教育致力于开发学生的创新能力，培养创新型、复合型、通才型的新型人才。这是基于创新教育理念的高校学生教育管理和传统高校学生教育管理在人才培养目标上的根本不同。

为完成创新教育培养创新型人才的目标，高校应进行多学科教育，丰富高校学生的专业知识，因为时代的发展要求人们全面掌握各种各样的知识。一个人如果只了解本专业的科学理论和技术方法，而对其他专业和其他领域的事物不熟悉、不了解，那他就不算是一个成熟或合格的人才。进行多学科教育，有两方面的意义：其一，开展多学科创新教育，可以使学生不局限在一种专业之中，摆脱一种专业所容易造成的单一思维模式，实现多学科知识互补、优势嫁接，从而在不同思维模式的基础上进行多向思维。其二，开展多学科创新教育，可以使学生从其他学科中找到原专业的不足之处，从而有意识地抛弃旧知识、吸收新知识，做到有所发现、有所突破，进而在开发自身创新能力方面有所收获。因此，无论从学生创新思维的培养，还是从学生创新能力的提高上来看，进行多学科创新教育，都有利于创新教育目标的实现。

（二）高校学生教育管理的任务

1. 一般教学任务

（1）传授基础知识和基本技能

基础知识和基本技能就是通常所说的"双基"。所谓基础知识，是指构成各门科学的基本事实及其相应的基本概念、原理和公式等。它是组成一门学科

知识的基本结构，可以揭示学科研究对象的规律性，反映科学文化发展的现代水平。所谓基本技能，是指学生运用所掌握的各门学科中的知识去完成某种实际任务的最主要、最常用的能力。

（2）发展学生的智力和体力

智力是指个人在认识过程中表现出来的认识能力。它包括观察力、记忆力、想象力和思维力，其中思维力是智力的核心。智力和创新能力不是正相关关系，但智力对创新能力的作用不可忽视。发展体力不仅仅是体育教学的任务，还是各科教学的任务。教学要注意教学进度，防止学生课业负担过重，应使学生有规律有节奏地学习与生活，保持旺盛的精力，发展健康的体魄。

2. 特殊教学任务

（1）培养学生的创新意识

具备创新意识的学生不人云亦云，不满足于现状，不束缚于传统，遇事爱问个为什么，敢于质疑，善于发明，长于创新。创新意识是发明和创新的关键，没有创新意识的人，不可能有所发明和创新，所以创新教育要培养学生的创新意识。

（2）培养学生的创新思维

创新思维包括求异思维、求同思维、直觉、灵感和创新想象。创新思维是创新能力的核心。发明、创新是创新思维的成果，没有创新思维便没有发明和创新。创新思维的实质是人类大脑两半球的功能，创新教育必须培养学生的创新思维，以充分开发学生大脑两半球的潜能。

（3）传授发明和创新的技巧与方法

创新是伟大的，也是实在的，创新的成功有赖于创新的技巧与方法。人们已归纳和总结了众多发明创造的技巧与方法。例如，头脑风暴法之父亚历克斯·奥斯本提出 9 种创新技巧，考巴克在奥斯本的 9 种技巧的基础上又提出 35 种附加技巧；戴维·斯特拉维提出 66 种战略（战略是技巧的别称）；阿里特舒列尔总结出 40 种基本技巧等。目前，国内外学者提出的创新的技巧和方法已有 300 余种。在创新教育过程中，这些发明和创新的技巧与方法应让学生学习和训练，以提高他们发明和创新的能力。

第四节　立德树人理念下高校学生教育管理

一、立德树人理念概述

立德树人是指教育活动不仅要传授知识、培养能力，还要培育学生良好的思想品德、社会公德、职业道德、家庭美德，把社会主义核心价值观融入国民教育体系中，引导学生树立正确的世界观、人生观、价值观、道德观、法治观。

党的十八大报告明确将"立德树人"作为教育的根本任务，指出"要坚持教育优先发展，全面贯彻党的教育方针，坚持教育为社会主义现代化建设服务、为人民服务，把立德树人作为教育的根本任务，培养德智体美全面发展的社会主义建设者和接班人"。党的十九大报告提出，"要全面贯彻党的教育方针，落实立德树人的根本任务，发展素质教育，推进教育公平，培养德智体美全面发展的社会主义建设者和接班人。"在新时代，切实落实立德树人的根本任务，事关教育为谁培养人、培养什么人、怎样培养人的问题，事关实现"两个一百年"奋斗目标的大事，事关实现中华民族伟大复兴。

坚持立德树人，是中华民族的优良传统。"立德"最早见于《左传·襄公二十四年》："太上有立德，其次有立功，其次有立言，虽久不废，此之谓不朽。"自此，"立德""立功""立言"被视为圣贤"三不朽"的事业。其中，"立德"指树立高尚的道德品质，居"三不朽"之"太上"位置。我们由此可以看出，古人将道德追求作为人生的最高境界。"树人"二字源于《管子·权修》："一年之计，莫如树谷；十年之计，莫如树木；终身之计，莫如树人。"做一年的打算，没有比得上种植庄稼的；做十年的打算，没有比得上栽种树木的；做一生的打算，没有比得上培养人才的。由此我们也能看出古人对培养人才要做长远规划的重视。"立"，有培育、建立、践行之意；"树"，则有培养、造就、锻炼之意。"立德"是为了"树人"，而"树人"首先要"立德"。离开"立德"谈"树人"，就会偏离正确方向，"树"不好"人"；而离开"树人"谈"立德"，就会流于空洞形式，"立"不好"德"。

（一）立德树人理念的科学内涵

立德树人是一个由三个层次构成的人才培养体系。

立德树人的第一层次，也是首要的要求，是培养有德之人。要成才，先成人。

爱因斯坦曾说："用专业知识教育人是不够的，通过专业教育，他可以成为一台有用的机器，但不能成为一个完整的人。"在人才培养中，我们固然要为青年学生提供获取知识的途径，使学生拥有必要的知识，但首先要对青年学生的思想观念进行教育和引导，使学生拥有作为一个人所应有的良知、同情心、社会责任感以及担当意识，拥有较好的能力素质和道德水准，成长为和谐发展的人，这样的人"必须对美和道德上的善具有鲜明的辨别力"。我们强调立德为先，就是要首先培养学生正确的世界观、人生观和价值观，让他们懂得最基本的做人之道，这是树人的根基。

立德树人的第二层次，是使学生具备某一专业领域的合理的知识结构，以及相关的基本素质和能力，重点培养学生基础性的和必备的素质和能力，如身体素质、心理素质，理解能力、分析能力、自学能力等，使其具备一定的专业知识和能力，成为有用之才。这是一个人能够立足于世，并为国家、社会做贡献的基本条件。

立德树人的第三层次，是根据学生个人的兴趣、爱好、禀赋、倾向进行个性化培养，使其具备带有鲜明个性特点的专长，成长为富有创造力的和谐发展的鲜活个体。

（二）立德树人理念的基本原则

1. 因材施教原则

在立德树人的实践过程中，还要注重因材施教，即根据学生的年龄、发展特征、个性差异以及思想品德发展现状，采取不同的方法和措施，提高德育的针对性和实效性。孔子很早就提出了"视其所以，观其所由，察其所安"的德育方法，这体现的正是因材施教的原则。

2. 疏导性原则

疏导性原则是指进行德育时要循循善诱、以理服人。中国古代教育家孔子就十分善于诱导他的学生，其弟子颜回曾这样称赞道："夫子循循然善诱人，博我以文，约我以礼，欲罢不能。"这说的就是疏导性原则。对学生的德育应坚持疏导性原则，从学生的认识入手，调动学生的主动性，使他们积极向上。

3. 知行统一原则

在对学生进行德育时，既要重视对学生进行系统的思想政治理论教育，又要重视组织学生参加实践锻炼，把提高认识与行为养成结合起来，使其做到言行一致。

4. 教育的一致性与连贯性原则

在立德树人的实践过程中，教育者应当调动多方面的教育力量，统一认识和步调，有计划、有系统、前后连贯地教育学生，发挥教育的整体功能，培养学生优良的思想品德。

二、基于立德树人理念的高校学生教育管理

（一）高校学生教育管理的基本方法

1. 理论教育法

理论教育法是德育工作最基本、最常用的方法，又被称作理论灌输法，是指教育者通过系统化的理论教学，有目的、有计划地向受教育者传授中国特色社会主义理论体系和社会主义核心价值观，使受教育者完善思想道德观念，提升思想道德素质，树立正确的世界观、人生观和价值观的方法。在高校中，理论教育法最常见的形式主要有课堂教学和思政讲座两种。

2. 榜样示范法

榜样示范法，又被称为典型示范法。在德育工作中，榜样示范法主要是指教育者通过列举或引证在历史上或在现实生活中具有典型意义的人或事，包括先进和落后两个方面来示范或警示受教育者提高思想认识、规范自身行为的方法。所谓先进是指道德品质优良，能够在学习、工作和生活中起表率和引领作用的人或事；落后则是指违背社会思想道德规范，对人们的思想道德发展造成消极影响的人和事。习近平总书记曾指出，要在活动中注意总结典型，及时发挥示范推动作用。教育家夸美纽斯也曾强调，要用良好的榜样教育学生。榜样的力量是无穷的，可以感染和带动人们对先进人物或先进事迹进行精神学习和行为模仿，如雷锋就一直被认为是全社会思想道德品质学习的典型，在各高校中，每年仍会举行"雷锋月——学习雷锋精神"的各类主题活动。

3. 比较鉴别法

比较鉴别法是指教育者通过对两个或两个以上事物的属性和特点进行对比，引出正确的结论，从而提高受教育者思想和认识水平的方法。有比较才有鉴别。客观事物存在真、善、美与假、恶、丑之分以及此长彼短之别，运用比较鉴别法能引导受教育者更好地认识客观事物的本质特征，从而提高受教者的辨别能力。

4. 实践锻炼法

实践锻炼法是指教育者通过组织、引导受教育者参加各种社会实践或志愿服务活动，促使其在活动中充实和完善自我，深刻领会思想道德理论的内涵，并将其内化为自身思想、观念或规范的方法。

5. 自我教育法

自我教育法，顾名思义，是指受教育者在德育工作者的引导下，通过自我学习、自我总结和自我反思等方式，进行社会主义理论体系和核心价值观的学习，提升自身思想道德水平的方法。自我教育法在当代高校学生的立德树人教育工作中的作用不容小觑，自我教育的过程实际上也是一个提升自我认识能力、自我控制能力、自我调节能力的过程。

6. 咨询辅导法

咨询辅导法是指教育者运用心理学的基本原理和相关理论，通过现实或网络交流等形式与受教育者进行沟通交流，对其思想、心理和行为等方面给予帮助、启发和引导的方法。

随着社会的发展，受教育者面临学习、生活或就业压力，难免会产生思想困惑、内心苦闷、生活困难、选择矛盾等问题，并希望得到他人的帮助和指导，咨询辅导法便是针对这一情况所采取的方法。运用咨询辅导法有助于化解受教育者的思想困惑，能够帮助受教育者在复杂多变的社会环境中找到正确的解决问题的办法。

（二）高校学生教育管理的内容

1. 把握形势，促进学生全面发展

我们必须认识到，党中央反复强调立德树人，这是从实现中华民族伟大复兴和"两个一百年"的中国梦的战略高度，是从中华民族后继有人、中国特色社会主义事业后继有人的现实需求出发的。中国共产党领导的中国特色社会主义的伟大事业，需要一代又一代中华儿女为之不懈奋斗，我们培养中国特色社会主义伟大事业的合格建设者和可靠接班人，就是为之添砖加瓦。从这个意义上说，我们培养高校学生就是培养未来的接班人，必须有政治意识、政权意识、阵地意识，真正做到寸土不能失、片瓦不能丢、丝毫不能让。

要以社会主义核心价值体系为导向，加强社会公德、职业道德、家庭美德、个人品德教育，加强集体主义、遵纪守法、明礼诚信和团结互助教育，弘扬中华传统美德，弘扬时代新风，引领全体学生树立正确的世界观、人生观、价值观、道德观。要用马克思主义中国化最新成果影响和教育学生，用"中国梦"感召学生、激励学生，引导学生正确认识社会发展规律，主动关心国家前途命运，自觉承担社会历史责任，进一步坚定在中国共产党的领导下走中国特色社会主义道路，实现中华民族伟大复兴的理想和信念。要倡导富强、民主、文明、和谐，倡导自由、平等、公正、法治，倡导爱国、敬业、诚信、友善，积极培育和践行社会主义核心价值观，培养学生的社会责任感、创新精神、实践能力。

要根据高等教育发展的新要求，把现代企业的优秀文化理念融入人才培养全过程，融合人文情怀和科学精神，提高学生的个人修养和职业能力，促进其健全人格的养成，实现学生职业生涯适应性和创造性的结合。要将德育与智育、体育、美育相互渗透，贯穿于教育教学全过程，共同构成并推进高校素质教育，增强学生的自信心，支撑学生的全面和可持续发展。

2. 牢记教育职责

立德树人，责任重于泰山，责任更要转化为行动。高校学生的可塑性强，世界观、人生观、价值观尚在形成之中，如果我们不去教育和引导而是放任自流，那么学生会很容易迷失方向，教育学生是我们的时代责任。当然，从工作职责上看，作为教育者，如果不深入一线，不做具体工作，或者不关心学生需求，不解决学生的实际问题，就是我们的失职，教育者必须承担岗位责任。

3. 提高人才培养认识

培养学生，对于学校来说是一个局部，但局部连着全局，汇聚于整体。只有在整体的指导下抓好每一个局部，才能铸就基业长青。与此同时，对于一个学校来说，一个学生也许不到千分之一，甚至只是万分之一，但他关系着多个家庭，是几辈人的希望，因此，学校必须注重"为了一切学生，为了学生的一切，一切为了学生"，绝不放松和忽视百分之一、千分之一乃至万分之一。从这种意义上说，高校学生教育管理必须坚持将重心移向学生，工作为了学生，把人才培养工作放在首位，把立德树人，尤其是"德"放在第一位，真正把学生培养成德才兼备的优秀人才。

4. 提高师资队伍素质

立德树人，师德为范。立德先立师，树人先正己。培养和造就一支学高身正的教师队伍，是立德树人的关键。高校要根据学校教师队伍的实际情况，帮助和培养青年教师成长，这种培养既包括政治上的引导、生活上的辅导、工作上的指导，又包括学历的提升、职称的晋升，更重要的是世界观、人生观、价值观的正确养成和优化提升，既要给他们压担子，给予其特殊的培养和锻炼机会,同时又要关心他们的家庭、生活和工作。辅导员身处教书育人和立德树人前线,他们的精神、心理、体力负担更重,压力更大,学校的各级干部、各职能部门要主动为他们分忧解难、排压减负,更多地为他们开展一线工作做好后勤和保障工作。对于学校的中层干部和具有高级职称的教师,要倡导他们有更多的主动性和自觉性,在教育学、心理学等方面有丰富造诣,努力与学生贴得更近,把育人工作做得更好。

5. 形成育人工作合力

教书育人、立德树人,不仅要有良好的外部环境,更要有浓厚的内部氛围,不仅要在促进校企合作育人和学校、家庭、社会互动育人上有创新、有突破,更要在内部形成教书育人的合力,深化和改进学校的各项工作。要充分发挥思想政治理论课和其他各类课程的育人功能,深入开展形势政策与道德修养教育,增强德育的针对性、实效性和感染力。要重视义工活动,深化志愿者活动,教育和引导学生无私奉献、服务社会,培养学生的道义、信念、良知、同情心和责任感等道德品质。要完善"三个课堂",夯实教育阵地。第一课堂以专业知识教育、通识教育和思想政治理论教育为主,培养学生的职业素质和职业精神、人文素质和人文精神、科学素质和科学精神,是学生增长文化知识、提高理论修养、兼具德才品质的主要途径。第二课堂以学生社团为主要活动载体,为学生的个性、潜能以及创造力的发挥与提升提供宽广舞台,促进学生个性的发展,激发学生的创新能力,增强学生的组织能力和人际沟通能力,培养其团队协作精神,塑造其完善人格。第三课堂以校外社会实践为主,提高学生的自我定位、自我展示、自我调控能力,引导学生理论联系实际,关爱他人,奉献社会。

高校要始终坚持把立德树人作为高校学生教育管理的根本任务,在不断提高人才培养质量、提升办学水平的过程中,逐步实现高校教育的科学发展,为我国经济社会发展和现代化建设培养德才兼备的高素质技术技能型人才,为提高国民素质做出重要贡献。

第二章　中外高校学生教育管理比较

在高校学生教育管理方面，中外高校有一定的相似之处，同时也存在很多不同的地方。本章将以美国为例，对中外高校学生教育管理进行比较研究。

第一节　中外高校学生教育管理现状与问题

一、法治与民主管理中管理对象的主体性缺失

自依法治国和构建和谐社会提出以来，相关领域的改革进行得热火朝天，但高校法治化进程所取得的进展并不明显。我国高校学生教育管理重视依法治校和落实民主管理理念，进行了教育管理制度、教育管理机制以及教育管理作用的一系列开发，但并未取得显著效果，教育管理制度没有充分体现民主性原则。在教育管理机制、教育管理作用方面，监督机制、评价机制和协调机制的主体多为学校或者教师，而非广大高校学生，教育管理体系的服务作用、引导作用并不明显，高校学生教育管理的内涵未能得到深层次的表征。这是中国高校法治与民主管理的基本现状，反映出的教育管理问题较为突出，不利于高校学生教育管理法治化、民主化的发展。

二、行政与学术管理分离削弱了服务作用

美国高校学生教育管理实行行政与学术管理相分离的制度，该制度可以全面提高高校行政管理的针对性，使资源配置更为合理，并提高资源开发与引进的科学性。学术管理针对科研和教育工作的发展提出了更为明确的要求，与此同时，课程设置、科研管理、人才培养模式的目标构建也更加具体，管理方向聚焦于教育发展。该制度的不足之处是，行政管理为技术管理提供的服务没有发挥明显作用，行政管理制度、范围、职能涉及教育开展过程，使得高校学生

学术管理的服务职能模糊不清。学术管理没有涉及资源管理和资源保障，也不能及时为行政管理提供反馈意见，导致高校学生学术管理的功能、作用具有独立性，无法实现服务作用的协调发展。这是美国高校学生教育管理的基本现状，其内在问题较为突出。

第二节　中外高校学生教育管理主要特征

一、中国高校学生教育管理主要特征

（一）依法治校是教育管理思想的核心

依法治校不仅体现了和谐社会高等教育办学管理中"民生法治"的精神和理念，而且是高校突出办学特色、获得更大发展的必经之路。中国高校应依照构建法治社会主体思想，秉承依法治校全新理念，增强教育管理体系构建的制度性和原则性。教育管理体系对学生管理制度、行政管理制度进行科学完善，前瞻性地分析潜在教育问题，从而建立了具有较强防范能力的教育管理新制度和新原则。与此同时，在教育管理体系政策法规方面，全面延伸高等教育相关法律规定，形成了具有高校自主特色的教育规定，为高校学生教育管理工作的"特色化"开展打下了坚实的政策法规基础，也对高校学生教育管理体系的运行起到了积极的推动作用。这不仅是当代中国高校学生教育管理体系构建的新特征，而且是构建思想适应社会发展新形势的具体表现，高校学生教育管理特征呈现出中国特色。

（二）追求民主是教育管理体系构建的新特征

高校学生民主素质的养成极为重要。学生通过网络参与民主管理，有助于增强高校学生的民主理念，提高其民主实践能力。这对推动高校民主管理、推进社会的民主化进程，具有十分重要的意义。中国高校学生教育管理追求民主，强调学生自主管理目标的实现，鼓励学生积极参与教育管理过程中教育管理组织形式的构建，从而体现出民主与自由的新特征。在构建教育管理体系的过程中，课程设置的民主性更为具体，针对学生的内在需求，课程设置体现出尊重学生的特点，提出人性化、个性化新观点，课程设置具有更高的民主性、合理性。在教育模式方面，创设民主化的课程环境、课程氛围，切实满足学生教育模式建设的需要。在教育制度、规则、标准的确立方面，尊重学生参与相应制度、规则与标准制定的权利，从学生的视角审视教育管理的规范化，使高校学生教育管理体系的学生民主意识和理念得到进一步彰显。这不仅是中国高校学生教育管理体系构建的基本特征，而且是将满足学生意愿作为教育管理体系构建新观点的集中体现，体现了中国高校学生教育管理尊重学生个性化、人性化发展的特点，切实提升了管理对象、管理范围、管理目标的针对性，有助于高校教育管理体系获得更好的运行效果。

二、美国高校学生教育管理主要特征

（一）教育与行政管理相分离

目前，美国高校已发展为具有完备组织制度的机构，共包含三个层级，分别是总校、分校和学院，并且有评议会代表大会、分校学术委员会、常设及特设委员会、教授会等组织运作模式，其决策运行具有教育权力与行政权力相分离的特点。教育与行政管理相分离，也就是强化高校管理职能，增强其针对性，从而科学把控教育和行政管理的侧重点。在高校学生教育管理体系中，教育管理的重点是教学活动、发展路径、科研工作目标、课程设置，从而建立并健全管理体系、管理职能，推动与促进高校课程改革与发展。行政管理的重点是资源分配、资源开发等，为高校师资力量的发展提供合理的管理流程。美国高校学生教育管理体系的构建，对高校学生教育管理体系职能作用的全面发挥具有积极影响，有助于教育、科研工作的开展以及资源分配的合理性、资源开发的科学性之间保持协调，可以促使高校教育健康、稳定地发展，从而为提高高校学生的综合能力提供有力的外在保障。

（二）以学生为本的教育服务管理思想

美国高等教育的现代化程度较高，深入落实以学生为本的教育服务管理理念，从环境建设、课堂教学、师资队伍、功能设施、校园管理、网络服务等方面为学生的学习和生活提供优越的条件和良好的环境。以学生为本是美国高校学生教育管理体系构建的重要特征，高校重视教育管理体系为学生提供服务的作用，其构建教育管理体系的根本目的是引导与服务。美国高校以学生为本的教育管理体系构建思想，体现了管理体系构建的层次不应停留在管理的表层含义上，还应该把管理当作平台，为教育和科研工作提供服务，从而间接促进学生的社会发展。人性化的课程管理设置、课程开展模式、课程组织形式等，使美国高校学生教育管理可以满足不同学生、教师以及科研项目发展的需求，为高校教育人性化、个性化服务与管理提供助力。这是目前美国高校学生教育管理体系构建与发展的总体特征，将重点落在教育管理与服务相结合的层面，可以更好地适应高校教育国际化发展的新形势。

第三节　中外高校学生教育管理的运行机制

一、中国高校学生教育管理的运行机制

在我国，高等教育的发展目标、高校的管理体制、传统管理模式的影响等因素决定着教育管理机构的设置，在实践中形成了相对统一的党政共管、条块结合、以块为主的运行机制。

（一）中国高校学生教育管理的机构设置与内容体系

我国高校学生教育管理的组织结构较为统一，大多数高校实行党政共管、条块结合的直线职能型的运行机制。

1. 学生工作部（处）

学生工作部是学校党委下属机构，学生工作处则是行政机构，一般二者合署办公，负责学生的思想教育和日常管理，具体包括：

第一，负责研究制定学生教育管理的各项规章制度，如校园安全管理规定、宿舍管理规定；同时组织落实好上级部门的有关规章制度。对学生实施校纪校规和安全教育并对违纪违规行为进行处罚，抓好校风、学风建设。

第二，根据上级部门和学校的要求，对全校学生开展思想教育，深入了解和掌握学生的思想动态以及学习、生活状况，负责学生稳定工作和突发事件的防范工作。

第三，负责学生德育考评、各类奖学金和助学金评定、先进集体与先进个人的评选及表彰等工作。

第四，负责学生招生宣传工作，会同招生办公室、团委、后勤保障部门等职能部门，落实新生接待、入学教育、军训等工作，做好学生的学籍管理和档案管理工作。

第五，负责辅导员队伍建设，做好业务培训、工作指导和考核评价等。

第六，会同勤工俭学、心理咨询、就业咨询与指导以及后勤保障等部门，

共同完成学生心理健康教育与指导工作、就业指导教育（创业指导）和学生宿舍的管理工作。

2. 学校团委

学校团委是共青团的基层组织，在学校党委的领导下，主要负责开展团员教育、校园文体活动、社团活动、社会实践与志愿者活动、科技创新活动等，同时指导学生会开展工作。一般而言，学校团委设专职教师，按照团委职能设置内部工作机构，如组织部、宣传部、社会实践部等。校团委通过院（系）团委来落实各项具体工作，院（系）团委也设置相应内部机构。学校团委的具体职责包括：

第一，根据上级团委和学校党委的工作部署和要求，制订工作计划，研究部署各项活动开展。

第二，抓好团组织建设，规范团组织管理，鼓励基层团组织开展丰富多彩的团活动，团结、教育和引导广大团员。

第三，做好党的助手，开展好团员教育、培训和管理，向党组织推荐优秀团员作为发展对象，做好优秀团员、团干部等的评选工作。

第四，开展好校园文化活动和社会实践活动，丰富学生校园生活，对学生施加隐性课程的影响，主要形式包括：会议报告、座谈讨论、演讲征文、传媒和展览、社团活动、联谊与竞赛以及社会实践等。

第五，发挥好密切联系学生的桥梁纽带作用，了解和反映学生的思想、要求，鼓励学生参与学校民主管理和学生事务管理。

第六，指导和支持学校学生会、学生社团开展工作，帮助学生实行自治。

3. 勤工俭学管理中心

勤工俭学是指高校学生利用课余时间参加劳动获取一定报酬的社会活动。20 世纪 90 年代后，勤工俭学成为学校教育的一项重要内容，被纳入学生教育管理范畴。高校普遍在学生工作处或团委下设勤工俭学管理中心或勤工俭学办公室，作为管理、协调全校学生勤工俭学的组织机构，加强对学生的管理、服务和教育。勤工俭学管理中心为学生提供的岗位，主要包括三大类：家教、企事业单位兼职、校内岗位，以服务型工作为主。此外，勤工俭学管理中心还帮助家庭经济困难学生办理助学贷款，以及引入社会慈善力量开展资助活动等，帮助学生顺利完成学业。

4. 心理咨询服务中心

随着高等教育大众化的发展，高校学生因学习、生活、就业压力引发的心理问题越来越突出，心理咨询服务得到普遍重视。目前我国高校开展的学生心理咨询主要是面谈咨询，也有部分高校针对学生的不同情况开展电话咨询、集体咨询、网络咨询等活动。部分高校的心理咨询服务中心还对每一年的入学新生进行心理测试并建立新生心理档案，开设心理健康教育类公共选修课及心理健康讲座，通过沙盘等心理游戏开展团队辅导，主动实施心理危机干预，培养学生的心理健康意识，从而为实现高等教育的目标奠定基础。

5. 就业咨询与指导中心

随着社会主义市场经济体制的逐步建立和高等教育改革的深入开展，高校普遍实行"自主择业"的就业制度，学生的就业压力日益增加。20 世纪 90 年代以来，各高校将就业指导和职业规划咨询作为工作的重中之重，在开展学生思想政治教育的同时，开始重视学生职业规划、择业指导等工作。国家对这项工作高度重视，如在 1995 年国家教委颁发的文件中规定了高校必须开设就业指导课程，在国家教委 1997 年出台的《普通高等学校毕业生就业工作暂行规定》中明确规定了高校就业指导的主要任务。现在几乎所有高校都设立了就业咨询与指导中心，将就业指导列入课程，通过各种渠道向学生宣传国家的就业政策和法律法规，向学生发布大量的就业信息，通过各种活动和培训帮助学生掌握择业技巧和提高就业能力。随着社会经济的发展，高校学生创业成为另一种就业途径，也成为就业咨询与指导中心的一项重要的工作内容。

6. 后勤保障服务中心

后勤保障服务中心主要在食、学、住方面为学生提供服务。在饮食服务方面，主要抓好校园食堂的硬件设施和软件服务，在保证食品安全、卫生的前提下充分考虑不同地区学生的饮食习惯，尤其是少数民族的风俗，如设立回族学生独立食堂。随着后勤社会化，学校食堂实行承包制，但高校的监督、控制作用依然很强，有的高校邀请学生参与对食堂饮食质量、安全和服务等方面的监督，从而更好地满足学生需求。在学习服务方面，主要做好教学楼日常保洁、安全防卫、各项设备保养以及校园环境布置等工作，为学生营造一个整洁、舒适的学习环境。在住宿服务方面，主要负责安排好学生宿舍。在 20 世纪 80 年代以前，高校的学生宿舍主要由后勤管理部门负责，也有部分高校的学生工作部门参与宿舍管理。20 世纪 90 年代以后，高校加大了对学生的教育管理力度，积极优化校风和学风，学生工作职能部门开始重视宿舍的育人功能，开始介入学生宿舍的管理。部分高校将学生宿舍作为教育和管理的重要平台，通过改善学生宿舍的物质环境，提高宿舍服务质量来促进学生发展。

7. 院（系）学生事务管理的机构设置

院（系）学生事务管理机构主要依据校级管理机构进行相应的设置，一般由党委副书记专职负责学生事务管理，结合专业和学生特点制定学生管理制度，并接受院（系）党政和校级学生事务管理部门的双重领导。设立院（系）团委，接受学校团委的业务领导，对应设立组织部、宣传部、外联部等职能部门；同时根据学生数量和专业设立基层团支部，院（系）团委通过团支部来实现对学生的管理。成立院（系）学生会，实行学生自治管理。由此，各院（系）内形成"块状"的二级学生事务管理组织机构。在院（系）学生事务管理中，辅导员是不可忽视的管理者，是最直接、全程化帮助学生成长和发展的管理者。

我国高校学生教育管理组织机构是与我国高校的学科组织划分和内部管理体制相对应的，具有以下显著特点：

一是层级性。从上到下形成一种等级化的界线分明的层次结构，这是一种典型的金字塔结构，处在塔尖的管理高层通过一个等级垂直链控制着整个组织体系。

二是严密性。教育管理组织通过等级结构进行控制，权力分层，职位分等，层层节制，环环相扣，秩序井然，严格的岗位责任制使每一个管理者都统一在一个法则系统之内。

三是稳定性。教育管理组织结构是一种相对稳定的结构，职责、职位与机构一般不会随外部环境的变化而变化。

四是单一性。在组织内部关系上是一种单一的纵向传输关系，缺乏有效的横向的和立体化的信息沟通关系。

五是封闭性。教育管理自成体系，组织外部力量很难实质性地介入管理工作。

教育管理组织结构的这些特点既体现了它的优势，也反映了其内在的不足。

（二）中国高校学生教育管理运行机制的特点

我国高校学生教育管理在实际运作过程中，形成了一套运行模式，形成了一种内在机制和体制。这种运行机制规定着管理者的行为价值导向，制约着管理者的思维方式和行为模式，决定着管理的方式、效率和水平。我国高校学生教育管理运行机制的主要特征在于程序化、一体化和规范化。

1. 程序化

著名社会学家马克斯·韦伯认为，科层组织通常要制定一整套规则和程序来规范组织及其成员的管理行为，以保证整个组织管理工作的一致性和明确性，这些规则和程序是根据合理合法的原则制定的，它们具有稳定性，可以保证科层组织的合理性、合法性、稳定性和连续性，我国的教育管理组织就是这样一种典型的科层组织，在其中渗透着各种有形或无形的规则和程序，管理者根据这些规则和程序按部就班地开展各项管理工作。

2. 一体化

我国高校学生教育管理组织是一个等级结构，具有等级与权力一致的特征，在这样的一个等级实体中，将各级管理者按权力等级组织起来，形成一个指挥统一的链条，按照自上而下的等级序列，由最高层级的组织指挥下一层级的组织直至最基层的组织，于是便形成一种层级节制的权力体系。这一权力体系是高度一体化运作的，要求统一思想，统一步调，统一方式，统一行为规范。

3. 规范化

每一个职位和相对应的管理者都有明确的职责分工，将组织中的全部工作分成若干个大的方面，然后再将每个大的方面的工作分为若干个小的方面，直到将每个小的方面的工作分工至每个职位。岗位职责规范和各种规章制度支撑和维护着整个组织体系，管理者的一切行为都必须有章可循，有"法"可依。一切重要的决定和命令都应形成正式文件下达，并要记录在案，用毕归档。职责、制度、规则、程序是传统的教育管理组织规范化的基本要求和主要表现形式。

我国高校学生教育管理组织具有指挥灵便，政令统一，标准一致，便于维护整体利益、统筹全局，有利于科学管理和提高组织效率等方面的优点。

二、美国高校学生教育管理的运行机制

美国高校种类繁多，学生教育管理的组织形式和结构各不相同，主要取决于各高校的组织宗旨、领导风格、办学规模、历史传统和人员构成等多个因素的相互影响和相互作用。

（一）美国高校学生教育管理的机构设置与内容体系

美国高校学生教育管理内容丰富，除学术活动以外的与学生有关的事务几乎都包含在内。现将美国高校学生教育管理工作分为管理学生和服务学生两大方面，管理方面涉及活动管理、指导和协调以及为学生活动提供保障，服务方面涉及咨询服务、经济资助和社区管理。美国高校根据学生事务内容体系进行机构设置，学生教育管理机构完全是应学生需要而设立的。

1. 招生

在美国高校中，招生工作人员扮演着"推销员"的角色。招生办公室和招生管理人员采用市场调查手段判断潜在市场、联络潜在生源，在招生中运用市场营销理念，通过印发宣传资料、发送邮件等方式宣传学校。例如，美国北卡罗来纳大学教堂山分校的招生工作人员就经历了从最初被动的"守门员"到主动争取生源的"推销员"的过程，该校在招生宣传、申请资料的审核、录取等过程中投入了大量的人力、物力。目前，美国社区学院和部分私立大学的招生办公室往往扮演"推销员"的角色，而知名的公立、私立高校在入学和招生中往往同时扮演"守门员"和"推销员"的角色。

2. 注册管理

美国高校对生源的争夺推动了"注册管理"的诞生，通过一系列的活动发挥注册管理在高校学生教育管理中的作用。美国高校会对学生的注册情况进行深入研究，如分析学生的择校原因、学习情况、家庭状况等，将相关的研究结果运用于指导和规范招生注册、学生服务、专业设置等实践工作，以实现通过注册管理来增加高校学生数量和提高生源质量的目标。注册管理的涵盖面十分广，囊括了学术资料支持、行政网络支持、自动化等级审定、学生履历管理、学生信息查询等方面。

3. 新生定向教育

定向教育是高校为了帮助新生顺利适应学校环境而开展的主题教育活动。通过一系列定向教育活动帮助新生迅速地实现角色转化，实现从入学前的学习生活环境到高校学习生活环境的转变，为学生打好学习及职业发展的基础。开展的活动主要包括：媒体宣传、团体活动、个别咨询、定向教育活动等。

4. 行为规范和纪律管理

美国高校学生行为规范通常包括学生必须遵守的校纪校规及对违纪行为的惩戒措施。美国高校对扰乱校园秩序、妨碍执法工作、拒绝完成学习任务、破坏公共财物、持有违禁药、持有枪支、侵害他人权利、伤害污辱他人等学生违规行为一般都制定了严格的处罚措施，在高校内建立监督和仲裁体系，使学生的合法权益得到保障，同时开展校纪和法纪教育，帮助学生实现发展的目标。

5. 宿舍管理服务

在美国高校中，宿舍管理服务一直是学生教育管理的重要内容，在这一领域内具有丰富的项目，这主要与美国高校实行学分制及学生管理的重心在宿舍有关。美国很多高校注重将住宿生活与学习生活融为一体，一般在学生宿舍中都专门开辟活动场所，设置图书阅览室、自修室，有的高校甚至在宿舍中开设课程、组织学习讨论、提供学业咨询等服务，营造一种学习、生活的和谐氛围，住宿服务项目已经成为美国高校教育计划的重要组成部分，为学术教育提供了有力的支撑。

6. 学习指导

在美国，高校学生教育管理者主要对学生进行学习观念教育、学习策略教育和学习指导，引导学生"乐学""善学"，帮助学生解决学习过程中遇到的实际问题。他们与学术事务管理部门各自发挥优势，各自尽力开展更多的研究活动供学生参与，他们与研究机构保持密切联系，及时更新信息，保证信息的准确性和有效性。

7. 经济资助

美国高校为学生提供的经济资助项目有很多，包括各类奖学金、助学金、助学贷款和勤工俭学报酬。奖学金主要用来奖励学生在学业上取得的成就，而不是根据学生的经济状况来发放的。助学金的发放则以学生个人收入状况及需要为考虑因素。助学贷款一般是根据学生提交的贷款申请由银行批准学生或学生所在的家庭贷款。勤工俭学一般是高校在内部设立一些勤工俭学岗位，学生通过申请后获得经济资助的途径，这是美国最普遍、最有效的资助方式。

8. 学生组织和学生活动

在美国高校校园中活跃着很多学生俱乐部或其他学生组织，这些俱乐部和学生组织开展多种多样的活动，极大地丰富了学生的校园生活。这些学生组织和学生活动一般由分管学生事务的副校长授权学生事务管理人员负责，他们为学生组织或活动提供咨询服务、经费、场所等，并为学生组织推荐指导教师等。美国高校一般都专门建有供学生活动的中心或大楼，为学生活动提供便利，给予指导和帮助。

9. 健康服务

美国高校普遍设有健康服务中心，一般经校长或分管学生事务的副校长授权，由一名专职主任或者副主任负责管理。健康服务中心的工作内容主要有举办健康讲座、派发健康宣传单、提供健康咨询服务等，中心一般都配有各种健康检测仪器和设备，用来测量学生的健康情况。

10. 咨询服务

咨询服务是指高校学生教育管理部门为学生提供非学术性的咨询和帮助。例如，宾夕法尼亚大学学生学习中心就为学生提供社交技能、学习技能、领导能力、人际沟通等方面的咨询服务。主要的咨询模式分为传统咨询模式、个别指导模式、团队咨询模式、学业辅导模式、综合会诊模式、研究探讨模式等。美国弗吉尼亚大学的心理咨询服务中心是学生健康部门的一个分支，为学生提供全方位的服务，满足学生进行心理咨询和治疗的需求，同时它也提供危机管理、专业咨询及心理健康教育等拓展服务。

11. 职业指导

就业咨询指导中心全权指导全校学生的生涯规划和就业择业。就业咨询指导中心一般由分管学生事务的副校长或学生事务处长直接管理。就业咨询指导中心下设不同的部门，分工协作。就业咨询指导中心对管理者的素质有严格的要求，需要有相关的从业资格证书，具有相关专业的硕士或博士学位，还要有很强的人际沟通能力，可以为学生提供专业化的服务。该部门的主要职责是引导学生做好职业定向，提供就业资讯，组织就业技巧培训等。

美国高校学生教育管理的内容体系全面而多样，上述内容是每所高校普遍涉及的。根据这个内容体系，设置相应的组织机构，如招生办公室、注册管理办公室、咨询服务中心、就业咨询指导中心等。除此之外，美国高校还设置了退役军人服务中心、妇女服务中心、残障学生服务中心、学生申诉办公室等，以满足不同学生的多样化需求。

（二）美国高校学生教育管理运行机制的特点

美国高校学生教育管理经过发展，其运行机制已经相对稳定和成熟，主要具有以下几个特点：

1. 行业协会规范对教育管理运行有较大影响

由于美国法律保障高校办学的自由，教育行政权力的影响力比较小，自治与自由是美国高校的共同特色，在高校学生教育管理中，行政权力较弱，主要依靠行业协会规范其运行。行业协会在美国比较成熟，它们在本领域制定的职业标准，为高校学生教育管理机构和管理者实施管理和服务，为设计学生发展的服务项目提供指导，也是教育管理从业人员必须遵守的行为准则。

2. 学生教育管理组织机构独立设置，条状运行

美国高校学生教育管理组织结构具有层级单一、高度分工和扁平化的基本

特点，属于典型的内部事务型模式，以扁平化方式运转。其组织机构采用独立形式设置，多数高校的院系中没有相应的管理机构和人员，管理相对集中，各学生事务管理中心或职能部门直接受主管学生事务的副校长的领导，并直接服务于学生。除个别高校外，学生教育管理的机构设置和权限分配只在学校层面进行，减少了中间环节，信息传递快捷，运行方式灵活，能更好地为学生提供面对面的服务。

同时，美国高校学生教育管理的组织架构是根据服务内容设置的，各机构之间相对独立，权责分明，功能高度分化。学生事务管理部门作为高等教育中的一个重要组成部分，与学术事务管理部门是平等关系，管理上没有隶属关系。根据不同的分工，高校各个学生事务管理部门在自己的职责范围内设置若干个管理中心，直接面向学生和学生组织提供指导和服务，多中心齐头并进，呈条状模式运行。

3. 学生教育管理机构设置以个性化服务为导向

美国高校学生教育管理涉及的服务内容非常多，在设计活动时把学生的需要放在首位，管理部门是根据学生服务的需要而设置的。教育管理机构非常注重学生个性的发展，会针对学生的个性差异提供个性化的帮助。美国高校为学生设立的各种咨询机构，有科学化的理论指导和专业化的工作程序，教育管理部门根据学生的需求安排和调整工作项目，学生可以自主地根据需要选择服务。教育管理机构的服务范围包括生活指导、学业指导、就业咨询、心理咨询等多个方面，可以帮助学生解决在生活、学习、社交、心理等方面遇到的实际问题。

4. 学生教育管理机构在人员配置上强调专业背景

美国高校认为，影响学生教育管理组织结构的一个重要因素是教育管理者的学科背景和专业能力。因此，美国高校最为重视的就是管理队伍的专业化，一般要求管理人员持有学生人事服务、心理咨询、学生事务等专业的硕士学位甚至博士学位。美国高校心理咨询中心的服务内容主要包括为学生提供社交技能、情感咨询和危机干预等服务，并通过预约的形式为学生提供专业化服务。咨询服务人员一般分为：学生顾问，负责学生生活中遇到的学习、住宿、生活等方面的问题；咨询顾问，负责学生的心理问题，一般是持有专业资格证书和行医执照的心理学专家和咨询病学专家。美国高校学生教育管理机构在选拔人员时除了考虑他们的综合能力、协作能力和应变能力之外，还鼓励每个人提升自己的角色能力并朝着某一个角色方向定位，让合适的人在合适的岗位上工作，以便发掘其专业素质和发展潜能。

5. 学生教育管理运行具有浓厚的法治化色彩

美国高校学生教育管理的运行不仅要遵守美国的教育基本法，而且要遵守各高校制定的规章制度，在管理中注重程序的正当性和严格性。例如，《高等院校学生事务管理》《学生事务应用手册》等都使美国高校学生教育管理在运行过程中具有可操作性。为了保护学生的合法权益，美国高校一般都设有纪律监督机构、仲裁机构和法律咨询机构，学校对学生的纪律处分都非常慎重，对处理过程都有明文规定和具体操作办法，充分体现了维护学校利益并保证学生合法权益的法律精神。同时，美国高校注重对学生法治观念的教育，设立了很多与学生教育管理相配套的法律咨询机构，为学生提供全面完善的法律服务。

6. 学生教育管理手段网络化

20 世纪 90 年代以来，网络技术的迅猛发展及其与通信技术的融合，使网络信息技术在美国高等教育领域的应用日益广泛。网络信息技术的发展为高校学生教育管理部门转变工作方式创设了条件，几乎所有的美国高校都建立了学生事务网站，为学生提供网上服务。学生可以通过校园网络获得各类信息，也可以在网上申请奖学金、参与社团活动、求职等。美国高校的教育管理者将网络信息技术视为创造良好教育环境的重要手段，将网络信息技术的应用与促进学生学习和个人发展有机结合起来。

第四节　中外高校学生教育管理的理念与专业化发展

一、中外高校学生教育管理的理念

教育管理理念是高校学生教育管理的重要组成部分，无论是我国高校还是外国高校对此都十分重视。

（一）中国高校学生教育管理理念

受传统文化的影响，我国高校学生教育管理理念倾向于从社会本位的价值取向出发，倾向于以管理本位为目的，在管理中侧重于规范和约束，在工作中强调与思想政治教育的结合。

1. 社会本位的价值观

高校学生教育管理的社会本位价值取向，就是在高校学生教育管理的过程中，把满足社会需要视为教育管理的根本价值。我国高校学生教育管理坚持"以社会为本"的价值取向，主张教育管理从社会需要出发，根据社会需要来确定学生的培养目标，即为社会主义事业培养合格的建设者和接班人。

我国高校学生教育管理的社会本位价值观重视教育管理的社会价值，强调教育管理应满足社会对人才的需要，具有导向性和合理性，在社会本位价值取向的指导下，我国确实培养了一批又一批的服务于社会主义建设事业的栋梁之材。但是，过分地把培养学生的目标与社会的需要联系起来，势必造成在教育管理过程中，因为要强调满足社会需要，所以忽视了学生自身的需要，造成学生"整齐划一"的发展，这会在一定程度上影响学生的个性发展和创造能力的提升，不利于学生的自我教育、自我规划以及自我控制意识的培养。

2. 管理本位的目的观

改革开放以后，我国高校学生教育管理的内涵正从"管理学生（人）"向"管理学生（人）和管理学生事务（事）"过渡，管理模式逐步由封闭集中式管理转向开放综合式管理，管理方式也由约束、控制和规范拓展到提供各类学生服务项目。然而虽然高校倡导"以学生为本"的管理理念，但在实际工作中，管理的目的仍然是为学校服务而不是为学生服务，在管理过程中突出"以教学为中心"和智力培养。因此，我国高校学生教育管理的理念实质上仍然坚持管理本位的目的观。

我国高校学生教育管理"管理本位"的目的观，就是在管理过程中坚持高校学生教育管理方式的控制性、学生事务管理主体的意志和目的以及管理结果的有效性，强调教育管理的各个部门形成严密的组织结构，在管理学生时严格按照管理程序和方法执行。

目前，随着社会、经济、文化的高速发展，学生在专业学习、心理健康、未来发展等方面呈现出新的时代特点，我国高校学生教育管理也随着高校体制改革的步伐开始日益分化和逐渐复杂化，向职业化、专业化方向发展的趋势逐渐明显。

3. 与思想政治教育相结合的实践观

我国高校学生教育管理是从思想政治教育中逐步分化出来的，与思想政治教育目标一致且功能互补，形成了与思想政治教育相结合的实践观。我国高校学生教育管理与思想政治教育都以培养人才为最终目标，只是工作重心有所不同，着力点有所区别。在实践中，学生教育管理利用思想政治教育的引导性特点来提高其管理效率，而思想政治教育也借助学生教育管理的生活化特点增强其教育效果。它们共同围绕人才培养目标各尽其职，扬长避短，共同努力为学生的发展服务，共同支撑学习活动的实施和开展。思想政治教育的主要功能是育人，对学生进行世界观、人生观、价值观教育，为学生提供价值、目标和行为导向，促进个体的政治社会化和人格完善，激发和调动学生的积极性、主动性和创造性。高校学生教育管理的主要功能是提供服务，重点是为学生的成长和成才提供良好的支持，促进学生在学习和生活方面的身心健康发展。可见，思想政治教育需要以教育管理为实施载体，而教育管理需要以思想政治教育为引导，二者紧密联系，不可分割。

（二）美国高校学生教育管理理念

美国高校学生教育管理把学生视作独立、平等的个体，重视学生自主参与意识的培养，形成了"学生发展"的终极目标和"服务学生"的价值导向。

1. 个人本位的价值观

美国高校学生教育管理坚持"个人本位"的价值观，在管理过程中，把学生个体的发展作为教育管理的根本，重视学生需要的满足、学生个体价值的实现和学生个性的发展，把学生的全面发展作为教育管理的终极目标。所以，美国高校学生教育管理的根本任务就是使学生的能力、学生的个性得到全面发展，主张按照学生的本性来规划教育管理。

2. "发展学生"的目的观

"发展学生"既是美国高校学生教育管理的理念，又是其要实现的最终目标。这种"发展学生"的理念首先表现为"完整的人"的发展，不仅要发展学生的智力，而且关注学生身心健康、职业倾向、社会关系等其他方面的发展。其次表现为"以学生为中心"的发展，在管理中始终强调以学生为本，尊重学生的主体地位，尽可能为学生提供各种服务。最后表现为管理工作的出发点和最终目标都是"发展学生"，所有的服务项目都以服务学生学习和个体发展为中心展开。不管是在"学生人事"阶段，还是在"学生服务"阶段，置于工作首位的始终是学生的权益。"发展学生"这一理论提出以后，服务学生的学习和发展成为学生事务管理和学术事务管理共同的任务，二者发挥各自的优势并积极合作，共同创造良好的校园环境促进学生学习和发展。

3. 主体平等的学生观

美国高校学生教育管理在实践中坚持主体平等的学生观，在管理中充分尊重每一个学生的主体地位，始终围绕学生来开展，旨在促进"学生作为一个完整的人"的发展，注重平等对话和差异化管理，从而最大限度地激发学生的内在潜力与学习动力。

（1）"完整"的学生生命观

美国高校学生教育管理强调把学生视为独特的、"完整"的人，强调不能把学生个体的身体、社交、情感、精神、道德等与智力发展割裂开来，而是应当关注学生的整体特征和完整的经历。强调各种各样的课内外活动以及校内外经历都要有助于学生的学习和个性发展，学生教育管理者应该整合各种资源，满足学生个性发展的需要，为学生提供发展平台和机会，充分挖掘每个学生身上的创造力。

（2）平等对话的学生地位观

美国高校学生教育管理将学生当作成人看待，认为每个学生都是独一无二的个体，在管理过程中应该充分尊重每个学生的价值和尊严，平等是学生教育管理者对待每个学生应持有的态度。平等是高校学生教育管理工作的核心要素，学生与学生教育管理者之间是一一对应的关系，是学生需要服务和学生教育管理者有责任与义务提供服务的关系。教育管理者应平等地看待多元化的学生群体，通过提供多元化的服务项目满足不同学生的发展需求，让平等、民主的氛围和精神融入校园环境，提升学生在学生教育管理中的主体地位。管理者与学生的平等对话关系不是指管理者和学生在教育中丧失各自的独特地位和区别性，而是教育管理者具有"平等中的首席"的地位，角色定位的重点和方向是学生学习的帮助者、促进者和启发者，在平等的对话中促进学生提升理论水平、习得学习方法、实现精神升华。

（3）差异性的学生发展观

美国高校学生教育管理在实践中坚持差异性的学生发展观，认为管理者应该积极地发现学生的个性差异并尊重他们的差别，而不是想尽办法去抹杀学生的个性差异。认为校园生活应该是丰富多彩的，每个学生的学习和生活体验也是多元化的，管理者在学生教育管理中应该树立差异化发展、区别化对待的学生观。一方面，促进学生向差异性方向发展既是教育管理的起点，又是教育管理的一个目标。世界是多样化的，在教育管理中管理者需要遵循这一规律，充分尊重和满足学生成长的个性发展需求，为学生提供个性化、多元化的服务项目。另一方面，每一个个体都具有无限发展的可能，管理者应该为他们提供尽可能多的展示个性的平台和机会，为每一个学生的差异性与无限可能性发展创造条件。在管理中以促进每个学生充分地、自由地发展为目的，发现并关注学生的差异性，善于发现和研究学生的个性特征，注重在管理中运用方式方法的多样化、灵活化、个别化，挖掘每个学生的优点、长处和闪光点，为每个学生提供展示个性的机会和有利的发展条件，从而使学生能更自觉、更充分、更主动地学习与发展。

（4）多元化的学生评价观

美国高校学生教育管理所倡导的多元化的学生评价观，认为学生是丰富性、多元性、立体性的存在，在管理中应确立多元化的学生评价体系，而不是简单地用统一的标准来衡量每个学生的发展潜力，更不是用统一的标准来管理和要求学生。由于每个学生都具有不同于他人的素质和生活环境，都有自己的爱好、长处和不足，有不同的发展速度和轨迹，所以管理者在评价学生时，应强调在学生个体所处的社会文化环境和具体的现实生活环境中对学生实施正确、客观的评价，注重评价方法的多样性、评价结果的相对性。管理者应对学生进行以个人学习方式与特点为基础的、多渠道和全方位的评价，为每个学生提供适合其发展的有针对性的建议和帮助，让每个学生都能看到自己学习与发展的潜质，从而激发学生主动学习的积极性。

4.服务和研究并重的实践观

尽管学生教育管理是美国高校管理系统不可或缺的重要组成部分，但它只是学术事务管理的有益补充，它的作用在于为广大学生创造学习的良好环境和氛围，更好地促进和支持学生的学习和发展。美国高校学生教育管理的定位是以服务学生为主，大量的咨询服务成为有效促进学生发展的关键。《学生人事工作宣言》所提及的各种咨询服务都与学生的学习和发展有关。同时，美国高校学生教育管理者注重将研究与实践相结合，积极为学生教育管理实践提供重要的理论工具，同时也使自己在以学术研究为主的高校中得到认可。管理者的研究成果大大促进了美国高校学生教育管理工作的实践和发展，实践的探索又进一步促进了研究的深入开展，形成了"以研究促发展，以实践推动研究的良性循环"，实现了从"以服务促发展"向服务与研究并重的转变，在这个过程中，教育管理者的角色定位也从原来的管理者和服务者转变为教育者和研究者。

二、中外高校学生教育管理的专业化发展

（一）中国高校学生教育管理专业化的现状

1.高校学生教育管理者专业化发展机制还需完善

（1）中国高校学生教育管理者专兼职结合的特点明显

我国高校学生教育管理者与其他职业的发展历程的区别在于，这一职业是在国家、政府介入的情况下发展起来的，而不是从自发的状态发展起来的。以辅导员为主要组成部分的教育管理者，分为专职和兼职两类，但专职教育管理

者的数量要明显比兼职人员少，而且基层的教育管理者容易因各种原因流失。部分高校现在已经将教育管理作为一种职业导向，在积极地探索和实践专业化体系建设，有些高校还为教育管理者配备导师，引导他们进行职业规划，以推动这支队伍的职业化发展。

（2）中国高校学生教育管理者缺乏教育或管理的学科背景

一些高校学生教育管理部门的高层管理者缺乏教育或管理的学科背景，他们大多承担"双肩挑"的重担，很多管理者既是各级管理部门的领导者，又要承担教学科研的任务，这对他们在管理方面的专业化发展非常不利。当然，这种局面正在逐步扭转，国家已开始重视这支队伍的专业化建设。

目前我国虽然有很多高校设有思想政治教育等相关专业来培养高校学生教育管理人才，同时又将思想政治教育作为一门科学加以研究，但辅导员队伍对理论的掌握仍然不够熟练，不够专业化。目前还没有形成专门为教育管理培养人才的成熟渠道。高校在招聘教育管理人员时基本上没有专业限制，只要求具备硕士以上的学历，有学生工作经验，并优先考虑中国共产党员。

2. 高校学生教育管理理论研究缺乏系统性和深度

理论是行动的先导，推进教育管理专业理论的研究与创立，才能指导教育管理的专业化实践。

（1）对教育管理自身的专业化建设研究尚未系统化

我国高校的学生教育管理专业化思想相对淡薄，对教育管理的专业化属性的认识不够清晰。我国高校在教育管理队伍建设方面很少从专业发展的角度来研究，专业标准和专业理论的研究成果较少；对管理者的动机、人际关系、决策的参与度等与管理的效率、价值之间的关系还未进行深入研究；对教育管理的内外部管理、内外环境适应性、组织结构的演变与优化等方面的研究较少；对学生教育管理的资源配置、利用与环境标准的研究也很少；对不同类型、层次的高校学生教育管理模式和评价的研究还很不清晰。

（2）对学生个体发展规律的研究还不深入

目前，教育的发展趋势要求围绕学生成长成才中迫切需要解决的各种实际问题和困难展开研究，从学科建设的角度出发，凝练若干学术主攻方向，通过学术研究提升管理者的综合素养，提升整体队伍的专业化水平，为管理队伍的专业化建设打下良好的基础。

但是，就目前国内的情况来看，多数研究是从社会需要、国家需要的价值取向来研究教育管理的，而从学生的发展规律和多元化发展需要入手对教育管理进行的研究还较少。另外，外部环境会给学生成长及心理发展带来哪些影响，由此给教育管理带来哪些具体冲击还缺乏理论研究。

（3）对发挥学生在教育管理中的自主性、参与性的研究较少

如何在教育管理过程中创造多维生活、学习场景，发挥学生自我管理、自我教育、自我完善的作用，真正使个人需要和高校人才培养目标、国家社会需要有机统一起来的研究成果还比较少见；服务于学生发展和国家、民族以及人类文化发展是高校这一社会组织存在的共识性理由，但学生的利益如何从管理模式上得到保护和重视是目前研究较为忽视的课题。如何保持教育管理的使命、高校目标与学生利益的一致性，在学校的日常管理以及重大决策中尊重学生群体的利益和需求，增强教育管理的服务功能，建立学生参与、监督、评价学校发展的管理模式，增强教育管理的民主性，提高学生对学校的认同度和满意度是未来需要研究的系统课题。

3. 高校学生教育管理内容与模式尚存在不足

（1）高校学生教育管理侧重"管理学生"，较难满足"专业咨询"的需求

我国高校学生教育管理者注重"管理学生"，工作内容以秩序管理为核心，教学方面的奖惩成为教育管理内容的主要部分。尽管目前我国高校在教育管理方面也拓展了许多新的项目，如心理健康咨询、住宿餐饮服务、贫困生资助、生涯规划等，但还有待于进一步探索与实践，尤其值得注意的是，在一系列新的服务项目中，"重管理、轻咨询"的特点仍然较为明显，咨询领域从业人员专业化程度较低，这与此类服务项目在教育管理中地位不高的现状不无关系。

目前国内已有部分高校能够转变观念，化"管理"为"服务"，从学生的需求出发，将学生视为"具有自由个性的现代人"，站在学生的立场，减少强制性的教育内容，弱化刚性的管理风格，强化人性化的服务意识，通过创设相对宽松的学习环境，增加可选教育内容，注重发挥受教育者的学习主动性和创造性，营造崇尚真知、自主学习、独立思考的氛围，提高教育管理的服务专业性和针对性，积极引导受教育者实现自身价值，开创了教育管理的新局面。

（2）高校学生教育管理的结构模式优点突出但仍有不足

我国高校学生教育管理主要采取"直线层级"和"横向职能型"的"条块结合"的结构模式，学校设有学生工作部（处），具体工作由各院（系）分管，形成学校—院（系）的二级组织结构。在校级层面，教育管理的工作分散在不同的部门，由各部门分别实施。在院（系）级层面，通常由党委（总支）副书记领导，辅导员、团委书记组成学生工作办公室。高校大多数教育管理都是通

过辅导员的桥梁作用，集教育与管理服务于一体。这样的组织结构主要是为了满足我国高校学生都在校园生活学习的需要，具有突出的优势，但也存在一些不足。例如，学校层面的专业化分工不够，院（系）学生工作接受多头领导，承担任务重，不利于教育管理的专业化发展。另外，校级各职能部门对全校工作负有指导和管理责任，但学生教育管理从业人员的人事权却在各院（系），容易造成"管事不管人"等困境。

目前，也有不少高校本着"以人为本"的工作理念，着手尝试教育管理机构的"扁平化"改革，从而使教育管理专业人员得以打破条线部门界限，直接面对受教育者，以群体协作的优势赢得服务质量的提升。实践证明，在高校学生教育管理领域，"扁平化"的组织结构有效减少了教育管理组织的中间层次，压缩了教育管理者的规模，增大了管理幅度，促进了服务信息的沟通与传递，具有旺盛的生命力。

（二）美国高校学生教育管理专业化的特点

1. 制度设计的专门化

（1）特定化的角色定位

在美国高校学生教育管理发展的不同时期，都有占主流地位的教育管理价值观，这些教育管理价值观不仅反映了不同时期的管理文化，并直接影响到教育管理者对教育管理地位的认识以及教育管理机构的设置、功能的设计、工作内容和方法的选择等，还会影响到教育管理者的角色定位。目前，美国高校专职教育管理者一般身兼教育者、领导者和管理者的角色。他们秉承"以学生为本、服务至上"的理念，关注受教育者的发展需要和自我需求，为他们的自主自由发展提供完备服务。

（2）多样化的工作内容

美国高校学生教育管理的工作内容具有多样化的特征，从功能上分为引入、融合和推介三类。例如，招生、注册、资助等内容具有引入功能。一些日常管理内容和为特殊群体服务的内容具有融合功能，如行为管理、学业辅导、宿舍管理、健康服务、安全保障以及为特殊群体提供辅导服务都是帮助学生尽快地融入校园生活的项目。推介类的教育管理内容主要是帮助学生适应未来的发展的一些项目，如生涯辅导、择业咨询、社区服务等都属于这一类。

（3）独立设置的管理机构

在学生发展理论的指导下，美国大多数高校都独立设置教育管理组织机构，并不是将其划归在学术事务管理部门中。在多数高校都有专门的教育管理负责人，一般情况下，在公立大学中都设有主管教育管理工作的副校长，在私立大学中有主管教育管理工作的"学生院长""学生服务主任"或"学生事务主任"等。

2. 管理队伍的专业化

在美国，高校学生教育管理已成为专门职业，其管理人员的选择、聘任、晋升有着严格的资格准入制度，从业人员的培养、训练、提升也有系统的学科培养体系。

（1）严格的资格准入制度

美国高校学生教育管理者有专职和兼职之分，但最显著的特点还是拥有一支具备相应学历和学科背景，职务和职位层次分明的专职从业人员队伍。教育管理者基本上都具备教育管理学、心理学、行政学等学科背景，具有复合型的知识结构，具有良好的专业素养和专业能力。管理队伍学历的整体水平比较高，都拥有学生事务相关专业的本科以上学历，而中高级管理者都具有博士学位或者高级从业资格证书。

（2）系统的学科培养体系

美国高校为教育管理者的职业发展设置了比较系统的学科培养体系以满足其职业发展需求。每个州都至少有一所大学开办相关专业，或者在教育学院开设相关学科，培养从事教育管理工作的专门人才，并为开展职后培训和研究提供帮助。教育管理涉及多学科知识的交叉运用，因此美国高校教育专业的学习内容包括应用管理理论、社会学理论、高等教育理论、心理学理论等多个学科的知识。

3. 伦理道德的规范化

在美国，无论是高校学生教育管理行业，还是教育管理者本身，都有自己特有的专业规范和职业道德。教育管理者在履行管理职责和完成管理任务时，需要在一定的伦理道德和行为准则的指导下进行。

（1）教育管理者需具备职业能力和承担职业责任

教育管理者作为学生工作的管理者、服务者、咨询者和研究者，不仅需要具备相应的专业知识和管理技能，而且需要具备成熟稳定的心理素质。他们需要通过培训和学习在管理实践中不断地完善个人的专业知识和专业技能，以促进自身的专业发展。在工作中，他们不仅需要对自我表现的情况进行正确的评价，而且需要对照学校公布的服务标准、指导方针及管理目的，定期地、系统地评估组织运行结构和管理服务水平，以便及时修改和完善管理计划和流程，不断提升教育管理的质量和水平。教育管理者需要认真履行自己的管理职责，对自己的管理行为承担责任。

（2）教育管理者要以关注学生的学习和发展为工作重心

美国高校学生教育管理者的工作重心和目标是促进学生学习和发展。教育管理者需要关注的不仅是学生智力的发展，还应该包含认知能力、身心健康、道德品质、社会交往、精神世界等各个方面的发展。教育管理者需要与学生、教师、家长、校外人士合作，为学生营造相互尊重、自由民主、公平公正的校园文化氛围，促进学生的学习和发展。教育管理者需要充分了解学生的情况，尊重学生在个人背景、文化、个性特征等方面的差异，为他们提供个性展示和成长发展的机会，以负责的行为来促进学生的成长和发展。

（3）教育管理者对学校和社会负有责任

教育管理者需要对学校资源进行合理配置和管理，确保资金的使用符合学校的财务政策和程序。如果在工作中发现其他员工有不道德的行为，应该用适当的方法制止或向上级汇报。教育管理者在工作中有责任保护有关教育资源，对专业记录的隐私内容保密，如无书面同意书不能披露学生档案中的任何信息。教育管理者需要尊重与学校的合同关系，合约期限未到不能先和其他学校签订新合约。教育管理者必须在其专业知识和能力允许的范围内履行职责，不能超出这些限制越权管理。同时，教育管理者作为公民，还应承担社会责任并做出自己的贡献，在工作中必须公平、公正、客观、无偏见地对待和尊重他人，不能因为年龄、文化、性别、地位、民族及宗教等因素而产生歧视。

第五节 中外高校学生教育管理的质性比较与文化反思

一、中美高校学生教育管理的质性比较

（一）中美高校学生教育管理理念的异质性与趋同性

中美高校学生教育管理的理念是有所不同的，这种差异具体表现在价值取向、目标指向、实践观三个方面。

1. 中美高校学生教育管理的价值取向有所不同

在我国，"社会本位"是高校学生教育管理的价值取向，强调教育管理的目标是为社会主义事业培养合格的建设者和接班人。在管理中，我国强调实施

严格的纪律约束和行为规范，强调在校园中引导学生形成正确的行为方式，侧重学生行为的一致性和规范性。这种管理比较严谨，追求做到防微杜渐，在保持校园稳定方面起到了很好的作用，但这种"整齐划一"的管理模式往往忽视了学生个体的主体性和能动性的发展，在一定程度上束缚了学生的自由全面发展和主体性的充分发挥。

在美国，高校强调"以学生为中心"，注重把学生的个体发展作为教育管理的根本，重视学生个体价值的实现和个性的发展，把学生的全面发展作为教育管理的终极目标。在管理中以学生为本，尊重学生的自主权，尊重学生的选择，注重平等沟通，注重学生主体性的发挥，强调学生的自我参与。但"个人本位"的价值观在现实管理中具有一定的片面性，美国高校学生教育管理对学生的约束相对比较松散，学生违法违纪行为时有发生，在一定程度上影响了美国高校的安全，不利于校园的稳定。

2. 中美高校学生教育管理的目标指向存在差异

长期以来，我国高校学生教育管理坚持以"管理学生"为目标指向，在管理过程中坚持高校学生教育管理方式的控制性、学生教育管理主体意志的目的性和管理结果的有效性。而"发展学生"既是美国高校学生教育管理的理念，又是其要实现的最终目标。

3. 中美高校学生教育管理的实践观各有特色

我国高校学生教育管理形成了与思想政治教育相结合的实践观。在实践中，教育管理与思想政治教育各尽其职，扬长避短。

在对学生发展的共同关注下，美国高校学生教育管理与学术事务管理形成了相辅相成的关系。在教育管理实践中形成了以研究促发展，以实践推动研究的良性循环。

（二）中美高校学生教育管理运行机制的共性和差异

1. 中美高校都设立了专门的教育管理机构

我国高校都设立了专门的教育管理机构，各校有一名副校长兼副书记分管教育管理，下设学生工作部（处）、团委、就业咨询与指导中心、心理咨询服务中心等，在各院系还设立了二级管理机构，两个层级形成一个条块结合的网络，能够较好地为学生提供服务。

在美国大多数高校都设有专司教育管理的副校长，下辖学生事务处统管相

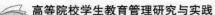

关的管理工作，学生事务处之下根据教育的相关职能设置若干个中心或办公室，负责具体的咨询服务项目。

2. 教育行政对中美高校学生教育管理的影响力不同

在我国，教育行政对高校学生教育管理的行政导向和影响非常明显，中央、省（直辖市、自治区）学生司、处直接监督和管理这一工作。它们对高校学生教育管理的运行机制具有强大的约束力和控制力。

在美国，高校学生教育管理受教育行政的影响比较小，但必须遵守和服从行业协会制定的规范和标准，受到行业规范的影响比较大。

3. 中美高校学生教育管理的机构设置与运行机制存在差异

我国高校学生教育管理的机构设置和运行的特点是两级运行，党政合一，条块结合，以块为主，构成纵横交错的网络，各个高校的管理模式基本趋同。

在美国，高校学生教育管理采用的是扁平化管理，多头并进，条状运行机制，各个高校的管理模式呈现多样化的特点。

（三）中美高校学生教育管理方式的共性和差异

1. 中美高校都将教育管理纳入规范化、法治化轨道

我国高校高度重视教育管理工作，在实际工作中不仅充分发挥教育管理在维持学校正常秩序与稳定、规范学生行为方面的重要作用，而且将其视作人才培养的重要手段，与教书育人、服务育人具有同等重要的地位。为了规范教育管理工作，中央和地方颁布了一系列相关的管理制度，将其纳入法治化的轨道。

美国对高校学生教育管理的发展也十分关注，把教育管理作为学校管理工作的重要组成部分，与学术事务管理协作交融，共同服务于促进学生发展的目标。同时，美国高校非常重视教育管理的法治化建设，在教育管理方面有完备的规章制度。

2. 中美高校学生教育管理都蕴含道德教育的内容

在我国，高校学生教育管理一直以来都很重视管理育人和服务育人的导向，有明确的社会主义方向和育人目标。学生考入大学后，"大学生思想道德修养"是每个学生的必修课程，高校开展的许多活动的目的都是提高学生的道德水平，帮助学生养成良好的道德素养。高校还精心设计了丰富多彩的校园文化活动，为学生提供一个耳濡目染的道德浸润空间。

在美国高校的教育管理中，政治的导向性不太明显，大多数高校奉行自治办学的理念，遵循政治中立的原则，在教育管理中尽量避开管理者的政治倾向，

主要把学生思想教育的内容融入公民教育中。因此，美国高校也有思想道德教育的内容，只是与中国高校相比，更具渗透性和隐蔽性。

3. 中美高校学生教育管理方法的人性化程度不同

在长期的管理实践中，我国高校学生教育管理积累了一些有效的方法，如说服、引导、情感陶冶、典型示范、言传身教等。当然，我国高校的教育管理方法在人性化方面还存在一定的不足。

虽然美国高校学生教育管理在"替代父母制"时期也曾采用规训的方式，但在当时是适应现实要求的。后来管理方法更加民主、理性和多样化，还注重运用经济学、管理学相关的方法来研究解决学生中的问题，表现出利益性、关联性、平等性和灵活性的特点。与此同时，美国高校学生教育管理方法也存在过分自由化和管理不严的问题。

4. 中美高校学生教育管理方法的民主化程度不同

我国高校以前对学生大多采取自上而下的干预管理，在实践中强调教育、管理学生，不太注重和敢于发挥学生"自我教育、自我管理和自我服务"的作用。近年来虽然学生参与管理逐渐增多，但参与面不广，参与度不深，长效机制尚待完善。

在美国，学生自主参与学生事务管理和自治化的程度很高，学生参与管理较多的有新生接待与入学定向指导、住宿安排与住宿生活指导、学生纪律管理、学术问题咨询和宗教生活指导等，参与管理的程度较深，学生可以担任主任助理、宿舍助理、学习协调员等。但是，在参与过程中，管理者对学生的指导力度不够。

5. 中美高校学生教育管理方法的现代化程度不同

我国高校为了应对信息化的浪潮，大多成立了专门的信息化管理机构，如信息化办公室、网络管理中心等机构来管理信息和网络资源。校园网的许多链接都涉及教育管理的各个方面。

美国高校高度重视教育管理的信息化建设，大多数高校有专门负责信息化建设的副校长或学校首席信息官。美国高校学生教育管理者已经在办公室管理、文字处理、档案保管、网上交流、电话会议、电子日程等方面充分利用信息技术，并且注重将信息技术的应用与更好地服务于学生的学习和发展结合起来。

（四）中美高校学生教育管理专业化发展的共性和差异

1. 追求专业化是中美高校学生教育管理发展的基本思路

虽然我国高校学生教育管理的专业化建设起步比较晚，在管理理念、制度建设、工作措施等方面还有很多尚待解决的问题，但是专业化已经成为我国高校学生教育管理的发展趋势和追求目标。

美国高校学生教育管理已经发展为一个专门的实践领域，相关管理者拥有较高的学位和良好的知识技能，专业水准较高，职业化地位明确，专业化是美国高校学生教育管理发展的重要特色。

2. 中美高校学生教育管理队伍的专业化程度不同

在我国，高校学生教育管理队伍在专业化建设方面与美国还有较大的差距。高校学生教育管理者很少具有教育或管理的学科背景，学历水平也参差不齐，在招聘管理者时对专业基本上不加限制。管理队伍的职业认同感和归属感不高，队伍稳定性相对较差，人员流动量较大，很难形成专家型队伍。

美国高校学生教育管理者专业化程度较高，有较强的职业性和学术性，教育管理者基本上接受过专业训练，普遍具有教育学或教育管理、心理咨询与辅导、学生教育实践、学生发展等方面的硕士学位、博士学位，有相当数量的人把学生教育管理作为一项事业来做。

（五）中美高校学生教育管理内容体系的共性与差异

中美两国教育管理内容体系演变和发展的相似性比较明显。首先，中美两国教育管理的职责范围都是在不断扩大的。其次，中美两国教育管理在相互借鉴彼此的成功经验。我国高校学生教育管理中的学生资助和勤工俭学、入学定向教育、就业咨询和心理咨询的发展正不断借鉴美国的成功经验，美国高校学生教育管理在学生发展理论的指导下，在人格教育、公民教育等方面开始强调教育管理的德育功能。

与此同时，中美高校学生教育管理的内容体系存在一些差异。第一，美国高校学生教育管理内容丰富，我国高校学生教育管理的内容还有待扩充。第二，美国高校中的多元文化事务管理、司法事务咨询、宗教事务服务等项目尚未进入我国高校学生教育管理者的视野，同样我国的国情和历史传统也决定了学生奖励、日常思想教育、辅导员队伍建设与美国教育管理领域的相关工作存在较大差异。第三，中美高校学生教育管理在具体项目的服务理念、操作查询、重点指向方面也有所不同。美国高校更注重通过提供服务来实现管理目标，而我国高校服务咨询的内容还不够丰富。

二、中美高校学生教育管理的文化反思

不同的文化价值取向，导致中美高校学生教育管理有截然不同的教育现实。

首先，在"统一"与"多元"两者之间，中国高校学生教育管理偏重整齐划一，倾向于用统一化、标准化的方式来指导和规范学生。美国高校学生教育管理则注重多元发展，教育管理的指导思想和理论呈现多元化特征。

其次，在成"仁"和成"人"之间，中国高校学生教育管理凸显整体价值观，强调"社会本位"，注重社会意识形态的引导，帮助受教育者坚定主流理想信念。美国高校学生教育管理直接指向个体，先促进学生道德的发展和完善，然后再自然延伸到社会价值的实现。

最后，在"师"与"生"关系中，中国高校学生教育管理凸显"师道尊严"，学生参与管理较少。美国高校学生教育管理注重学生的个性发展，鼓励学生个人至上，学生敢于向权威发起挑战，有较为充分的主观能动性和对学生事务管理的参与权。

综上所述，高校学生教育管理的变革与发展，尽管会受到种种因素的制约，但在变革调整的过程中，仍然会在创新和传承之间保持适度的张力，这个张力就是本国的历史文化和民族特质。任何国家高校学生教育管理的发展和演变，都离不开对本国历史传统和民族文化的吸纳与创新，同时也离不开对其他国家先进经验的研究与学习。

第三章　高校学生教育管理工作
在新时代的发展趋势

第一节　构建专门的网络平台

随着信息技术的进步，特别是互联网的发展，社会生产生活方式发生了相应的变化。互联网的发展增强了高校学生教育管理环境的挑战性。一方面，网络已经成为高校学生获取信息的主要渠道，高校学生既是网络信息的生产者，又是网络信息的消费者，海量信息对促进高校学生更新知识、开阔视野具有较大的作用，有效地激发了他们的学习兴趣、创新意识、竞争意识，使他们形成了新的文化意识和文化精神。另一方面，网络也给高校学生教育管理工作的有效开展带来了一定的负面影响。网络信息的开放性、快捷性、丰富性等特点，使得知识的权威性受到质疑，网络的虚拟性、隐蔽性使网络成为有害信息的滋生地和传播地。一些高校学生出现了沉溺于网上虚拟世界不能自拔、难以明辨信息而上当受骗，甚至网络犯罪等现象。

对高校而言，网络是一把"双刃剑"，给学生教育管理工作带来了新的挑战，需要学生教育管理工作者具有网络化思维，构建专门的网络平台，在网络环境中加强对学生的正向管理，最大限度地消除网络对学生的负面影响。平台化是互联网时代高校学生教育管理模式的发展趋势，要依托互联网技术的支持，将大数据思想和网络管理模块的深度开发融入学生的日常教育管理工作中，消除信息壁垒，提高教育管理工作效率。

一、构建专门的学生教育管理网络平台

高校要做好顶层设计，从学校人才培养和管理的全局出发，构建专门的学生教育管理网络平台，实现校园数据共享。该平台可以采集学生从报到、入学

到毕业各个阶段的数据信息，内容涵盖学生上课及住宿考勤、课堂表现、评奖评优、勤工俭学以及与家长互动等模块，并且所有数据可以在教务处、学生处、招生就业办以及后勤等部门移动共享，依托大数据优势为学生做好服务和管理工作，规范工作流程，提升工作透明度。

二、扩展交流工具模块功能

在新时代背景下，选择成熟的技术软件进行学生管理，可以减少重复工作，有效提升管理效率。高校可以在日常交流软件中增加签到、无纸化事项审批、信息已读反馈和及时推送待办信息等功能模块，并且数据都可以从后台导入学生教育管理平台，从而实现精准化的学生管理。

综上所述，高校构建专门的学生教育管理平台已经成为互联网时代发展的必然要求，不同的发展时期高校的学生教育管理工作会存在不同的问题，这是一项需要长期探索创新的系统性工程。针对问题创新举措，从理念和制度等方面做好顶层设计，全面提高学生教育管理工作的效率，就可以更好地服务当代高校学生。

第二节　教育、管理、服务一体化发展

高校是人才培养的重要基地，学生教育管理的工作使命是高校使命不可分割的一个组成部分，是实现学生教育管理工作专业化的前提，其重点在于为祖国和人民培养德智体美全面发展的，有理想、有道德、有文化、有纪律的社会主义建设者和接班人。新时期我国高校学生教育管理工作的重要任务是促进学生的全面发展，其核心是促进学生的道德成长和提高学生的智力，促使教育、管理、服务一体化发展。这是事关党和国家的长治久安，事关中华民族的前途命运的根本问题。从这个意义上讲，科学发展观为高校学生教育管理工作提供了新的理论指导。

一、坚持以育人为本，以学生为主体

确立科学理论指导下的教育发展观，是推动教育进一步发展的重要前提。以人为本和"五个统筹"的要求，为教育改革与发展建立了一个新的参照系和评价标准。高校应坚持育人为本、德育为先，实施素质教育，提高教育现代化水平，培养德智体美全面发展的社会主义建设者和接班人，办好人民满意的教育。要以育人为本，始终把培养人才作为学校的根本任务，促进学生的全面发展，引导学生树立正确的人生价值观；要以学生为主体，一切为了学生的发展，一切为了学生的成人成才，一切着眼于调动和依靠学生内在的积极性，在教育过程中尊重学生的价值追求和个性表达。高校要全面推进素质教育，深化课程、教材、考试评价等制度改革，强化创新精神和实践能力的培养，实现受教育者的全面发展。围绕学生的长远可持续发展这一目标，实现德育、教学、管理的良性互动和系统优化。育人为本，还要重视学生的健康和安全，多与学生沟通，了解学生的心理状况并及时进行调节。

二、树立"以生为本"的管理理念，坚持与时俱进

"以人为本"在高校学生教育管理工作中的体现就是"以生为本"，强调学生在学生教育管理工作中的主体地位，始终把满足学生的发展需求、促进学生的全面发展作为学生教育管理工作的首要任务。学生是高校价值之所在，高校的价值就在于将学生培养为合格的社会主义接班人。所以，学生教育管理工作要贴合学生的发展规律和发展目标，选择适合的教育方式，围绕培养和造就高素质人才的中心，转变工作作风，明确工作理念，提高工作素质，建立专业化的学生教育管理工作队伍，充分调动工作人员的积极性，将学生教育管理工作切实贯彻到学生学习生活的方方面面，始终以满足学生的发展需求做活、做实、做强学生教育管理工作。

三、树立服务意识，坚持突出服务和全面服务

"以人为本"本身就体现了服务思想。学生是学校教育管理工作的中心，牢固树立服务学生的意识是学校发展的生命力和载体。学生教育管理工作的主要工作内容在本质上就是服务，随着高等教育体制改革的不断推进，学生成为高等教育的消费者，高校成了为学生的发展提供教育服务的机构，学生对于自己主体地位的意识也不断强化，在高校教育中对于自身发展的需求也日益强烈；同时，学校管理的逐步开放、民主化以及一系列制度的变革，解放了学生的思想观念，使学生的自由度增加，活动空间扩大，学生的自我意识增强，同时舆论监督平台的不断拓展，使得以学生为主体的思想日益凸显，这也要求学生教育管理工作人员一定要转变观念，在开展学生教育管理工作的同时牢固树立服务意识，始终把学生的发展放在首位，在开展工作的同时接受学生的反馈意见，通过开展多样的围绕学生成才需要的服务性质的工作，来满足学生的各项需求。

第三节　智能化和信息化协调发展

一、高校学生教育管理智能化

管理智能化就是借助信息技术手段，建设学生生活网络和管理服务网络，用计算机等现代科学技术进行科学的管理和服务，体现高效管理，实施高效服务。例如，对学生宿舍实行联网管理，学生进出宿舍需要进行红外刷卡，可以减少管理人员，杜绝外来人员的进入。将学生宿舍内部的床位、电费、水费管理等都纳入智能化管理系统，在此基础上增设校内 BBS、公寓管理员信箱和住宿信息、电话号码、火车时刻、住宿费、超额水电费、卫生考评信息等网络查询功能，将现实世界、书本世界和虚拟世界有机结合，通过网络服务平台为学生提供更加方便快捷的生活网络服务。

高校学生教育管理智能化就是建立智能服务系统进行各方面的管理，促进管理模式的合理化、管理方法的科学化。智能服务系统的建立，将学生宿舍的安全管理，尤其是将学生进出、消防报警、用电负载识别等上升到了一个全新的层面。广泛运用计算机平台的自动化技术和智能化技术开展这些工作，可以大大提高管理效率、准确性、可靠性和安全性，还可以解决许多单靠人力不能解决的问题。高校开展实时计算机管理，可以随时了解学生的基本情况和日常动态，形成服务方与学生之间的双向联系，形成管理信息的流通，从而推进管理科学化、智能化的进程。

二、高校学生教育管理信息化

目前，高校的入学率在逐年上升，学生数量的不断增长也带来了很多问题，其中最重要的问题就是学生数量多，学生的管理工作越来越困难。在当今社会，信息化发展迅速，各行各业都重视信息化建设，高校也应顺应时代发展潮流，做好高校学生教育管理工作的信息化建设。

高校学生的电脑、手机普及率非常高，几乎每人手持一部手机，每人都会用一些社交软件，这为学生教育管理工作提供了很大的便利，管理者可以合理地利用这些软件开展信息化管理，这就需要高校教师跟随社会发展的步伐，学会使用并且高效地利用这些软件。

高校的教务系统是学生学习和生活必不可少的信息化系统，而且学校的教务系统足够安全，学生也会更加相信教务系统所发布的信息，管理者可以灵活使用教务系统，利用教务系统发布一些通知等，既方便又安全，学生也不用担心信息的真假，这就使学生的教育管理工作变得规范化、安全化。

  需要注意的是，高校学生教育管理工作者要及时发现并解决信息化建设中所遇到的问题。现在管理者的管理工作通常是利用微信、腾讯 QQ 等社交软件开展的，但是这种聊天群的交流方式也会出现各种问题，这就需要高校学生教育管理者在平时开展学生的教育管理工作时要做到细心、仔细。管理者应该通过观察学生的行为、语言等及时发现问题，及时解决问题，只有这样，才可以及时地解决一些隐性问题，才能避免在如今信息化发展过快的潮流中忽略一些问题，才能避免因管理工作出现失误而造成不必要的麻烦。

  在高校学生教育管理中，将智能技术和信息技术有机融合，有助于减少教育管理者的工作量，减轻教育管理者的工作压力和提高教育管理工作的效率，进而促进高校学生教育管理的健康发展。

第四章　高校学生教育管理与思想政治教育的融合

第一节　高校学生教育管理的主要内容

高校学生教育管理作为高校管理系统中的重要组成部分，在高校教育改革和发展中占有极为重要的地位，在高校管理研究中具有重要意义。应该把高校学生教育管理作为一门科学进行研究，探讨高校学生教育管理活动的本质与内在规律，促进学生教育管理工作的科学化、法治化、人性化。推动高校学生教育管理工作由经验型、传统型、行政本位型向科学型、现代型、学生本位型转变，为中国特色的社会主义现代化事业培养合格的建设者和接班人，是广大管理工作者特别是直接从事高校学生教育管理工作的学者面临的一个重要课题。

一、高校学生教育管理的对象

管理对象就是指"管理活动的承受者"。随着人类认识的深化和管理的科学化、复杂化，不同时期的不同学派对管理对象持有不同的见解：一种见解认为管理对象是指管理活动所作用于的各种具体对象，最初是人、财、物三要素，然后增加了时间、空间，成为五要素，之后又增加了信息、事件，成为七要素。另一种见解认为管理对象是指管理活动所作用于的特定系统，即把管理对象作为由多种因素组成的有机整体。系统与外界环境有信息、能量、物质交流。高校学生教育管理作为高校管理工作的重要组成部分，其相对应的工作对象无疑是高校学生，从广义角度来看，这些学生应包括所有在高校求学的学生，即专科生、本科生、硕士生、博士生等，因为这些学生都是高校学生教育管理活动的承受者。高校学生教育管理涉及诸多知识体系，包括管理学、教育学、青年心理学、政治学、人才学等，因此高校学生教育管理是一门综合性、政策性很强的应用科学，它具有自己独特的研究对象，这个对象就是学生教育管理活动本质的、内在的联系及其发展变化的规律。对于中国来说，学生教育管理是以马克思列宁主义、毛泽东思想、邓小平理论、"三个代表"重要思想、科学发展观、习近平新时代中国特色社会主义思想为指导，以党的路线、方针和政策为依据，建立在教育科学、管理科学、青年生理心理学等基本理论和丰富的学生管理工作经验的基础之上，研究学生教育管理的对象、任务、原则、内容、方法和规律的一门科学。

高校学生教育管理作为学校管理的一个重要方面，与其他管理工作一样，都是以教育领域某一方面的特殊现象和规律为研究对象的，它必然要受到教育领域总规律的支配与制约。因此，它又不同于管理工作的其他分类工作，具有相对的独立性。我们只有既认识到高校学生教育管理工作与其他管理工作的密切联系，又认识到它与其他管理工作的不同特点，才能真正揭示高校学生教育管理本身所具有的特殊规律，使之成为一项具有特性并富有成效的管理工作。

作为一项管理工作，一般而言，总要有相应的学科知识成为其所依循的工作方针，而一门学科的成立必须具备一个条件，即它必须具有一套系统的范畴体系。范畴体系既体现了研究的角度，也展示了研究的内容，同时又表明了其相互间的关系。因此，准确而恰当地表述高校学生教育管理的研究内容，最好的办法是确立这门科学的框架和范畴体系。我们认为，高校学生教育管理工作要研究的内容应涵盖以下几个方面：

①学科理论的研究。包括高校学生教育管理的性质、理论基础、研究对象和领域、主要研究任务、学科的地位和作用，高校学生教育管理的指导思想和原则，如何对历史的经验进行抽象和概括以将其纳入理论体系之中，如何移植、融合相关学科的理论，不断丰富、完善和发展高校学生管理科学等。

②方法论的研究。研究高校学生教育管理的方法论，一方面要研究根本的思想方法；另一方面要研究具体的管理方法，如思想政治教育管理、高校学生社区管理、教学与学籍管理、实践管理、社团管理、校园文化管理（含网络管理）、奖惩制度管理、社会心理健康与咨询管理、就业管理、学生党员管理与党建管理、学生干部队伍管理、学生群体性突发事件的应急管理等方面的管理方法与手段。

③组织学的研究。高校学生教育管理是一项系统工程，对高校学生教育管理的组织领导体制、学生教育管理队伍建设、学生教育管理的现代化趋势等，都必须进行更为深入、全面的探讨。

④学生成长规律、心理生理特点与管理工作的有机联系的研究，青年群体之间的相互作用关系与高校学生教育管理工作的互动研究。

二、高校学生教育管理的基本任务

高校学生教育管理工作的基本任务，不仅包括研究学生管理学的相关体系，即研究高校学生教育管理工作与活动的知识理论系统，更重要的是这种研究必须着眼于寻求学生教育管理工作本身所蕴含的特殊矛盾，领悟和把握学生教育管理工作的运行规律，从而使其更好地运用于学生教育管理工作的实践之中，有力地推动高校学生教育管理工作的开展。概括起来，高校学生教育管理工作的主要任务有以下几点：

（一）系统总结我国高校学生教育管理工作的经验和教训

学生教育管理是一种既传统又年轻的社会工作，它伴随着学校的产生而产生，有着悠久的历史传统和崭新的时代内容。中国共产党早在初创时期就在大中学校开展学生工作，有约一百年学生教育管理工作的历史，积累了丰富的经验。从创办湖南自修大学、平民女学、农民运动讲习所，到开办红军大学、抗日军政大学，再到中华人民共和国成立后各级各类学校的建立，期间有众多的经验需要总结，也存在一些教训需要吸取。中华人民共和国成立以后，我国的学生教育管理工作也有许多值得认真研究的理论知识与实践特色，从解放初期到"文化大革命"时期，从改革开放到全面建设小康社会，每一个时期都有不同的学生教育管理工作理论基点和实践探索，这些都是值得学生教育管理工作者认真学习、探讨、分析和思索的。

（二）全面贯彻党的教育方针

坚持马克思主义关于人的全面发展理论和党的教育方针，贯彻党的基本路线，以马克思主义、毛泽东思想、邓小平理论、"三个代表"重要思想、科学发展观和习近平新时代中国特色社会主义思想为指导，以马克思主义哲学原理为方法论，认真贯彻落实《普通高等学校学生管理规定》，遵循党的教育方针和学校的培养目标，为培养全面发展的高素质人才服务。

（三）批判性地借鉴国外成功的高校学生教育管理经验

吸纳教育学、社会学、政治学、青年学、系统管理学以及文化学等相关学科的知识理论，构建具有中国特色、符合时代精神的高校学生教育管理模式。中国是一个历史悠久的文明古国，几千年来，我们的祖先在学生教育和管理中积累了丰富的经验，这是宝贵的历史文化遗产，应当批判地继承，做到古为今用。同时，我们还应大胆借鉴国外高校的学生教育管理经验，去粗取精、去伪存真、博采众长，做到洋为中用。这样才能构建起具有中国特色的高校学生教育管理的理论体系，并以此指导我们的实践，形成高效的、有益于高校学生身心健康成长和成才的学生教育管理模式。

（四）以理论创新推动实践创新

全面促进学生教育管理的科学化、法治化和人本化。虽然高校有办学的自主权，可以根据自身的特点制定符合本校实际的教育管理制度与规定，但这些规定不能与国家的法律法规相悖，不能违背高校学生的成长规律，不能违背人性特点，不能违背社会主义办学方向与学生全面发展的最高宗旨。如何体现学生教育管理制度的科学化、法治化和人本化，就涉及一个理论研究的问题，不仅需要研究法律与青年学的相关理论，还需要研究管理学方面的理论，同时更应注重将管理学、法律学、青年学有机结合起来，形成理论上的创新，推动实践创新。这是因为，高校学生教育管理不是一般的管理，而是一种对青年的管理，这种管理是要将这些有着一定知识的青年培养成德智体美全面发展的人才的管理。换言之，这种管理的最高宗旨是要促进学生全面发展，使其成为国家的建设者和接班人。这就使学生教育管理工作涉及一系列的理论研究与实践探索，这是现实交给学生教育管理工作者的光荣而艰巨的任务。

（五）加强科学研究，注重实践探索

不断发展高校学生教育管理工作的理论体系，推动高校学生教育管理工作模式的健康运行。尽管学生教育管理工作有着丰富的实践经验和悠久的历史传统，但就总体情况而言，它与不断发展的中国特色社会主义的形势和发展趋势还存在着某些不适应，还面临着许多亟待解决的问题，无论是从理论要求上，还是从实践需求上，都需要科学化、理论化、法治化及人性化等方面的规范。因此，作为学生教育管理工作者，必须加强对学生教育管理工作的科学研究，大胆探索，不断创新，切实把握学生教育管理的新问题、新内容和新特点，努力用新方法、新思路和新手段去适应学生教育管理的新规律和新形势，使学生教育管理的理论与方式与时俱进，不断丰富和完善。

三、高校学生事务管理的内容

随着高校学生事务管理的不断演进，其范围也在逐步扩大。具体来讲，我

国高校学生事务管理工作涉及学生的学籍、日常行为、奖惩制度、文娱活动等方面。例如，学生入学与注册流程管理，对学生休学、复学、转学、退学等情况的规定、审查和管理等。

（一）基于教育关系

1. 成长辅导

（1）新生入学辅导

高校通过对刚入校的新生推出科学设计、精心编排的一系列教育、服务和帮助，为新生展示学校各种教育资源和信息的获取路径，使新生能够在心理和生理上迅速适应高校的学习和生活，完成环境、角色的转变。

（2）就业指导

高校指导学生进行自我定位、职业规划，向学生提供就业信息，指导学生参加各种实习和面试，开设就业指导班，以及开展创新创业教育等，提升学生的就业技能和择业技巧。

（3）心理健康咨询

高校通过向学生提供学习、感情、人际交往、危机干预等方面的心理咨询，帮助有成长困惑或心理障碍的学生走出困境。

2. 思想政治教育

思想政治教育是具有中国特色的学生事务管理，它包含时政教育和学生党建等内容。高校学生事务管理者通过引导学生关心和正确分析社会热点问题，使学生提高政治修养，提升认识水平和分析判断能力，逐步形成科学的世界观和人生观。

（二）基于管理关系

1. 招生录取

在我国高校招生制度下，高校目前基本依靠高考吸纳学生，同时还有一小部分高校可以进行自主招生。近年来，招生录取工作中的学生事务管理主要体现在主动争取生源、积极地开展各种招生宣传上。

2. 学籍管理

学籍管理是高校学生事务管理的重要组成部分，关系到学生学习资格和学习状态及效果的认定。学籍管理包括建立学籍管理制度，规范学籍管理行为，保障学生的合法权益，维护正常的教育教学秩序，使学生的学习、生活等符合规范的要求。

3. 课程管理

课程管理是指在一定社会条件下，有领导、有组织地协调人、物与课程的关系，指挥课程建设与课程实施，使之完成预定目标的过程。课程管理中的学生事务管理体现在学分、实习、学生国际交流等方面。

4. 日常行为规范和奖惩管理

日常行为规范和奖惩管理是高校学生事务管理的一项重要内容。高校通过制定和执行校园行为规范，引导、约束学生的行为。对于表现突出的学生和集体，给予物质奖励和精神奖励。对于违规学生，按照相关规章制度进行警告、严重警告、记过、留校察看和开除学籍等处罚。

5. 学位授予及学业证书颁发

在高校毕业事务中，常常会涉及学位授予及学业证书颁发等学生管理事宜，需要通过规范程序、严格办理等予以实现。

6. 资助和奖励

随着需要经济资助的学生越来越多，经济资助也成为高校学生事务管理的重要内容之一，资助形式主要有发放奖学金、助学金和勤工俭学等。在这一过程中，学生事务管理者主要的工作是研究资助政策，核实学生信息，拟定资助名单，调查、反馈受资助学生的总体情况等。

7. 宿舍管理

宿舍管理的一个重要内容是住宿生活，但是目前常常会与"生活园区"这一大概念相混用。学生事务管理者可以建立融住宿、学习为一体的宿舍环境，在宿舍楼里配备阅览室、活动室等场所，组织讨论会、学术咨询和非学术咨询等活动。良好的宿舍管理对学生的学习、生活、人际交往等都有积极影响。

8. 学生意外事件和危机管理

学生意外事件是指突然发生在学生个体或群体之间的超出学生事务管理者预测的事情。面对学生意外事件，学生事务管理者需要制定危机处理预案并进行预判，及时发现端倪，迅速采取危机处理措施等加以管理处置。

（三）基于服务关系

1. 生活保障

生活保障包括围绕学校的餐饮、卫生健康等学生在高校所必需的生活保障开展服务支持等工作，以实现对学生的基本社会生活能力的培养。

2. 指导建立学生组织

高校学生事务管理者可以通过指导建立学生组织，对社团进行监督管理，以提供场地、安全保障、经费支持等方式，为学生开展多种活动，丰富学生的校园生活，促进学生的组织能力、沟通能力等综合素质的提升。

相较于西方国家而言，我国高校学生事务管理有更多规章制度的约束，规范性较强，管理的行政化导向明显，在内容的多样性、针对性方面还有待提升。

第二节　高校学生宿舍管理与思想政治教育的融合

高校学生宿舍是高校学生日常生活与学习的重要场所，是培养和锻炼高校学生自我管理、自我教育、自我服务能力，有效开展高校学生思想政治教育工作的重要阵地。因此，高校学生宿舍管理是高校管理的重要组成部分，是观察学校整体管理水平的一个窗口。要高度重视学生宿舍管理，将其与思想政治教育进行深度融合。

一、学生宿舍管理与思想政治教育融合的必要性

（一）学生宿舍是思想政治教育和科学管理的结合点

学生宿舍作为学生在校生活的集中场所，在提高学生的基本道德修养、完成学校的教育培养目标方面起着重要作用。学生在宿舍中的表现，往往与社会对人才培养的要求，与学校教育管理目标相联系。就当前高校学生的学习生活而言，主要存在以下倾向：

第一，在自我意识、个人价值观念方面，比较注重追求与高等教育层次相适应的知识结构和文化娱乐，而忽视从社会的需要出发来完善自己。

第二，对一些水平高、影响大的活动感兴趣，也喜欢对一些深层次的社会现象、个人价值观念进行探讨，但忽视个人劳动观念、清洁卫生习惯的养成和自我教育、自我管理、自我服务意识的培养。

第三，在宿舍建设中，比较注重为自己建造一个安乐窝，而不能与整个宿舍的管理保持协调一致。

第四，在宿舍人际关系方面，注重自我个性的发展与完善，而忽视宿舍作为一个整体应加以完善。

第五，同学之间交往密切，言谈举止不拘小节，学校的一些管理规章制度

在宿舍成员的相互默认中得不到严格执行，甚至有些消极的情况，如学习不积极，组织纪律涣散，轻视劳动，不服从管理，挖苦先进、标榜落后等，也时常出现。

因此，学生宿舍是培养学生良好的道德行为规范，实现其德智体美全面发展和学校教育科学管理目标的一个结合点。通过学生宿舍这个点，高校可以把深入细致的思想政治教育工作与严格的科学管理有机地结合起来，深入地了解学生的所想、所感、所为，真正把握学生的思想动向。

（二）学生宿舍影响着学生正确人生观、价值观的树立

学生宿舍并不是单纯意义上的休息场所，还是重要的育人园地。来自不同地区，具有不同家庭背景和生活习惯的学生，构成了宿舍的人文环境，宿舍是学生情感和思想比较自然、真实流露的地方。学生在宿舍里交往必将对各自的思想情感产生影响。在他们的交往中，或探讨人生、憧憬未来，或交流学习、谈古论今，必会有各式各样的社会思潮、信息观点等方面的交汇，并由此产生互动影响。所以，必须把握学生宿舍里的思想动态，及时地给予正确的引导，并通过多种方式和渠道，积极开展思想政治教育活动，引导学生明确方向，明辨是非，树立正确的世界观、人生观和价值观。

二、学生宿舍管理与思想政治教育融合的路径

（一）加强对宿舍文化氛围的培育并完善宿舍思想政治教育机制

1. 建设文化走廊

许多高校在进行宿舍思想政治教育时，往往利用门卫告示板或大厅展板来进行思想政治理论宣传，而忽略了学生进出宿舍的必经之路——走廊。学校可以在楼梯和走廊墙壁处设置与社会主义核心价值观、思想政治理论课内容相关的艺术画、艺术字等，配以醒目的颜色，可以吸引学生驻足观看，久而久之，这些"固定"的信息就会潜移默化地刻在学生的脑海中，形成一种潜意识。在如今信息获取碎片化、快速化的时代，这样的宣传教育方式"恰逢其时"。

2. 思政教育入宿舍

当前高校针对宿舍开展的活动多是宿舍文化节等娱乐评比形式的活动，缺少对学生社会主义核心价值观的培养。辅导员有责任和义务走进学生宿舍，给予学生价值引领和生活指导，培养他们良好的生活习惯、思考方式及价值观念，同时要充分发挥团委、学生会和学生社团联合会的作用，建立宿舍团建小组、

思政教育知识宣讲团，并指派学生干部担任组长，在锻炼他们能力的同时，还能利用他们的学生身份，更好地与其他同学接触，有效的沟通交流有利于达到更好的宣传教育目的，这样一来，便形成了以学生为主体，以宿舍为依托，以辅导员和学生团体为主力的宿舍思想政治教育机制，扩大了宣传和教育的覆盖面，使每个宿舍的每名同学都能得到良好的引导和教育。

（二）营造和谐的宿舍环境和氛围

由于高校选课、上课等模式发生了极大的变化，以班级为单位的观念越来越淡，而以宿舍为单位的观念随之增强，如果能通过思想政治教育营造和谐的宿舍环境，那么整个校园都会呈现出和谐的氛围。在宿舍开展的思想政治教育活动必须以学生为主体，以价值引领为导向，既要让学生在活动中找到自身的价值，也要让他们对室友有充分的了解，多一些沟通和交流。研究表明，大多数宿舍内的问题都来源于缺少有效沟通，因此多开展一些以宿舍为单位的活动是营造和谐宿舍环境的重要途径，也是建设和谐校园的新方法。

第三节　高校学生学风建设与思想政治教育的融合

思想政治教育是一种教育实践活动，这种实践活动是人类社会的一种普遍活动，理所当然地也包括对高校在校生进行的思想政治教育。思想政治教育的根本目的是通过一系列有计划、有针对性的教育活动，提高教育对象的思想政治觉悟，从而提高其认识世界和改造世界的能力。思想政治教育是人类社会的一项重要的实践活动，有其特定的认识和实践对象。高校学生是学风建设的主体，也是决定是否能够形成优良学风的内在因素。只有不断地加强和改进高校学生的思想政治教育工作，才能保障高校学风建设的顺利开展和进行。高校思想政治教育是学风建设的前提条件，而高校学风建设是高校思想政治教育的重要组成部分，高校的思想政治教育工作和学风建设是相辅相成的，良好的思想政治教育工作可以指导学风建设的实践活动，而学风建设的实践活动也可以完善思想政治教育相关工作和理论。高校的思想政治教育工作和学风建设是所有高校发展的一项长期任务，不是一项一朝一夕就可以完成的工作。在现阶段的高校学风建设中，必须广泛运用思想政治教育的相关理论，密切联系学风建设的实践过程，才能促进高校学生形成优良学风。

一、发挥学生的教育主体作用

在思想政治教育活动中发挥学生的教育主体作用，从而激发学生的求知欲望，能够充分发挥学生的主体能动性，有助于学生更好地开展学风建设。

发挥学生的教育主体作用时要注重思想政治教育的主体原则。所谓主体原则，实际上就是主体转化原则，指作为思想政治教育主体的教育者，将教育对象视为实现教育目标的主体，充分尊重其主体地位，通过调动教育对象自我教育的积极性实现思想政治教育的目标的原则。在思想政治教育过程中，这种教育对象的主体作用主要通过受教育者积极自觉地接受外部的教育影响，并且主动地内化表现出来，因此思想政治教育要取得教育效果，就必须将教育者的主导作用有效地转化为受教育者的主体效应。充分发挥学生的主体作用，从而激发学生的自我教育潜能，可以保证学生能够自发地改正和改变一些不良的学习习惯和意识，从内心深处接受良好的行为习惯和准则，对养成良好的学习风气较为有利。

此外，我们还要积极引导学生主动投入学风建设中，充分发挥其自我教育、自我规范的作用，在认识到自身的缺点和不足之后，在后续的学习过程中不断改正和弥补，以形成良好的学习态度，营造出良好的学习氛围。

二、树立先进典型，充分发挥榜样的激励作用

思想政治教育坚持示范原则，具有十分重要的意义。所谓示范原则，是指思想政治教育要充分发挥先进典型和教育者自身的榜样作用，影响和感染受教育者，以促进其思想认识与觉悟不断提高的工作准则。示范原则是通过榜样人物的言行，把深刻的价值观念、抽象的道德规范具体化、人格化，使教育富有形象性、感染性。在学风建设过程中，我们要善于发现和树立先进典型，以先进人物的先进思想、优秀品质和模范行为来教育和激励受教育者。运用典型示范，不仅要注意树立的典型要具有先进性，而且要注意宣传的真实性。思想政治教育对提高人的全面素质、促进人的全面发展起着重要作用。在高校学风建设过程中，我们同样需要树立先进典型，发挥榜样的激励作用，激励广大高校学生形成良好的学风。不过，在实际工作中也要注意，不能盲目地树立典型。典型一定是有广泛的群众基础的学生，只有精心挑选和培养典型，才能更加有利于发挥典型在学风建设中的作用。还要多关心和爱护先进典型，充分发挥典型的示范和引导作用。

在树立典型以后，可以充分利用各种宣传手段，通过对先进典型事迹和先

进人物的宣传，充分挖掘其精神内涵，积极引导其他学生以先进典型为榜样，潜移默化地完善自己的思想和行为，促进优良学风的形成。还要使其他学生由表及里地学习先进典型背后的精神，从而提升思想道德修养，形成良好的学习风气。

三、寓教于乐

在思想政治教育中要注重寓教于乐的形式和方法，坚持民主原则，调动学生的积极性，这样可以取得良好的教育效果。所谓民主原则，是指在思想政治教育活动中要发扬民主精神、民主作风和坚持民主方法。在教育过程中，我们要平等相待，尊重学生的人格和民主权利，通过民主平等的形式，让受教育者充分表达自己的观点和意见，对合理的要求要予以满足，在平等、民主、轻松的氛围中，按照思想政治教育规律的要求，对学生进行正确引导。学风是高校软环境建设的核心，体现了高校的学习风气和学术风气，所以在进行学风建设的过程中，还应该注重使用更加合理的方式和方法。在方式方法方面，应该尽量寓教于乐，在轻松、和谐、愉悦的氛围中对学生进行思想认识方面的教育，潜移默化地感染学生，让学生在无形中形成良好的学习品格和学习风气。传统的学风建设，更多地追求一种灌输式的教学模式，这种模式在某种程度上能够使学生强行记住优良学风的道理，在行为上也能基本保证学生形成正确的行为习惯，但是这种死记硬背的教学方式，有时并不能保证学生完全从行为和观念上形成优良的品格，甚至会适得其反，引发学生的逆反心理，最终与预期的效果相悖。学风建设是一个复杂的系统工程，所以在学风建设过程中，还要大力提倡教育形式和教育方法的多元化、多样化，注重因材施教，对性格明显不同的学生采用不同的教育方式和方法；同时通过学生基本都能够接受的常规教育方式，在和谐的气氛中去感化学生，使学生能够明白相关的道理，从内心认可相关的教育，改变原有的某些不正确的思想和行为，从而达到所期望的教育效果。

可以采取的教育方法有以下几种：

（一）情感陶冶法

情感陶冶法也可以称为熏陶感染法，是指教育者充分利用社会环境因素和教育者"言传身教"中的"身教"所创设的教育情境,对受教育者进行感染和熏陶,潜移默化地培养其思想政治品德并使之提高的方法。情感是学习动机形成的巨大动力，如果经常在特定的情境中对高校学生的行为方式进行感染和熏陶，不仅能够帮助学生明确学习动机，还能提高学生的学习积极性。

（二）理论教育法

理论教育法也称为说理引导法，是指通过阐述某种思想理论去说服人和教育人的教育方法。正确的理论教育同样可以引导学生反思自己、认识自己、完善自己，从而促进他们形成正确的行为规范和高尚的道德情操。我们可以通过"言传"某些理论来引导学生提高思想觉悟，增强其社会责任感，以理服人，促进他们形成良好的学习态度和学习动机。

（三）比较鉴别法

所谓比较鉴别法，是指教育者帮助受教育者对两种或多种不同事物的异同和特点进行分析、比较、鉴别，从中做出正确的判断，从而提高受教育者的思想和认识水平的方法。我们可以通过榜样的力量，通过优秀和一般之间的比较和鉴别，增强学生的自我感知能力，明确和端正其学习目标和学习态度，促进学生做出正确的行为选择，养成正确的思维方式，从而激发学生形成良好的学习动机。

（四）"三自教育"法

"三自教育"是指教育者根据思想政治教育的目标和要求，引导受教育者在自我意识的基础上通过自我认识、自我体验、自我控制产生积极进取之心，主动接受先进思想，从而形成良好的思想品德和行为的方法。自我教育能够强化学生的自我学习意识，培养学生的自我教育能力。自我教育既可以发挥集体教育对个人教育的作用，也可以保证个体教育对集体教育的影响，形成良好的互动关系。正确的自我教育可以更好地保证学生自主地内化正确的思想意识和行为规范，对于优良学风的形成具有促进作用。

第四节　高校学生资助机制与思想政治教育的融合

高校思想政治教育涉及高校培养什么样的人、如何培养人以及为谁培养人的根本问题，是一项需要高校各部门合力完成的艰巨任务。高校学生资助是高校教育工作的重要部分，高校学生资助工作是把思想政治教育渗透到高校教育管理服务工作中的重要环节，因此，应该将高校学生资助机制与思想政治教育有机融合在一起。

一、高校学生资助机制与思想政治教育的契合

（一）高校学生资助机制与思想政治教育都有育人目的

思想政治教育是通过"灌输"与"教化"向受教育者传递主导意识形态，将一定的社会思想道德观念和规范转化为受教育者的思想品德的社会实践活动，使受教育者按照社会所期望的方向发展，其根本目的在于提高受教育者的思想道德素质，促进其全面发展，为社会主义现代化建设培养人才。受教育者通过接受思想政治教育，可以获得观察和剖析自己的能力，掌握透视和洞察社会的科学方式，从而为自己走向社会提供思想与行动指引，不断提升自我、发展自我。上述过程就是育人，个体心智的成熟、能力的提高以及社会的和谐发展都是通过这个过程实现的。

高校学生资助机制通过解决学生的求学问题，满足学生的物质需求，从而激发学生的感恩意识、自立自强意识和诚信意识，不断促进学生素质的提高，促进学生的全面发展和社会的和谐进步，为社会主义现代化建设培养人才。高校学生资助机制通过关注学生的生活状况，帮助学生顺利完成学业，从而保证高校人才培养目标的顺利实现，和思想政治教育的目的高度契合。利用资助机制的感恩教育功能、激励功能、诚信教育功能等开展思想政治教育，有利于促进学生的健康成长和全面发展。

（二）高校学生资助机制是思想政治教育的重要载体

高校学生资助机制是思想政治教育的重要载体，对思想政治教育的效果具有重要影响，主要体现在以下两方面：第一，学生资助机制含有丰富的思想政治教育资源，可供思想政治教育使用；第二，学生资助机制可以有效联结思想政治教育主体和客体，使受教育者即受助学生很好地接收教育者传递的思想。

一方面，高校学生资助机制不仅可以直接解决学生的经济困难，而且可以激发学生对学校、社会和国家的感恩之情，从而提高学生对社会主义道路自信、理论自信、制度自信和文化自信的认同度。所以，高校学生资助机制不仅是思想政治教育的重要载体，还能不断拓展与深化思想政治教育的内容。有效开展高校学生资助工作，有助于提高思想政治教育的有效性。另一方面，高校学生资助机制的运行，包含教师和学生之间的互动。资助机制的高效运行，需要教师和学生之间形成科学、良性的互动。在资助机制中，教师和学生都既是主体，又是客体。学校在为学生提供经济帮助的过程中，教师用恰当的方法将资助背后所承载的国家的关怀与期望向学生进行解释，可以促使学生产生内生动力，

树立起奋斗、自信、自强的生命精神，从而主动追求个人能力的提高。此外，教师在资助过程中对学生的尊重、认可与鼓励，可以激发学生的自我意识、主体意识，使其树立正确的三观。

（三）思想政治教育可以为高校学生资助机制提供价值导向

在高校学生资助机制的运行中，加强思想政治教育有助于做好资助工作，同时可以增强育人效果。高校学生资助机制主要涉及三个问题，即"为什么资助""资助谁"和"怎样资助"。思想政治教育在以上三方面，为学生资助工作的开展提供了价值导向。

首先，在"为什么资助"方面，国家建立与运行资助机制，保障所有学生都能顺利完成学业，不因家庭经济困难而失学，以一种雪中送炭的方式向学生提供直接的经济帮助，在一定程度上可以解决学生的燃眉之急。然而，资助机制如果只停留在经济资助层面，就不能完全体现国家建立与运行资助机制的诉求，这就需要思想政治教育发挥价值导向的作用，让学生在潜移默化中感受到国家的关怀，从而提高学生对党和国家、对中华民族以及对社会主义的认同感，激发学生感恩学校、感恩社会、感恩国家的回馈之心。

其次，在"资助谁"方面，高校学生资助机制通过资助制度明确什么样的学生以及学生什么样的行为能得到资助与鼓励，引导学生进行行为选择，这也蕴含了思想政治教育的价值导向。

最后，在"怎样资助"方面，思想政治教育的价值导向作用表现为要求高校学生资助机制在运行中遵循科学、人本的观念，在具体操作中确保评选和资助金发放的准确性和公平性，使思想政治教育贯穿资助的全过程，力求引领高校学生资助机制向服务学生与教育学生的方向发展。

二、高校学生资助机制与思想政治教育的融合路径

（一）将资助与育人相结合

科学的资助观念是资助机制高效运行的基础与前提。教育部将"资助育人"纳入"十大育人"体系之中，要求把"扶困"与"扶志""扶智"结合起来，着力培养学生的优秀品质，对树立科学的资助观念和育人工作导向提出了要求。

1. "扶困"与"扶志""扶智"相结合

解决家庭经济困难学生的基本生活问题，只完成了资助机制的阶段性目标，而其终极目标是实现对学生生命精神的培养、综合能力的提升以及完善人格的

塑造，使学生得到全面发展，从而保证他们有能力在未来获得更好的生活。"扶贫先扶志，扶贫必扶智"是国家对教育扶贫提出的要求，其中扶志主要是指扶志向、树信心，扶智主要是指扶智力、增知识。资助机制作为教育扶贫的可靠保障与有力抓手，也需要对学生进行扶志与扶智。就资助机制而言，扶困就是为学生提供直接的物质帮助，扶志就是帮助学生树立自强不息的精神与面对困难的勇气，扶智就是帮助学生提升文化水平和素质能力。在高校学生资助机制的运行中，除了完成家庭经济困难学生能够顺利入学并完成学业这一"扶困"目标外，更应注重激发家庭经济困难学生的自立自强精神这一"扶志"目标以及对其进行综合能力培养这一"扶智"目标，使家庭经济困难学生成长为社会建设所需的优秀人才。

2. "他助"与"自助""助人"相结合

"他助"指的是国家、学校和社会等通过资助、捐款等方式为受助学生提供经济帮助。"自助"指的是家庭经济困难学生通过勤工助学、校园创业等方式，用自己的劳动赚取报酬，从而弥补学习和生活费用的不足。"助人"指的是在有能力的前提下，通过志愿服务、爱心捐款等公益活动，传递温暖，帮助更多的人。"他助""自助""助人"是包含三个层次的系统过程。其中，"他助"作为资助机制的基础，是解决困难最直接的方式。但是"他助"有以下不足：第一，注重外界的帮扶，对学生独立解决问题的能力、自立自强的精神培养不足；第二，尽管国家、学校和社会等投入的资金越来越多，但由于学生数量多、需求广，实现对全部学生的需求的满足是不现实的。因此，需要在明确"他助"的真实诉求是帮助家庭经济困难学生解决物质困难的基础上，培养学生自立自强的精神，以达到"自助"的目的，进而促使他们不断提升自我，使自己有能力将爱心传递下去，实现"助人"的最终目标。

（二）丰富资助机制中思想政治教育的内容

资助机制中的各项制度蕴含着丰富的思想政治教育内容。在开展资助工作的过程中，除了要注重程序正义外，还要注重对过程育人的渗透，不断丰富资助机制中各项制度的思想政治教育内容，促进思想政治教育外化向内化的转变，提升学生的思想道德水平。

1. 在助学贷款工作中开展诚信教育

助学贷款制度是国家采取金融手段，加大对家庭经济困难学生经济帮助与支持力度的措施。在助学贷款的申请、审批、发放、偿还等过程中，都蕴含着法律对行为的制约与规范，学生必须如实提供个人经济情况，并遵守合约规定，按时还清贷款，一旦发生拖欠贷款等不诚信行为，将会受到惩戒。这个过程也是对学生开展诚信教育的生动实践。高校可以定期组织守信守法主题教育活动、开展诚信主题的征文活动、举办受助学生座谈会等对学生进行教育，通过一系列的诚信教育，强化学生信守承诺的思想和意识，使他们明白只有以信立身、以诚处世才能立足于社会。

2. 在助学金评定中进行感恩教育

国家实施助学金制度旨在帮助家庭经济困难学生渡过暂时的经济难关，保障他们平等接受高等教育的权利，并为他们搭建进一步发展的平台。家庭经济困难学生在党和国家用大爱为他们撑起的保护伞下，能够安心地学习、奋斗，更容易激发出他们对党和国家的感恩之情，将自己的个人理想融于实现伟大复兴的中国梦中，同时，在自己具备一定的能力后，也更有可能将爱心传递下去，让更多的人感受到这份支持与力量。高校在开展助学金评定工作的过程中，可以利用更人性化的方法，将温暖真正送到学生内心，激发学生自强不息、知恩感恩的精神。

第五节　高校学生安全教育与思想政治教育的融合

一、高校学生安全教育概述

安全教育作为安全管理的基本内容之一，是事故预防与控制的重要手段。安全教育是通过各种形式的教育和培训，努力提高人们的安全意识和安全技能，使人们学会从安全的视角观察问题和审视问题，用所学到的安全技能去处理问题的教育活动。安全教育的内容非常广泛，一般而言，高校学生安全教育包括安全知识教育和安全技能培训两个部分。安全知识教育包括法律法规教育、安全常识教育、早期职业安全教育以及心理健康教育。安全技能培训包括日常安全防范技能培训和早期职业安全技能培训两个部分。与系统的安全理论知识教育相比，安全技能培训针对性较强，注重实践教学环节，着眼于培养学生的实际动手能力，它的主要目的是使学生具备在某种特定的环境或条件下安全顺利地完成任务的能力。

（一）法律法规教育

高校学生法律法规教育包括以下几个方面：

①基本的法律法规教育，如《中华人民共和国宪法》《中华人民共和国刑法》《中华人民共和国教育法》《中华人民共和国高等教育法》等。

②国家有关安全管理工作方面的方针、政策、法律、法规的教育，如《普通高等学校学生管理规定》《高等学校学生行为准则》等。

③校规校纪的教育。特别是涉及学生日常行为规范的教育，如校园治安秩序管理规定、公寓管理规定、宿舍防火制度、学生违纪处分条例有关规定、文明离校有关规定、社团管理条例等。

对高校学生开展法律法规教育，能够帮助学生树立法律观念，形成良好的法律意识，使学生对学校安全工作有一个总体性的了解，对自身所处的学习、生活环境有充分的认识，对自己在校园安全方面的权利和义务有正确的态度，对自身在事故处理中所承担的责任有清晰的了解。

（二）安全常识教育

高校学生安全常识教育，主要包括防火、防盗、防抢、防骗、防滋扰、防食物中毒、防止网络犯罪等与高校学生学习和生活联系紧密的安全知识教育，目的在于使学生掌握安全防范知识，树立安全防范意识。对突发公共事件的安全知识的教育和普及，是对高校学生进行安全常识教育的重点内容。通过对高校学生开展突发公共事件的安全教育，使高校学生对突发公共事件有全面的认识，掌握在自然灾害、事故灾难、社会安全事故、公共卫生事件等突发公共事件发生时所能用到的预防、避险、自救、互救、减灾等公共安全知识和技能。对高校学生开展全面、系统的安全常识教育，能够帮助高校学生建立起科学的、实用性强的安全知识体系，有效地保护自身安全和公共安全。

（三）早期职业安全教育

早期职业安全教育也是高校学生安全教育的重要内容之一。早期职业安全教育主要是开展与高校学生所学专业相关的安全教育，是在学生实验室安全教育和实习实践安全教育的基础上，更加注重对学生走出校园、步入社会后，从事与所学专业相关的工作时，针对职业领域安全特点而进行的安全知识教育。早期职业安全教育体现着以人为本、终身教育的理念，更加关注高校学生的未来安全。开展早期职业安全教育是提高高校学生安全意识和安全素质的重要途径和手段。

（四）心理健康教育

心理健康教育是高校学生安全教育的重要组成部分。高校学生心理健康问题受多方面因素的影响。学校是学生学习生活的主要场所，也是学生产生心理问题的主要场所之一。从高校学生的角度来看，学习压力的增加、生活环境的改变、就业和考研竞争的激烈等都可能会导致其出现心理问题。从学校的角度来说，教学方法不当、管理不严格、奖评不公等也都会给学生的心理带来不良的影响，使学生思想、行为异常，缺乏安全感。因此，在对高校学生进行安全教育时，对学生开展全面的、适时的心理健康教育显得尤为重要。心理健康教育主要包括应对挫折的心理教育、恋爱与性心理教育、人际交往的心理教育、正视学习的心理教育和如何应对环境和角色改变的心理健康教育以及遭遇突发事件时的心理健康教育。心理健康教育能够帮助高校学生了解自身的心理健康状况，掌握调节心理状态的科学方法，指导自身行为实践，保护自身安全和合法权益。

（五）安全防范技能培训

高校学生安全防范技能培训，是在安全理论知识教育的基础上，着重培养和锻炼高校学生处理实际安全问题的能力。安全防范技能培训主要是通过课堂安全技能的演示、课外实习实践、有组织的应急演练等活动，训练学生防盗、防抢、防火、防人身伤害以及应对公共突发事件等日常安全防范技能，提高自身防卫能力。早期职业安全技能培训主要针对学生专业领域的安全特点，通过实习实践和专门训练等方式和途径，对高校学生开展知识性和预防性的职业安全技能教育和培训，提升高校学生职业安全素养和专业知识水平，促进高校学生日常安全防范技能水平的提高。

二、安全教育与思想政治教育融合的实施策略

高校学生安全教育与思想政治教育的融合，应从以下几方面开展工作。

（一）强化高校学生安全管理的思想政治教育功能

思想政治教育工作在帮助高校学生树立正确的安全意识，提高高校学生的安全素养方面起着重要作用。在高校学生安全管理中，应充分发挥思想政治教育的功能，通过开展形式多样的安全教育活动，引导学生的思想和行为，如网络安全行为、交往行为、公共安全行为等，从学习和生活的各个方面，引导学生树立正确的安全意识和安全观念，形成集体安全责任感，从自身做起，自觉

遵守安全规章制度，正确处理日常学习、工作和生活中遇到的问题，以有效地推动高校学生安全管理工作的顺利开展。

（二）以案例教育为重点

对学生开展安全事故的案例教育是高校学生安全教育工作的有效手段之一。发生在校园内的安全事故案例接近学生的日常生活，用这些真实的案例开展安全教育，更具有说服力。在安全教育中，对典型的案例深入分析，弄清事故发生的原因、过程、形式、危害及规律，能够把安全教育以真实的形态展现出来，往往会给受教育者留下深刻印象，使学生真正了解在什么情境会出现这种不安全的情况，出现这种不安全情况的原因，一旦出现类似的情况应该如何去应对和处理以及如何运用所学到的安全知识和技能去解决问题。对安全事故案例的分析，能够使学生直观地认识和理解树立安全意识、掌握安全知识和安全技能的重要性。

（三）以班级和党团组织为依托，引导学生进行自我安全教育和管理，实现自我服务

班级是学生的基本组织形式，是学生自我教育、自我管理、自我服务的主要组织载体。因此，高校学生安全教育和管理要充分发挥党团组织在教育、团结和联系学生等方面的优势，注重依托班级、社团等组织形式，引导学生自我教育、自我管理、自我服务。

对高校学生进行安全教育，实施安全管理，实质上是在努力引导学生树立安全意识，实现自我教育、自我管理和自我服务。因此，高校学生安全管理工作应注重以班级和学生社团为依托，以充分发挥党支部、团支部、学生会组织的带头作用，为高校学生创造和搭建良好的活动空间和平台，使其主动参与安全管理工作。高校学生的自我安全管理，是高校学生安全管理工作的一个重要组成部分，是完善高校学生安全管理工作的有效途径。

高校学生的自我安全管理是在高校学生自我安全教育基础上的一种管理活动。通过组织开展群体内部以及群体之间的管理活动，帮助和引导高校学生群体开展以班级、年级以及社团为单位的安全管理活动，以达到巩固教育成果、实现自我教育的目的。在高校学生安全管理工作中，除了加强对高校学生团体组织的引导和管理外，还应注意对高校学生自我安全管理组织的培训工作，使高校学生团体组织具备相应的安全管理专业知识，知道如何管理和怎样高效地管理。

实现高校学生自我安全服务，首先要引导高校学生实现自我安全教育。高

校学生自我安全教育是高校学生自我安全管理和服务的良好开始，它使高校学生由受教育者、被管理者、受保护者的身份，转变为教育者与受教育者的统一体，能够真正做到从群体和自身的安全需求出发思考安全教育问题。高校学生的自我安全教育更贴近高校学生实际生活，更有说服力和感召力。通过适时的、有针对性的高校学生自我教育活动，支持以班级和社团为单位开展安全教育活动，鼓励开展以安全教育为主题的文艺节目演出、安全知识竞赛、安全知识讨论、安全知识信息交流会等活动，达到自我教育的目的。

在高校学生自我安全教育和管理的基础上，引导高校学生努力实现自我安全服务，有助于培养高校学生的群体互助意识和团队精神，使其可以及时发现身边的安全问题和隐患，实现互帮互助，互相交流。高校学生的自我安全服务，能够加深高校学生对安全管理工作的认同，形成人人参与服务，人人共创服务的局面。在高校学生安全管理工作中，应积极引导和支持高校学生的自我安全服务，充分调动学院、年级、班级及各党支部、团支部和学生会组织带头开展服务学校、服务学院、服务同学的安全服务活动。组建高校学生安全服务队、高校学生安全志愿者协会等高校学生社团组织，并为其创造良好的活动空间，使其成为高校学生安全管理工作的重要力量。

（四）树立服务学生的理念，做好高校学生安全事故处理工作

强化服务意识，提升服务理念，时时刻刻帮助学生和服务学生是做好高校学生安全事故处理工作的出发点和归宿。只有树立服务学生的理念，才能使学生在发生事故，真正需要帮助的时候能够想到老师、信任学校，能够在第一时间通知相关负责人，而不是在发生事故后因顾虑对安全事故责任的追究而谎报、瞒报，不敢告知，也不愿意告知，以至于拖延时间，私自处理，造成更加严重的后果。这些都要求高校学生安全事故处理的工作人员做到以学生为本，关心他们的切身感受，关注他们的切身利益，真正树立服务理念，做好高校学生安全事故处理工作。

树立服务学生的理念，做好高校学生安全事故处理工作，主要应从以下三个方面入手。

1. 提高应急反应能力，做到第一时间处理

时间是安全事故处理中最为重要的因素之一。安全事故的处理是否及时，直接影响着安全事故损失的大小、影响范围的大小、事故当事人各项权益的保障以及事故责任的认定和追究。因此，在处理高校学生安全事故的过程中，必须具备很强的安全事故应急反应能力，争取做到第一时间得到信息，第一时间

到达现场，第一时间帮助学生解决实际安全问题。运用快速反应机制，制定事故处理预案，同时，注重发挥学生干部、党员、班委会成员的作用，要求他们经常与教师沟通，在发生安全事故时能够及时上报，以便对高校学生安全事故进行及时有效的控制和处理。

2. 把学生的利益放在首位，做到妥善处理

学生安全事故的处理要贯彻落实保护学生的原则。把学生的利益放在首要位置，切实保护学生的人身财产安全，维护学生的各项合法权益，依照高校安全事故处理原则和程序，做到公平、公正、公开地妥善处理。在涉及责任的认定和追究时，本着合理适度、以教育为主的原则，在事实认定的基础上，根据有关学生安全管理规定进行合理适当的处理，充分发挥和利用安全事故处理过程中的教育作用，引导学生认清安全事故的危害，勇于承担对事故所应负的责任，并且从中吸取教训。

3. 以学生为本，做好事故处理后的教育工作

安全事故发生后往往会给学生的心理造成很大的压力，带来情绪和思想上的波动，安全事故的追责和处理也会给学生日后的学习和生活造成一定的影响。帮助和引导学生正确面对安全事故带来的影响，使他们在今后的学习生活中变压力为动力，是日常学生思想政治教育工作中必须面对的问题。因此，在安全事故处理后，要特别重视对学生的跟踪教育工作，深入寝室、教室，与他们谈心、交流和沟通思想，为他们减轻心理压力，帮助他们正确认识和对待安全事故所带来的问题，引导学生回到正常的学习生活中。只有以学生为本，认真、扎实地做好学生安全事故处理后的思想教育工作，才能有效地提升安全管理工作质量，做到防患于未然。

第六节　高校学生就业指导与思想政治教育的融合

纵观改革开放以来高校学生就业思想政治教育中的方法和手段，不难发现，高校学生就业观的教育和转化是一项长期的系统工程，仅依靠某一方的力量难以实现，因此，需要调动各种教育资源和方法，借助多方力量，优化方法和路径，把解决思想问题与解决实际问题结合起来，增强就业思想政治教育的亲和力、渗透性和实效性，合力促进高校学生就业思想政治教育的良性发展。

一、发挥思想政治理论课主渠道作用

思想政治理论课作为高校思想政治工作的主渠道和主阵地，在高校学生就业思想政治教育中，发挥着举足轻重的作用。在全国高校思想政治工作会议上，习近平总书记指出："思想政治理论课要坚持在改进中加强，在创新中提高"，要"用好课堂教学这个主渠道"。这就为新时代改进、加强与创新高校思想政治工作指明了方向，规划了路径。

高校学生就业思想政治教育要从完善机制、强化师资队伍、深化教学改革等方面着手，充分发挥思想政治理论课的主渠道作用。

（一）完善机制，夯实制度保障

高校思想政治工作涉及"培养什么样的人、如何培养人、为谁培养人"的根本性问题，这就要求高校的就业体制机制建设要具有长远性、战略性和稳定性。近几年来，国家和高校都高度重视高校学生的就业思想政治建设，从领导体制、课程设置、师资培养和经费保障等方面积极部署，取得了显著成效。

（二）强化师资队伍，优化师资结构

教师是学生成长成才的指导者和领路人，也是强化学生就业思想政治教育的关键一环。这就要求教师不仅要具有深厚的理论素养，还要有高尚的师风师德。同时，优化师资结构要注重师资梯队建设，发挥老教师的"传帮带"作用，培养一支素质过硬的青年思想政治理论课教师队伍。

（三）深化教学改革，提升教育质量

进入 21 世纪，思想政治理论课教学方法和内容的改革不断深化。一方面，将传统教学方式与现代教学方式相结合，通过大班教学、小班讨论、"翻转课堂"、启发式教学等多种方式，借助多媒体技术，使课堂由以教师为中心向以学生为中心转变，变被动式学习为主动式学习，变僵化的"填鸭式""灌输式"教学为灵活的启发式、发散式教学，这样大大增强了思想政治理论课的实效性。另一方面，深化思想政治理论课教学内容改革，强化理想信念、职业道德、法律道德、自我认知和就业形势等教育，以此来培养学生坚定的理想信念、良好的道德品质以及清晰的自我认知，这为高校学生择业和就业打下了良好的思想基础。

二、强化辅导员和学生双主体地位

中共中央、国务院《关于进一步加强和改进大学生思想政治教育的意见》指出，大学生思想政治教育要坚持教育与自我教育相结合，既要充分发挥学校教师、党团组织的教育引导作用，又要充分调动学生的积极性和主动性，引导他们自我教育、自我管理、自我服务。辅导员作为就业指导工作的直接参与者，在学生就业思想政治教育中发挥着举足轻重的作用，在以辅导员和学生互动为特征的就业思想政治教育活动中，辅导员的主体性和学生的主体性同时存在，相互依存，同处于一个统一体中。因此，在就业思想政治教育中，要强化辅导员和学生的双主体地位。

传统的思想政治教育一直把学生当作受教育的客体，尤其在 20 世纪 80 年代，教师往往采用填鸭式的教学方式在课堂上对学生灌输知识，从而忽视了学生主体作用的发挥。进入 21 世纪，高校越来越意识到，加强就业思想政治教育必须发挥学生的积极性与主动性，树立"以学生为中心"的教育理念，着力于学生就业素质和就业竞争力的提升。《教育部办公厅关于加强普通高等学校学生就业思想政治教育的通知》明确指出："各高校要鼓励和支持学生成立以提高职业发展能力和就业能力为目标的社团"，使学生"进行专业知识的积累，提高职业技能、择业技能、求职技能，为求职择业奠定更加坚实的基础"。学生社团提高了学生自我教育、自我管理和自我服务的能力，对发挥学生的主体性起到了很好的示范作用。

与此同时，高校还要充分发挥辅导员的主体作用，要把思想政治教育融入对学生的职业生涯辅导中，强化就业工作指导。在开展职业生涯辅导工作时，要有计划、有针对性地突出理想信念教育，积极倡导"国家至上、事业为先"的就业理念，鼓励和支持学生自觉把个人的前途命运与为国家建设服务相结合，培养学生立大志、成大事的价值观和择业观。

在就业指导中，高校辅导员要做到以下几点：一是因材施教，对学生进行个性化就业指导，结合学生的就业意向和个人情况，对不同的就业需求群体进行不同的就业指导。二是增强服务意识，创新工作方法，为学生提供全方位、全过程的就业指导服务。三是提高自身素养，提升理论政策水平。就业指导工作具有较强的专业性，需要辅导员掌握系统的理论知识和当前就业政策，同时，还要结合实际，向学生宣讲好和灵活用好就业政策。在高校学生顺利就业工作中，辅导员要主动做好毕业生的思想指导和就业推荐工作。

三、把握好"三个课堂"在就业思想政治教育中的渗透作用

通过分析改革开放 40 多年来高校学生就业思想政治教育的经验,不难看出,要提高就业思想政治教育的针对性、系统性、长期性,高校就要不断在专业课、就业指导课和社会实践课教学中渗透就业思想政治教育。

在专业教学中融入思想政治教育,有助于坚定学生的职业理想。大力倡导高校教师自觉地把思想政治教育同专业课的教授结合起来,寓思想政治教育于教学中,将产生事半功倍的效果。在专业教学、实践教学和专业实习的各个环节中,教师向学生积极介绍本专业的发展前景,以及在现代化建设中取得的成就、面临的机遇和挑战等,以此激发学生的职业热情,增强其学习的积极性、主动性和创造性,帮助学生树立长远职业理想。

从 2008 年起,高校按照国办发〔2007〕26 号文件关于"将就业指导课程纳入教学计划"的要求,明确将就业指导课程列入教学计划,列入就业"一把手"工程,贯穿学生从入学到毕业的整个培养过程。就业指导课程通常采用理论与实践相结合、讲授与训练相结合的方式,从以下几个方面着手,提高高校学生的就业能力和生涯管理能力。一是树立生涯与职业意识,形成初步的职业发展规划。帮助高校学生了解职业的特性,确立未来择业的目标,增强学生学习的目的性和积极性。通过就业形势教育、自我认知管理、职业发展决策等,使学生对就业形势、自我特性、决策模式等有一个清晰的认知,从而确定职业目标和生活模式,形成初步的职业发展规划。二是提高就业能力,指导求职过程。学生通过了解具体的职业要求,有针对性地提高自身素质以及职业发展所需技能,以胜任未来的工作。通过指导学生搜集就业信息、撰写简历、参加面试、进行心理调适和就业权益保护等,使学生提高求职技能,增强心理调适能力,正确应对求职挫折,疏解负面情绪,维护个人合法权益,从而有效管理求职过程。三是开展职业适应训练和创业教育。引导学生适应从学生到职业人角色的转换,培养职业道德,为学生的职业发展奠定良好的基础。同时,注重培养学生的创业意识和创业精神,提升学生的创业素质与能力。

社会实践是高校学生就业思想政治教育的重要载体,高校要在实践教育中,帮助学生增强投身基层、投身祖国建设的信心和决心。近几年,各高校纷纷建立了一批稳定的实习和就业基地,多渠道为学生搭建实践平台、积极组织学生开展实践活动,通过社会实践、调研、实习、挂职锻炼等一系列实践活动,让学生亲身了解社会发展情况、当前就业形势以及专业前景等,使学生在社会实践中接受教育、增长才干、做出贡献、增强社会责任感,同时推进高校学生自

主创业，完善细化创新创业各项优惠政策等，引导高校学生树立正确的职业观和择业观。

四、注重"四方"协同，形成就业思想政治教育合力

加强和改进高校学生思想政治教育工作，是一项涉及社会方方面面的系统工程。深入研究如何组织和协调社会有关方面的力量，形成全社会关心和支持高校学生就业思想政治教育工作的合力，是关系高校学生就业思想政治教育全局的重大课题。改革开放以来，我国在高校学生就业思想政治教育中，注重个人教育、家庭教育、学校教育和社会教育相结合，四方协同、合力育人，不断开创高校学生就业思想政治教育工作的新局面。

教育部在 2017 年印发的《高校思想政治工作质量提升工程实施纲要》中，提出了着力构建一体化育人体系的总体思路，要求全面统筹各领域、各环节的育人资源和育人力量，形成各层级、各方面协同育人格局。学生是就业思想政治教育中的主体，培养学生的自我修养意识、自立学习意识和自我完善意识，增强学生的责任感和自觉性，充分发挥其主观能动性，可以起到自我教育、自我管理的作用。家庭是学生接受思想道德教育的第一课堂，家长则是子女的第一任教师，家长不仅要关心孩子的学习，更要重视培养子女的健全人格和良好品德，不仅要对孩子严格要求，更要注重言传身教，为孩子成长营造良好的家庭教育氛围，为子女成才做出表率。同时，家庭教育可以帮助高校学生认清就业形势，做好人生规划，调整就业期望值。与此同时，各高校也要积极加强与学生家长的沟通联系，相互配合对学生进行思想政治教育。社会通过政策导向，建立健全公平、公开、公正的就业环境。大力整合社会教育资源，充分运用科学理论、宣传舆论、文艺作品、先进典型、改革开放和现代化建设的巨大成就等资源，对高校学生进行思想政治教育。学校与社会协同合作，共同解决拓展就业市场、资助经济困难家庭学生、建设高校学生社会实践教育基地等实际问题；努力营造良好的文化环境和舆论环境，传播正能量，引导高校学生奋发向上，树立正确的择业观和就业观。在高校学生就业思想政治教育中，通过突出学生个人的主体地位，发挥家庭教育的基础作用、学校教育的主阵地作用和社会教育的保障作用，实现个人、家庭、学校、社会四结合，形成四位一体的教育格局和教育合力，使教育资源不断整合、教育机制实现互联、教育功能得以互补、教育力量实现互动。四方协同，以此达到充分调动各方面育人资源，挖掘和运用各方面育人要素，发挥各方面的育人功能，营造高校学生就业和成才的良好社会环境，形成全方位全过程育人格局的目的。

第七节　高校学生教育管理与思想政治教育的融合路径

一、高校学生教育管理与思想政治教育融合的重要性

目前，随着国家教育制度的不断改革与创新、素质教育工作的有效开展，高校在开展各项学生教育管理工作时，不能单一、局限地运用一种方式或者方法，在思想政治教育方面也不能依靠课堂教学这样单一的模式来教学，这样的管理模式与教学模式都会影响与制约育人、育才效果的呈现，不利于提升高校学生教育管理效率、思想政治教育水平。只有将高校学生教育管理工作与思想政治教育相融合，才能使其相互推进、相互补充，以学生为中心和重点来开展各项学生管理与思想教育工作，从思想与行为上推动学生取得更好的发展。下面对高校学生教育管理与思想政治教育融合的重要性进行探讨与分析。

（一）有利于优化学生教育管理路径与方法

当前的学生教育管理模式过于依赖制度约束来实现对学生的管理，这样容易出现"反弹"的现象，很多学生在学校各项管理制度的约束下，很容易产生逆反心理，不愿意按照和遵从学校的各项规章制度来学习、生活等，这样缺乏弹性的学生教育管理模式也不利于提升学生教育管理效率。而将思想政治教育的内容与学生教育管理工作进行有效的融合，能够丰富学生教育管理工作的形式与内容，更好地优化学生教育管理路径与方法，使得高校的学生教育管理工作变得更具柔性，再加上学校管理制度的配合管理，能够发挥出"刚柔并济"的学生教育管理作用，有利于提升高校学生教育管理的水平。

（二）有利于丰富思想政治教育的形式与内容

传统的高校思想政治教育多以课堂教学的形式来呈现，没有将思想政治教育工作拓展与延伸到其他的领域与范畴，这样的教学形式与国家素质教育以及不断改革的教育体制不相适应。而将思想政治教育的内容与高校学生教育管理工作进行巧妙的融合，不仅能够促进高校学生教育管理工作的有效进行，而且能够丰富高校思想政治教育的形式与内容，使得思想政治教育能够依托学生教育管理这一载体来开展教学，这样既规范了学生的思想和行为，又能推动高校各项教育教学与学生管理工作的高效进行。

二、高校学生教育管理与思想政治教育的融合路径

（一）重视学生教育管理与思想政治教育机制的健全与完善

为了实现对学生的高效管理，更好地实现高校思想政治教育的目标，高校重视学生教育管理与思想政治教育机制的健全与完善是非常必要且迫切的。高校要对当前学生教育管理机制的实际情况和问题进行分析与研究，并对思想政治教育过程中存在的难题进行掌握，从而制定更具针对性与有效性的学生教育管理机制与思想政治教育机制，这样能够为学生教育管理工作、思想政治教育工作的有效开展提供良好的制度基础与保障。与此同时，在健全和完善各项管理机制时，要多了解和掌握学生思想状态，坚持以学生为核心来完善思想政治教育机制，制定科学、合理的管理机制与教学制度，这样能够让学生更好地认可、接受与遵从学校的各项管理制度与教学机制，也能更好地运用管理制度来合理约束学生的行为，激励学生更加积极、主动、全面地参与到学校的各项管理工作当中，逐步推动学校各项管理水平的提高。

（二）坚持和贯彻以学生为本的原则

学生是学校各项管理与思想政治教育的核心与载体，学校要想实现学生教育管理与思想政治教育的有效融合，就要从学生的实际情况出发，坚持和贯彻以学生为本的原则和方法，多了解、关心与掌握学生的实际心理动态与生活情况，平等、公平地对待每一位学生，以学生的持续、健康发展为管理核心与教育目标，切实了解学生的难处，帮助学生更好地解决思想上和行为上的问题。与此同时，随着国家素质教育工作的不断深化，教师在思想政治教育中必须对学生的主体性教学地位予以充分的尊重与重视，要多结合学生的个性化特征来实施个性化、科学化的管理工作，让思想政治教育在学生教育管理工作中更好地发挥作用，并在学生教育管理工作中更好地实现对学生的思想政治教育，促进高校学生教育管理与思想政治教育之间的相互补充，共同实现对学生的管理与教育目标。

（三）重视学生教育管理与思想政治教育理念、方式的转变与革新

高校在管理学生时，如果一味地运用传统、落后、单一的管理模式与思维，学生与教师都很容易陷入管理与教育的恶性循环中，严重影响教育工作与学生管理工作的有效进行。鉴于此，高校必须重视学生教育管理与思想政治教育理念、方式与方法的转变与革新，不断推陈出新、与时俱进，重视思想政治教育

的跨学科、跨领域教学。高校辅导员在管理学生时，要有意识、有目的地对学生进行思想政治教育，并将学生教育管理工作内容与方法和思想政治教育的内容与方法融合到一起，做到你中有我、我中有你，促进思想政治教育与学生教育管理工作之间的巧妙融合，将 1+1 ＞ 2 的管理与教育作用发挥到最佳。与此同时，在管理模式与手段上，高校的辅导员与教师要进行强强联合，强化对学生日常学习行为与理念、生活行为与方式的管理与教育，可以通过微视频、微信等对学生实施信息化管理，并在日常管理工作中将思想政治教育内容传播给学生，在耳濡目染、潜移默化中不断培养学生良好的思想政治素养与高尚的政治信仰，培养与激发学生的爱国主义精神和情怀，从而更好地塑造与提升学生的综合素养与能力，促进学生的全面发展。

（四）重视辅导员队伍的壮大、师资力量的增强

辅导员与教师是推行学生教育管理工作、思想政治教育工作的先驱与中坚力量。为了促进学生教育管理工作与思想政治教育之间的更好融合，高校必须重视辅导员队伍的壮大、师资力量的增强，定期对高校辅导员、教师等进行专业化的培训与指导，逐渐提升辅导员的学生管理实力、提高思想政治教师的综合教学素养与能力，并推动辅导员与思想政治教师之间的联系与合作，为管理和教育好学生这个终极目标而付出最大的努力。与此同时，高校要明确辅导员与教师的工作职责，明确奖惩机制，激发辅导员和教师的工作热情与动力。此外，辅导员和教师为了自身职业的长远发展，也要利用自己的业余时间给自己充电，不断解放思想，跟随时代的发展步伐来学习与了解先进的学生教育管理模式和方法，并对思想政治教育的内容与形式进行更好的革新与创新，增强教师的思想政治教育能力，壮大高校师资队伍，推动高校学生教育管理工作与思想政治教育更好地实现融合与创新，更好地发挥出育人、育才的实际作用与价值。

综上所述，高校在开展学生教育管理工作与思想政治教育时，要重视管理理念、思想政治教育方式的转变与革新，结合当前的高校学生教育管理与思想政治教育的实际情况与特点，不断健全和完善学生教育管理制度以及思想政治教育体制，不断优化与创新思想政治教育路径，充分尊重学生的主体性教学地位，以学生为中心和重点推动高校学生教育管理工作与思想政治教育工作的高效运行，从而实现高校学生教育管理工作和思想政治教育的目标。

第五章　大数据时代高校学生教育管理的模式转变与应对策略

第一节　大数据时代传统高校学生教育管理模式的弊端

一、大数据时代概述

（一）大数据时代的概念

所谓大数据，是指海量数据和信息，人们通过计算机软件对海量数据和信息进行挖掘、分析、处理、应用，从而使信息变为资源、资源转化为知识、知识产生价值。所谓时代，是指根据经济、政治、文化等状况而划分的历史时期。据此，大数据时代就是指以大数据为核心的，以技术、管理、应用和研究等为标志的人类社会发展的新的历史时期。

（二）大数据时代的特征

大数据开启了一次重大的时代转型，人与自然、人与社会、人与人之间的关系将演变为数字化生存的关系，而大数据时代也将展现出其独有的特征。

1. 泛互联网化

大数据时代，计算机成为人们生活中必不可少的一部分，计算也不再局限于桌面，人们可以通过手持设备、可穿戴设备或其他计算设备无障碍地利用计算功能和信息资源。人对人、人对机（物）、机对机有效连接与通信，有线与无线、固定与移动并存并相互连接，各种网络如通信网、计算机网、广播电视网等逐步协同、融合，计算机功能普及、网络连接普及、服务共享普及。

2. 数据化

大数据时代，社会数据化成为必然趋势。人们在信息传播、人际交往和日常生活中，通过沟通、传播与保存，将一切客观存在处理为数据，进而使整个社会成为一个庞大的数据库。数据从知识的保存形式变成社会的组织形式，人与自身、人与人、人与社会之间的关系由数据所取代。大数据时代的数据，不再是简单的符码信息的堆砌，而是人类社会的数码符号，社会结构呈现出了以互联网为框架的数据化形态，传统的人际关系、信息交流演变为即时、迅捷的数据交换。

3. 多元化

大数据时代，各种数据不断汇聚，数据集呈现不同特征，数据类别和格式多样，使得海量数据能够表现出事物的多方面关联，显示出多方面的信息内涵。大数据时代，全媒体趋势、信息媒体化趋势进一步加强，从而体现出百花齐放的多元化和多样性。

4. 可量化

大数据时代，所有数字都可以转化为参与计算的变量，信息可以成为进行统计或数学分析的数量单元。文字变成数据、方位变成数据、沟通变成数据、人从身体到心理实现自我量化，世间万物都变成数据，世间一切事物都可以作为"变量"，接受数学分析，实现潜在价值。从社会化的个体主动运用数据开展认识自我的实践开始，人类认知领域全面数据化。庞大的数据资源使得学术界、商界、政府等领域开始量化进程。

5. 个性化

大数据时代，对海量数据的分析挖掘，可以发现、提取有价值的数据图谱和趋势性信息，为各行各业提供预测、趋势分析的前瞻性讯息，为各行各业提供决策的依据和制定策略的参考。海量数据是一种共享性、开放性的公共信息资源，大数据时代的文化共享，使得每个人都可以从"云"中海量的共享性数据资源中调用、择取自己所需要的数据进行挖掘、分析，为己所用，从而真正实现个性化发展、满足个性化需求。

6. 互动性

大数据时代，人与人、人与机、机与机之间将实现全面互动。互联网实现了无距离互动，移动终端实现了时空互动，物联网实现了设备互动。信息和数据在各种互动中实现交流和共享，在不断传播中相互影响和相互作用。而人们则可以根据自己的需要和偏好，随时控制信息、信息量和信息呈现的秩序。

7. 开放性

互联网、云计算等信息技术为大数据时代提供了便捷的共享手段。移动终端、智能手机、摄像头以及其他信息采集设备和存储设备将海量数据置于公共空间，数据的对外开放为公众共享信息提供了基础。大数据时代是一个开放的时代，一切都被置于"第三只眼"中，分享、共享成为共识，社会将呈现出透明、公开、有序的特征。

8. 预测性

大数据时代，依托多维度、多来源、多形式的海量数据和挖掘工具与分析技术的深度、广度与精度，可做出较为精准的预判、预测，将引领人类无限接近控制未来的终极梦想。大数据时代的预测性，将迅速变革商业模式、推进生态永续、实现低成本个性化教学并促成科学研究从假设推动到数据推动的全新转变。

9. 智能化

大数据时代，管理对象的属性信息（ID、编码、人体特征等）、个体状况信息（体温、血压、位置等）及环境信息（温度、湿度、压力、加速度、震动等）等被无线传感、自组织网等末端网络准确收集，并及时接入网络进行实时分析处理，最终的处理结果将智能化地呈现给人们。不同网络、不同设备、不同服务在任何时间、任何地点对任何人高度紧密连接，对感知数据的认知分析和处理，将实现智能化服务。

二、传统高校学生教育管理模式的弊端

在大数据时代，随着互联网和计算机技术的迅速发展，高校学生教育管理工作面临许多新的挑战。目前，很多高校学生教育管理模式，既没有妥善地结合现在高校学生的成长要求和个性特点，又没有与大数据时代的管理特点相结合。如果高校不能对学生教育管理模式足够重视，无法针对这种情况进行合理的创新，那么就会影响人才的培养工作。

（一）网络管理制度的保障性缺失

在大数据时代，随着网络信息化的高速发展，学生已经发展为最大的网民群体。网络空间虽是虚拟世界，但同样需要遵守秩序，而高校学生现阶段对于铺天盖地的网络信息还缺乏独立的判断及鉴别能力。目前，高校相关的网络管理制度的保障性缺失，主要表现在以下三个方面：

1. 引导制度缺失

事前对学生网络舆情的引导和预防远远优于事后的管控，但高校缺乏对网络舆论场所生成、影响因素以及引导方式的深入认识，目前还多沿用传统舆情管理制度来管理网络舆情，制度设计中的"严禁"及"禁止"等刚性管理制度已无法适应新媒体环境下网络舆情发展的态势。

2. 技术监管制度部分缺位

目前，高校技术监管机制更多的是保障信息化基础设施和业务系统的日常平稳运行与服务，而较少从制度层面对网络信息源头和信息内容等进行规范与细化，这使得网络技术管理人员在进行负面网络信息追踪和阻断时无章可循，力不从心。

3. 网络安全人才培养制度不健全

面对瞬息万变的网络世界，能够把控网络安全的复合型人才缺失的根源是网络安全人才培养制度不健全。网络安全管理队伍中专职人员少，而兼职人员投入网络安全管理工作中的精力少之又少，加之管理专业性不足，而相关的管理体制和人事制度也很难吸引高水平的网络安全技术人员，这使得高校很多网络管理工作难以落实。

（二）未能充分利用网络管理工具的功能

随着互联网技术在高校信息化建设中的普及，不同类型的资源信息系统在创新教育管理模式的同时，也反映出相关网络管理工具功能开发利用不善等问题，主要表现在以下两个方面：

1. "信息孤岛"现象普遍

高校涉及学生教育管理的网络信息系统间多相互独立，生成的学生信息数据流通不畅，系统因独立管理而产生大量冗余数据，且系统间无法进行数据关联，无法对数据进行科学分析来辅助管理与决策。

2. 工作重复，效率较低

学生的教育管理工作涉及日常的考勤和表现、综合评定、评奖评优、困难帮扶及就业服务等内容，目前高校对学生的管理多依托社交软件如微信等互联网媒介，功能使用多局限于信息的上传下达、学生数据的人工汇总以及意见的反馈，存在通知信息是否接收无法自动核实、学生信息无法有效沉淀、工作重复以及纸质申请审批低效等问题。此外，诸如评奖评优、困难帮扶和考勤监控等工作，由于对学生的日常表现、消费流水和外出情况等缺少有效的数据监控，所以决策时缺乏透明度和公正性。

第二节　大数据时代高校学生教育管理的模式变革

目前，大数据技术高速发展并被人们广泛运用于各个行业，教育行业也要紧紧跟随时代发展的潮流，利用大数据技术的优势，尽可能快速地完成学生教育管理模式的变革，积极解决教学模式存在的一系列问题，最大限度地发展教育事业。

一、大数据时代高校学生教育管理模式变革的必要性

（一）人才培养的必然要求

一个国家和民族的振兴离不开教育，而教育的首要目标是育人。将下一代培养成更优秀和更具有创造力的人是高校教育义不容辞的责任。随着经济全球化的发展，我国对外经济贸易日渐频繁，对高科技综合型人才的需求也大大增加。高校作为国家人才的主要输出端口，自然要紧跟国家发展步伐，努力创新人才管理模式，利用大数据对学生的各项基本信息进行登记对比，制定个性化管理方案，为国家培养高质量新型人才。

（二）学校可持续发展的必然要求

大数据所包含的信息不仅有助于学生，同时也有助于教师第一时间找到自己想要的资料，帮助其完成相应的科研工作。一方面，学生通过大数据可以找到适合自身发展的方向，更易为祖国做出贡献；另一方面，学校在不断向国家输送人才的同时，也可提升自身的竞争力，促进学校的可持续发展。

（三）社会进步的必然要求

高校是学生与社会的接口，为社会的进步源源不断地输送人才，在大数据互联网日益发达的今天，社会所需的人才也是不断变化的，学校为了适应社会的发展，必须培养具有创新性、符合社会需求的人才，担起推动社会进步的重任。

二、大数据时代高校学生教育管理模式变革的作用

（一）增加教育弹性

为了尽可能地提高教学质量和教学效率，在新型教育管理模式下，教学的

过程应该具备较强的灵活性，最大限度地适应社会的发展。受很多因素的影响，传统教育管理模式在提高灵活性方面有很大的局限性。在大数据背景的基础上，进行变革的工作也会有所不同，在大数据时代，计算机等终端的普及可以促使教育者利用多种方式去选择教学方式以及教学内容，从而增加教育弹性。

（二）普及优质资源

在我国，计算机的普及水平较高，并且正在持续稳定地发展。所以，利用电脑、手机等进行网上学习已经成为现在教育发展的新趋势。因为每个学生的理解能力以及知识储备有所不同，所以每个学生偏向的课程也是不同的，在大数据时代，学生除专业必修课外可以根据自己的具体情况进行其他课程的选择。除此之外，在我国偏远地区的学生也可以通过网络平台得到全国甚至世界优秀教师的指导，不但达到了按照需求进行教学的目的，而且有利于优质教育的普及，在很大程度上提升了学生总体知识水平。

（三）促进师生互动

在以往的教育管理模式中经常会出现教师在上课，学生在听课，但是在教师提出问题之后，没有学生去回答的现象，这就说明，在以往的教学中，教师与学生的互动性较弱。像这样的课堂一般情况下很难达到良好的效果。但是在大数据技术出现之后，学生的学习以及答题的记录都可以被专业的软件所检测和记录，并且及时地反馈给教师，教师对专业软件所出具的数据进行分析后，可第一时间找到学生存在的问题并予以解决，在很大程度上增强了学生和教师的互动能力，还有效改善了师生关系。

三、大数据时代高校学生教育管理模式变革的重要性

（一）实现教育多样性

在大数据时代背景下，建立学生与世界文化交流的纽带是非常重要的，学生可以充分利用计算机，对自己感兴趣的知识内容进一步深入地学习。当学生在学习过程中遇到困难时，可以在线和教师沟通。这样的方式不仅可以提高学生的学习兴趣，而且可以养成学生自主学习的习惯，学生在学习课外知识的同时，也有更多的机会了解社会对于用人的需求和标准，从而促进学生更好地学习和发展。大数据时代的资源不仅可以帮助学生拓宽学习渠道，还可以在一定程度上提高教师的自我素养。教师可以利用计算机技术，对世界各地优秀的教

育资源进行学习和研究，为学生提供多样化的学习方式和机会，从而高效完成教学任务，提升教学质量。

（二）实现资源共享

随着我国科学技术的迅猛发展，计算机除了被应用于生活中之外，在教育行业的普及率也越来越高，这也对学生产生了一定的影响。不同的人对不同事物的接受能力有较大的差异，单一的教学方式不适用于所有学生，所以，在课堂上，教师可以根据学生的具体情况调整教学的难度以及进度，除此之外，学生也可以选择自己感兴趣、与自己水平一致的课程。学生在学习的过程中，对于一些难度较高的课程可以利用多媒体技术反复进行学习，很大程度上提高了学生学习的质量。这样的方式极大地缩小了地区与地区之间的教育水平差异，更多优秀的人才不再只有大城市才能培养，地方级的院校也可以培养出专业水平较高的人才。

第三节　大数据时代高校学生教育管理模式创新

平台化是大数据时代高校学生教育管理模式的发展趋势。要依托互联网技术的支持，将大数据思想和网络管理模块的深度开发融合到学校的日常管理工作当中，消除信息壁垒，提高教育管理工作效率。

一、健全教育管理制度

制度是实现目标的保证，没有合理的制度，就难以保障目标的实现。高校的教育管理模式要加强制度创新，以制度规范管理，以制度保证质量。高校学生教育管理工作需健全以下两种制度。

（一）舆情引导分析机制

在大数据时代，网络舆情在一定程度上体现了校园民意。高校学生日趋成熟但易偏激，而网络行为更具隐蔽性和聚合性。一方面，要建立网络信息的收集与反馈机制，全方位吸引学生参与热点话题讨论，加强对网络舆情的监测与引导，将事态发展控制在萌芽状态。另一方面，建立舆情危机的预警与应急处置机制，做好高校学生网络用户的备案和登记工作，保证网络信息能够有效追查溯源。

（二）网络信息安全管理制度

首先，高校应建立健全网络用户注册、信息审核和安全防护等管理制度。其次，明确网络信息主体责任，网络信息发布者及管理者要承担相应责任，设置相应权限，确保网络信息安全管理有章可循。最后，完善网络安全人才培养引进制度。高校要积极与网络安全培训机构和网络企业对接，鼓励和吸引企业网络安全技术人才来高校从事网络安全管理工作，或者通过外包合作的方式，将过去由学校承担的网络安全管理工作交给社会专业化机构来执行，从而提升管理效率与专业化水平。

二、构建统一的教育管理平台

高校要做好顶层设计，构建统一的教育管理平台，从学校人才培养和管理的全局出发，统一规划，实现校园数据共享。该平台可以采集学生从报到、入学到毕业各个阶段的数据信息，内容涵盖学生上课及住宿考勤、课堂表现、评奖评优、勤工助学、受助学生日常消费监测、实习就业信息发布以及与家长互动等相关模块，且所有数据可以在教务处、学生处、招生就业办以及后勤等部门移动共享，依托大数据优势为学生做好服务和管理工作，规范工作流程，提升工作透明度。

三、扩展交流工具模块功能

在大数据时代背景下，选择成熟的技术软件进行高校学生教育管理，可减少重复工作，有效提升管理效率。可以在日常交流软件中增加签到、无纸化事项审批、信息已读反馈和及时推送待办事项信息等功能模块，并且数据都可以从后台导入学生教育管理平台，实现精准化的学生教育管理。

综上所述，创新高校学生教育管理模式已经成为互联网时代发展的必然要求，不同的发展时期高校的学生教育管理工作都会存在诸多问题，这是一项需要长期探索创新的系统性工程。针对问题创新举措，从理念和制度等方面做好顶层设计，全面提高学生教育管理工作的效率，就可以更好地为当代高校学生服务。

第四节　大数据时代高校学生教育管理的应对策略

在当今的大数据时代，计算机技术的迅猛发展催生了大数据思维，而大数据思维来源于数据库技术的不断演变和升级。最初的数据库技术是作为单一的数据资源进行各种事务处理以及决策、分析等工作的，然而由于社会需求的变化，数据的这种决策分析处理能力逐渐从以单一的数据库为中心的功能环境中分离出来，形成了一种新型的"体系化环境"。而所谓的大数据思维，即以数据爆炸为基础形成的收集、过滤有效信息，以提高工作的效率性和目的性的思维，能够让各种工作在其支配下更有规律、更有预见性。高校是进行人才培养的重要基地，增强教育管理工作的目的性及提高管理效率都十分需要大数据思维的支持。

一、大数据思维在高校学生教育管理中运用的可行性

在高校学生教育管理信息化程度不断加深的背景下，高校的日常教育管理也累积了大量数据信息，提高教育管理的效率，有效地利用既有数据信息为教育服务，是高校学生教育管理工作面临的新挑战。其中，运用大数据思维，借助先进的数据库技术辅助决策，成为提升高校学生教育管理工作效率的可靠途径。当前，高校大都建立了自身所需的信息化教育管理业务系统，例如，教学管理系统、学生基本信息和成绩管理系统等，但教育管理工作效率的进一步提升面临困境，究其症结，在于教育管理系统的应用大都以日常事务处理为主，系统呈现数据量大而信息量小的特点。充分发挥既有数据库的效用，就需要管理者进一步提升水平、活跃思维，提高对数据库体系化环境的把握、运用能力。

当前，互联网与人们的生活密不可分，高校学生更是活跃于互联网的主力军。网络平台可以供高校学生娱乐、交友、找兼职工作，也可以辅助高校学生学习。因此，高校学生教育管理系统中都积极加入了信息化管理的部分，其具有便捷性、即时性，受到了教职工和学生的广泛欢迎。高校信息化教育管理大都以教务管理系统为主，并配合相关软件、数据库和网络课程资源平台等多种数据应用形式开展工作。各专业、科室和部门、院系在互联网资源分配过程中，既可以按照现实的行政组织结构开展，也可以依照网络结构重新划分，就此而

言，高校学生教育管理中早已具备"大数据"，参与高校学生教育管理活动的各个使用者的数据都可以被利用和分析，从而以其为资源指导下一步的教育管理工作。可以说，高校学生教育管理已经具备了应用大数据思维的条件，并期待着从大数据思维中获利。

二、大数据思维在高校学生教育管理中的运用策略

（一）借助大数据思维进行数据筛选

互联网的特性之一是互动性，在互联网上，人们获取信息、提供信息的过程都不是孤立存在的，都能够从不同的渠道接收或者主动接受他人的建议和评价。高校学生教育管理涉及学校专业设置、课程开设等方面的工作，在大数据时代，这些工作开展的依据，不再只是"计划""规划"等单纯的主观构想，还紧密结合现实环境、发展趋势等。目前，我国高校处于由"精英教育"向"大众教育"转型的阶段，高校自身的定位关系到未来的发展，因为在以往高等教育人才紧缺的时代，"大学"本身就是一种数据标签，可以作为学生求职的有力依据。但是如今，高校学生就代表专业、资历的时代一去不复返，高校学生入学前、入学后都面临通过各种"选择"提高自身含金量、竞争力的情况，如选择专业、选择学制、选择优质的课程……而学校的教育管理应该很好地辅助学生进行选择，学校应该更好地分配教学资源，开设足够多的优质课程，这些都依赖在教育管理中充分发挥出信息技术自动化的优势，通过对网络中和教学软件中的各种数据进行分析，筛选出适合本校及本校学生的内容，将数据应用发展到高级阶段，基于数据做出服务决策。

（二）借助大数据思维进行数据对比

数据对比是大数据思维的一种常规表现。通常情况下，高校为营造学校的整体学风、保障教学质量和效率，在教育管理中会强调以约束为目的的各项管理制度，以让教学活动得以有序开展，但这样就在人才培养方面缺乏灵活性，具体表现是一旦学生入学，其所学专业和课程就基本固定，即表现为在人文关怀和因材施教方面显得有些欠缺，使人才培养略显僵化和盲目。而在大数据思维下，高校学生教育管理可以通过数据对比实现对学生培养方向的动态把握，这比以往在学生毕业之后才统计学生的相关就业数据等具有优势。在大数据思维下，学校可以把学生在校学习期间的情况进行数据对比，将专业动向、培养

状态等数据转化为"事前预警"，既对社会的横向人才需求比例进行对比，又对学生的个体学习过程中的变化进行对比，从而为高校专业、课程的调整提供依据。

（三）借助大数据思维进行数据挖掘

数据挖掘是被各行各业广泛推广的一种十分有效的大数据思维方式，其借助对广泛的潜在数据的收集、整理以及判断，对未来事件的趋势做出预测。具体来说，当某个人在网络搜索某个关键词时，与这个词相关的推荐就会同步显示出来，这就形成了一种简单的信息对比机制；而在搜索量达到足够的"热度"时，相关行业就会做出反应，就像某个事件上了"热搜"一样，相关运营公众号等就会对其做出反应，以吸引关注，并借此获取收益。因此，搜索量、关注度就是一组可供分析的数据，利用这些数据可以对未来的走向进行预估，以选择相应的应对措施。高校学生教育管理可以充分利用数据挖掘的优势来提升教学质量和管理效率。例如，在传统背景下，对高校教师教学质量的评价是进行认可度的直接评价，学生的评价数据可以作为评分的依据。但是，这种方式虽然实现了对评价的量化，却没有解决分层的问题，不同专业、不同学段的教师的教学质量标准无法准确划分。对此，采用大数据思维进行数据挖掘，可以将教学评价深入具体的教学内容、选课比例等项目中，从而使评价标准更为客观。

（四）借助大数据思维进行数据分析

数据分析是一种大数据思维方式，也是实用的数据利用手段。基于大数据思维的数据分析具有两个特点：一是全面性，以前，许多数据需要工作人员深入目标调查人群进行实地调查与了解才能获得，当数据量过大时，工作人员往往采用样本分析法，以点带面地了解情况，而在互联网时代，许多信息已经实时数据化、网络化，全新的大数据分析技术能够在有限的时间内实现对大量数据的分析、处理，从而使数据分析更加全面。二是关联性，与传统的数据分析不同，大数据思维下的数据分析更注重数据之间的关联性，不关注是什么原因造成的结果，而关注众多数据之间的关系，其中一个变化是关注一组数据能否使另一组数据发生变化。把对这些数据分析的特点应用于高校的教育管理，可以实现对学校教学情况的整体把控，如人才培养相关数据的收集、教育经费的划拨与使用、教学成果的量化分析等，在传统的数据分析中，这些可能是比较浩大的工程，但借助大数据思维的数据分析，则能将这些数据有效地分类整理，便于学校和教育主管部门更清楚、更便捷地了解学校的整体情况。

大数据思维是合"时"合"势"的一种思维方式，在高校学生教育管理中加以应用，能够极大地提高管理的现代化水平，提升管理的质量和效率，而在具体实施过程中，应依据不同的教育管理环节，结合不同的大数据管理理念，或筛选，或对比，或挖掘，或分析，从而促使高校人才培养工作再上一个台阶。

第六章　高校学生教育管理法治化存在的问题及其对策

第一节　高校依法治校存在的问题

高校依法治校是落实全面依法治国战略的重要方面，是规范行政权力和学术权力运作的必备条件，是实现高校治理体系和治理能力现代化的必由之路，是建设世界一流大学和一流学科的重要保障。目前，高校依法治校存在的问题主要包括以下几方面。

一、以章程为核心的校内规范体系的建设和运行存在缺陷

第一，章程内容雷同，落实情况不理想。各高校章程有同质化倾向，无法充分反映每所高校的办学特色和目标追求。章程在办学过程中也往往不能切实发挥作用，各高校依章程治校的思维习惯和工作习惯尚未养成。

第二，校内规范体系仍存在"无法可依"的情况。尤其是人事、财务、科研、教学以及学术委员会等重要管理领域，仍存在无法可依的情况，学校管理凭经验而不是凭制度的现象依然存在。

第三，部分校内规范体系落后。部分学校尚未形成依法治校的工作习惯和校园氛围，已有的校内规范长期得不到修订、更新，有些规范长期备而不用，无从发挥依法治校的效能。

第四，部分校内规范缺乏程序性规定，规范可操作性不强，执行情况不理想。"重实体、轻程序"是我国高校校内规范体系的一个缺陷，部分校内规范缺乏细致、合理的操作程序。

第五，校内规范体系建设规划明显缺位，重点立法领域不够科学。人事、财务、科研和教学是学校内部管理的核心领域，也是各类利益冲突、矛盾汇集

的领域。一方面，受制于外部法律和政策，校内规范难以实现科学、合理的目标；另一方面，由于校内立法机制不健全、利益表达渠道不畅通、权力监督机制不完善，学校在这些重点领域的规范建设活动也往往失之于随意，甚至造成利益失衡和目的与手段的背离。

第六，高校校内规范制度表达精细化、准确化程度有待提高，立法质量整体水平有待提升。校内规范的立法技术有待完善，职能部门缺乏专业支持，学校法律顾问或专业教师未能在校内规范设置上发挥应有的作用。

二、高校内部治理结构有待优化，依法决策缺乏制度保障

第一，党委领导下的校长负责制仍须进一步完善，党委与校长的权责分工与沟通协调机制需要更加明确的制度安排。虽然《关于坚持和完善普通高等学校党委领导下的校长负责制的实施意见》对书记、校长工作分工做出了较为完备的安排，但随着形势的变化，中央对党委和党委书记的地位和职权又有了新的界定。在实践中，毫不动摇地坚持党的领导是社会主义大学的基本办学方向。按照中央最新文件精神，将党委、党委书记和校长的职权分工制度化是当务之急。

第二，学术权力与行政权力的分工合作机制并未真正形成，学术权力在高校治理中的地位不高、作用不明显，学术委员会的运行与制度设计仍有较大差距。教育部在 2014 年就发布了《高等学校学术委员会规程》，并要求全国高校对照教育部规程，制定、修改、完善各自的学术委员会章程，问题仍在于落实。在学术委员会的职权设置上，应突出教授治学的基本理念，将学术委员会的主要职能定位在重大学术事务的决策和咨询上。在学术委员会委员的遴选标准上，应坚持德才兼备，强调学术委员会委员不仅要具有崇高的道德品质和高深的学术造诣，还应具备依法履职的能力，热心公共事务，为人正直诚恳。在学术委员会议事规则的设计上，应突出程序规则的地位，使学术委员会的运作既富有效率，又能防止权力滥用和不作为。

第三，学院等二级机构的依法治理较为薄弱。长期以来，我们对学校层面的依法治理给予了较多的关注，对二级学院这一层级的依法治理却疏于研究。二级学院的依法治理虽然与依法治校有相通之处，但绝不是学校层面依法治理的简单翻版。二级学院依法治理在坚持党的领导的基础上，应更多地强调自治色彩和民主色彩，党政联席会、教授委员会、学术委员会、教职工代表大会等都应在学院的治理中发挥主体作用。

第四，职能部门的权限界定和依法管理存在缺陷，是高校依法治校的薄弱环节。依法治校的核心在于依法治权，即规范行政管理权力的运作。应在学校章程以及其他规范性文件中，对各职能部门的职责权限加以明确列举，开列权力"正面清单"，"法无授权不可为"应成为职能部门的工作准则，从而有效避免权力滥用和权力寻租。同时，还应强化监督考核，规范管理绩效评价，防止懒政堕政。

第五，高校法治监督体系仍未建立健全，高校内部治理如何依法行使监督权，监督权如何高质量得到实施需要进一步探讨。在学校治理问题上，要解决建立健全权力监督体系的问题。在实践中，纪委、学术委员会、教代会等都发挥着部分监督职能。未来的发展方向是强化民主监督的职能，赋予学术委员会、教代会等机构更大的、更加明确的监督职权，使其成为与纪检部门等建制化的监督力量并存的民间监督力量。

第六，学生自治权利和学校管理权力的边界需进一步明确，并应提出相应的制度设计。依法治校不能忽视学生的地位和作用，应改革以学生会为代表的学生自治团体，切实纠正其机关化、行政化、娱乐化等不良倾向，使其真正成为依法表达学生诉求、正确处理学生事务、监督学校权力运作的有益力量。

三、师生权益救济体系仍不健全，运行效果不理想

第一，校内管理规则在规范体系、程序设计、救济效果等方面仍存在不足，有待完善。首先，应完善校内法规体系，避免出现明显的法律调整漏洞；其次，完善立法程序，强调科学立法和民主立法，力求保证校内规范公平合理；最后，应注重校内规范的程序设计，以程序正义保障实体正义。

第二，申诉、起诉等校外救济方式运行效率较低，救济效果较差，公信力不足。应将制度化程度较低的申诉程序尽可能提升为行政复议程序，强化制度保障，提高申诉、复议的权威性和公信力。建议最高人民法院针对高校维权纠纷等问题出台专门司法解释，完善涉高教行政纠纷、民事纠纷司法政策体系，提高涉高教纠纷处理质量，增强人民群众在此类案件中对司法公正的获得感。

第三，教师和学生的权利、义务边界需要进一步明确。现行《中华人民共和国教育法》《中华人民共和国高等教育法》和《中华人民共和国教师法》其实都没有对教师的权利和义务进行真正的界定，更多的是从行政管理的角度加以规范，现行法律体系对于学生的权利和义务有所忽视。然而，教师和学生也是依法治校活动的重要参与者，是办学活动的主体之一，必须全面、合理地界

定教师、学生的权利和义务，完善高校内部法律关系，并在此基础上为修订教育法、制定学校法提供理论依据。

四、教育行政主管部门在依法管理、简政放权方面仍存在"短板"

（一）存在的老问题

第一，管理缺乏科学性，考核、评估体系设计不合理。教育行政部门应贯彻中央简政放权的基本要求，正确理解"管""放"结合的应有内涵。"管"，应主要立足于管战略、管组织、管规范等方面；"放"，则应体现在人事政策、财务政策、科研政策、教学政策等方面。其核心还是授予学校充分的办学自主权，政府管的目的不是包办代替，也不是事无巨细地指导督促，而应是保障和规范。

第二，名为依法管理，但规则设计落后，重单向管理、轻协商管理，重管理效率、轻管理效果。转变政府职能应体现为转变政府管理的方式方法。对话磋商是现代社会有效的治理方式之一，甚至被誉为后现代社会的主要特征之一。应改革教育行政部门的决策机制，使对话磋商成为决策过程中的核心程序；应改革教育行政部门的管理方式，强调目的与手段之间的比例原则，强调管理效果的科学性与合理性。

（二）存在的新问题

第一，管理监督不到位。在强化体制内监督问责的同时，应加大高校以及社会力量对教育行政部门的监督力度，特别应授予并保障高校依法监督教育行政部门的权力，设置高校权利救济的法律途径。通过修改教育法、高等教育法以及制定学校法，进一步明确教育行政部门的法定权限和责任，完善权力监督机制。

第二，依法治校需适应新时期高校学生、教师的特点，尤其要关注网络时代背景下依法治校工作的新趋势和新特点。互联网时代呈现出大数据、信息共享、检索便捷等特点，依法治校应利用大数据等先进技术手段和社会观念，为提高学校依法治理水平提供新的工具。大数据应成为修订法律、规范性文件的重要参考，也应成为教育行政部门和学校科学决策的重要依据。

五、依法治校法律法规体系不健全，若干关键法律法规长期缺位

第一，国家法律层面：学校法和大学法应尽早出台。国家虽然早已制定《中华人民共和国教育法》和《中华人民共和国高等教育法》，但基本上仍属于行政法律，是国家管理教育活动的基本法律规范。而学校法和大学法是典型的组织法和行为法的结合，既规定各类学校的组织规则、内部治理结构，又规范各类学校的办学行为，规定学校治理体系中各类主体的主要权利、义务和责任，其地位和作用是教育法、高等教育法无法取代的。应该说，学校法和大学法是高校依法治校的基本依据，而教育法和高等教育法更多的是教育行政部门管理教育活动的基本依据，两者的功能定位完全不同。

第二，地方法规、规章和规范性文件层面：以上海为例，上海争做改革开放排头兵、创新发展先行者，作为全国教育综合改革试点，打造全球科创中心，先行先试，制度创新，上海应有所作为，总结本土经验，对标世界一流大学，探索高校依法治校规律，适时出台相应的规范性文件甚至地方法规。上海作为国家教育综合改革的试点地区，应在规范依法治校方面有所作为。现阶段比较可行的做法是，以市教委规范性文件的形式，在总体上对高校依法治校活动加以规范，并辅之以必要的评估、检查，力求形成一套可复制、可推广的规范高校依法治校的制度体系和经验做法。

第三，高校内部应当出台规范化体系清单，以清单为基础，该立法的必须立法，必须依据程序立法。不应当涉足的不干涉、不参与，维护相关领域的自治健康发展。学校内部应建立行政权力和学术权力正面清单制度，确保权力运作有章可循，既不越界，又避免不作为。

六、依法治校的法律责任体系严重缺失，依法治校缺乏有力的法律约束

第一，学校及其管理者违反依法治校相关规定应承担的法律责任。由于学校法和大学法缺位，我国目前没有真正意义上的学校及其管理者的法律责任体系。当前，更多的是依靠党纪、政纪约束，缺乏法律约束。

第二，教育行政部门应承担的法律责任。教育法和高等教育法对教育行政部门在依法治校方面的责任缺乏相应的规定，致使教育行政部门在依法治校方面主体责任不明确。

第三，教师和学生违反相关规范性法律文件的规定应当承担的法律责任。

应将教师和学生放到依法治校主体之一的地位上考虑其法律责任的设置。《中华人民共和国教师法》虽然有对教师责任的规定，但仍是将教师作为教育工作者的个体加以看待，而对学生的责任更是缺乏系统的思考和规划。

第四，处罚的类别、方式与程度。处罚的类别、方式与程度应当明文规定，一事不再罚。无论国家法律、法规，还是学校内部规范性文件，均应对各类处罚措施加以明确规定，确保处罚措施设置的科学性、必要性和合理性，坚决杜绝各类违背法治原则和时代精神的处罚措施。规范处罚措施设置的论证程序和立法程序，确保管理对象知情同意和利益表达机制的合理性。

第五，承担法律责任者的申诉机制和权威机构的裁判制度。应强化权利救济理念和制度，强化程序保障，确保依法治校各相关主体都有充分且有效的救济机制。要突出司法救济的地位和作用，以司法权威助力依法治校目标的实现。

第二节　依法治校背景下高校学生教育管理的法治化路径

一、依法治校基本理论

（一）依法治校概述

依法治校是依法治国的重要组成部分。高校开展依法治校建设，是遵循全面依法治国的任务，也是建设现代化大学制度的关键。《国家中长期教育改革和发展规划纲要（2010—2020 年）》在面向全社会征求意见时明确提出，要大力推进依法治校，学校要建立符合法律规定的学校章程和制度，依法履行教育教学和管理职责。应该说，这个规划对于建设现代学校制度，扩大高校办学自主权，实现高校管理现代化具有重要的意义。要依法治校，首先要明白何为依法治校。依法治校，从字面上理解就是依据法律治理学校。这里有两个关键词："法律"和"治理"。理解依法治校的概念，应当从这两个词入手，这样才能更加准确地把握概念的内涵。

1. 依法治校之"法律"

依法治校的第一要务是厘定"法律"之边界。"法律"就是大学所遵循、遵照、依据的规则，从字面上讲，它包括我国的宪法、法律、行政法规、自治条例和单行条例、规章。从广义讲，除了上述形式之外，大学依法治校还要遵循党和国家制定的各项方针政策，政府主管部门发布的针对高校的规范性文件以及大学依据政策和法律结合自身实际制定的自治规范。我们认为，依法治校可以采用广义的概念，即遵循所有涉及高校治理的规范性文件。国家制定的法律、法规，党和国家的政策、纪律，学校内部管理规章都属于广义的法律的范畴。界定了法律的范畴，我们就可以根据不同的标准对它们进行分类，这样便于我们更好地理解依法治校中法律的内涵与架构。

从法律的调整层面来分类，可以将法律分为纵向（外部）法律和横向（内部）法律。纵向（外部）法律是指将高校视为主体，规范高校与其他社会主体交互行为的规范性法律文件。大学在法律上是一个独立法人，能够享有权利、承担义务。高校在参与各类社会活动时，必须遵守各类法律规范的规定。如高校的买卖行为要遵守《中华人民共和国合同法》，授予学位时要遵守《中华人民共和国学位条例》，使用不动产时要遵守《中华人民共和国物权法》等。调整高校民事、行政法律关系的法律规范，就是纵向（外部）法律体系。横向（内部）法律是指高校作为组织化主体处理内部事务的相关规范。高校是一个聚合而成的组织化实体，内部存在各类社会关系。根据主体来划分，存在教师、学生和相关人员三类主体。根据资源来划分，可以分为人力资源、财政资源和物质资源。高校内部的社会关系，主要建立在这六大元素之上。例如，教师职称评定涉及教师之间的关系和人力资源关系，教授授课的规范涉及教师和学生之间的关系，教师的工资待遇涉及财政资源关系。虽然高校内部只有三类主体和三类基本资源，但这六大元素之间的关系错综复杂，并且是影响高校发展的主要内部动因。因此，为了使主体和资源能够更加科学地协同，需要制定一系列规范性文件。这些规范性文件以及上级部门对高校内部治理的要求和规则，就是横向（内部）法律体系。

从法律的效果来分类，可以分为强制性法律体系和倡导性法律体系。强制性法律体系是指针对高校办学活动中违法行为规定强制性后果的法律，如《中华人民共和国合同法》《中华人民共和国行政处罚法》等民事、行政法律以及其他地方性、行业性法律、法规。倡导性法律体系是指只提出高校办学的基本原则和导向，但没有规定具体的法律后果的规范性文件体系。这一类法律规范见于各类法律、法规、政策、规定等，很多高校内部治理规范都可以列入这一类法律体系。

从法律体系的内容来分类，可以分为实体性法律和程序性法律。实体性法律是指对高校办学过程中各类事务进行规定的规范性法律体系，这些内容包括经济类活动、管理类活动、服务类活动、研究类活动等。实体性法律规定是高校依法治校的基础，没有实体性规定，就没有明确的权利、义务关系，高校办学和运作就容易陷入混乱。程序性法律是指规定高校办学和运营过程中各行为步骤的规范性文件体系，如高校处罚学生的程序、高校购置设备的程序、高校授予学位的程序等。这些活动都有比较复杂的过程，其中含有一些风险，因此需要制定程序性规定予以保障。通过实体性法律和程序性法律的协同，高校的办学活动才能顺利开展。

2. 依法治校之"治理"

"治理"可以表征过程，即依法推进民主、科学并规范管理的过程和行为；也可以表征结果和状态，即一种管理权力得到科学合理的规范，师生权利得到有效保护，民主得到充分发扬的自由与秩序的和谐统一的法治状态。高校治理的内涵丰富，可以对外，也可以对内。"治"不是管治，更不能将其与处罚画等号，治理更多的是一种组织、协调，使高校各方主体的权益得到保障，发展得到支持。高校治理是一项综合性工作，需要对不同主体的权益进行权衡。权衡需要做判断，做判断需要依据，这里的依据，就是法律。

依法治校，核心在治，基础在法。只有依据法律去协调、组织、服务、管理，才能使各方主体都认同，都服从。治理必然会涉及利益，在多数情况下，治理的结果可能是使权利得到配置，使权力得到约束。不论前者还是后者，都是一项复杂的工作，并且涉及权益。治理的概念在 20 世纪 90 年代兴起于公共管理领域。全球治理委员会在 1995 年对治理做出了如下界定：治理是或公或私的个人和机构经营管理相同事务的诸多方式的总和。它是使相互冲突或不同的利益得以调和并且采取联合行动的持续的过程，包括有权要求人们遵守正式机构的规章制度，以及服从种种非正式安排。只有将明确的规范性法律文件作为依据，而不是凭借领导者的指令做出的治理，才能够保障最大的公平，维护大多数群体的利益。因此，高校治理必须和法律紧密结合，科学治理必须以法律为依凭。

通过对依法治校的两个关键词的对比分析，我们简要梳理出依法治校这一概念的应用领域，根据概念在相关领域的使用，形成一个相对确定的概念。我们认为，依法治校是指在法律基础上，调整政府与学校、市场与学校、社会与学校以及学校自身权利、义务关系的综合性的统筹、协调、管理、服务过程，以法律为依据，保障各方主体的权益和发展空间。通过依法治校，完善学校各项民主管理制度，实现学校管理与运行的制度化、规范化和程序化，依法保障学校、教师、学生的合法权益，形成教育行政部门依法行政，学校依法自主办学、依法接受监督的格局。

（二）依法治校与相近、相关概念的比较

依法治校是一个内涵比较丰富的概念。要准确把握这一概念，必须将其与相关概念予以比较，从而把握依法治校的本质特征。

1."依法治校"和"以法治校"

"依法治校"和"以法治校"一字之差，意义却相差甚远。"以法治校"侧重将法律视为工具，仅仅是利用法律达到目的，以功利主义视角看待法律在治理学校中的地位。治理学校的工具不仅仅有法律，人的权威、利益等都可以作为治理学校的工具。因此，"以法治校"虽然体现了法治精神，但没有很充分地予以表达，是消极地运用法律来管治学校。"依法治校"则把法律作为管理学校的依据和最高权威，即作为管理者要体现一种法治精神，表现在学校管理中为能动地开展依法育人、依法管理，这样才能将"依法治校"与"以德立校"更有机地在实践中融合。

2."依法治校"和"以罚治校"

把依法治校理解为"以罚治校"，则片面夸大了法律的惩戒功能，法律除了具有惩罚、警戒、预防违法行为的功能外，还有评价、指导、预测人们行为，保护、奖励合法行为以及进行思想教育等基本功能。实施依法治校，不能仅仅注重法律的惩罚功能，而忽视法律的其他功能。从"以罚治校"或"以罚代管"的认识出发来理解依法治校，则是对依法治校的曲解，会对依法治校工作形成误导，应当予以纠正。

二、高校学生教育管理的法治化路径

（一）以章程为核心构建校内法治建设体系

1.提高章程制定及实施质量

现代高校章程作为界定政府权力、高校自治权力的基本依据，其作用至关重要，依章治校也是依法治校的基本依据。提高章程建设的水平，对提高依法治校的质量具有关键的作用。我们认为，应当从章程的制定及实施两方面入手，解决章程建设中存在的问题。

（1）切实提高章程制定的质量

提高章程的制定质量，必须在理念和意识层面提高对这一工作的重视。2013年，教育部印发了《中央部委所属高等学校章程建设行动计划（2013—

2015 年）》（以下简称《行动计划》），明确要求高等学校提高章程建设质量，进一步强化对该工作的领导。这一规定的出台为我们提高章程建设质量提供了有力依据。高等学校应当遵照《行动计划》的要求，安排专门人员牵头、执行章程的制定工作，通过充分调研、科学论证等环节，确保章程的制定合理、科学、合规。此外，上级主管部门要加强业务指导，加大督促力度，使高校在态度上正视、重视这一工作。只有出台一部立意高远、内容科学的系统章程，依章治校、依法治校才能有一个比较稳固的基础。

（2）创新体制机制，提升章程实施的质量

"徒法不足以自行"，法律再细致，归根结底要靠人去遵守和实施。《行动计划》提出，要进一步加强章程核准后的执行机制建设。教育部及有关主管部门要会同高校建立、健全章程执行机制，形成高校依据章程自主办学、主管部门对章程执行情况进行监督的新格局。应当从上级和学校两个层面加强章程的执行。上级出台相关管理办法，对执行不力的问题予以追责。学校应当设立监督主体，通过及时有效的监督提高章程执行水平。完善组织机构和民主监督，通过充分发挥上级监督、同级监督优势，使章程的实施质量得到关注，提高实施的水平。

（3）提高章程与依法治校的协同度

章程作为高校的根本性规定，必须与依法治校紧密结合。依法治校是依章治校的细化和延伸，两者的协同度越高，依法治校的质量就越高。改进章程的制定和实施，必须加强与依法治校的互动和协同，只有在各方面都规范化管理和服务，才能更好地贯彻落实章程的理念和原则，彰显章程的作用和意义。只有不断强化章程权威，才能使高校管理各方主体对章程形成认同和信赖，自觉遵守和践行章程，使章程的目标和追求在每个高校建设参与者的行为中得到体现和贯彻。

2. 提高规范体系制定水平

规范体系建设是学校内部管理机制的重要表现形式。管理机制是指管理体系的结构及其运行原理，属于学校制度系统的重要组成部分。建章立制应当注意两个问题：一是制度的质量，二是制度的执行。这一点和章程的建设是相同的，区别在于，规范体系制定内容较多，需要注意的方面更多，很多问题也更加难以把握。结合目前高校规范体系建设中的问题，我们认为应当从规范体系的顶层设计、落实和功能三个方面入手予以优化。

（1）改进顶层设计，提高校内规范体系规划的科学性和实用性

要从规范体系的顶层设计入手，完善规范建设，首先必须研究规范制定的规划和布局。规范的规划通常是指根据上级的方针政策、学校自身的发展水平，在科学预测的基础上做出的规划目标、措施和步骤等的设想和安排。做好规范体系的规划是提高规范体系建设科学性的重要举措，应当将其作为学校常规工作中的重点来抓，建立学校规范制定的常态机制，每年都要调研、论证、听取意见、正式发文公布和明确制定规范性文件的工作范畴。在重视规划科学性的同时，也要重视规范制定的实用性。应当通过多种途径不断强化规范的实用性和执行性。一要使规范制定之后清晰明白，具备较强的可操作性；二要使规范符合其规制领域的具体情况；三要安排专人负责起草、把关；四要建立梳理机制，定期梳理学校发文的相关规范，及时删、改、废相关规定，使校内规范体系始终符合学校工作的具体情况和发展趋势。在制定高校规范体系时，我们应当时刻将规范体系作用的对象考虑在内，时刻使规范能够为人所知、为人所用，不断完善和改进表述，使校内规范的制定能够更好地得到实施和践行。

（2）完善校内规范的落实和责任机制

规范制定之后，必须紧跟落实。只有落实在行动上的规范才是真正有效力的规范。当前，很多高校虽然也建立了比较系统完备的规范体系，但违纪违规甚至违法行为仍然出现，一些重点领域还接连不断出现问题。这一现象告诉我们，进一步强化规范的落实，其根本出发点在于责任追究机制。当前国内高校的规范体系很少提及责任的追究和分配，只是一味强调应当如何，却不提如果违规违纪应当承担何种不利后果。没有强制性的法律如同一纸空文。当违规不需要付出代价的时候，违规的低成本将引起更多的不当行为。我们应当在责任追究机制上下功夫，研究如何完善这一体制，使违规行为接受制裁，付出代价。这样才能提高规范的震慑力，从而引导各方主体服从规范的指引。

（3）利用绩效导向，加强规范体系的实践和创新

规范应当奖罚分明，这样才能形成科学全面的激励机制。从目前高校建设的发展方向来看，立足于绩效考核的评价体系已经逐步成为引领高校发展的重要指标。从绩效出发，设计能够使高等教育资源投入获得最大化效益的制度规范，是下一步高校规范体系的主要发展方向。我们制定规范，一是为了防范内部冲突矛盾，二是为了提高学校发展质量。不断完善和发展规范体系，使规范体系成为提升学校整体绩效的依托和保证，是建设校内规范体系的关键目标。

3. 提高高校治理主体的法治意识

高校依法治校，首先要求治理主体具备较强的法治意识和科学的法治理念。学校的管理者应带头学法，自觉增强法律意识。只有管理者的法治意识提高了，才能正确地制定和执行学校的各项规章制度。因此，我们应当注重对高校领导，也就是高校治理者的法治教育、法治引导和法治宣传，坚定治理者的法治信念，使他们主动践行法治，那么依法治校就可以走得更加稳健。

（1）加强法治教育

法治教育不能流于形式，要真正起到作用。可以通过多种方式在多个场合开展教育，学校应当建立法治学习机制，定期学习相关法律知识；邀请司法机关负责同志、高校法学专业教师、律师事务所律师等来校讲解，分享最新的法治动向和趋势。学校领导在进行学习之后，要活学活用，组织分管领域开展法治学习活动，营造较为浓厚的学习法律、理解法律、应用法律、信仰法律的氛围。通过对法治的学习，使依法治校成为学校领导管理学校的基本方式。

（2）加强对高校领导的法治引导

上级主管部门应当出台一系列制度和政策，引导高校领导班子始终遵循法治引导，各项工作只有依法开展才能顺利实现目标。建立健全法治建设考评机制，对在法治建设过程中成绩突出的高校予以奖励，对法治建设工作不到位的高校应当予以督促和批评。司法机关等国家机关以及律师事务所等其他法律服务主体也应当加强对高校法治建设的推动工作，着力推动司法机关和高校共建，尤其要推动高校法律顾问制度的设立，使高校领导意识到法治的意义和作用，同时敬畏法律，遵循法律，避免因不懂法、不守法而产生问题。

（3）进一步加强法治宣传

上级主管部门、相关主管部门和高校自身都应当注重法治宣传，通过多种多样的形式将法治信息和法治思想及时充分地传达给高校领导。法治宣传应当全方位全覆盖，扎扎实实做，认认真真推。通过不断的宣传，使基本规范成为朗朗上口、耳熟能详的依据，使法律责任成为高校领导铭记在心的底线。借用法治宣传的平台，让高校领导沉浸在法治建设的大环境和大背景中，从而影响、引导他们坚定法治信仰，习惯用法治手段和方法解决高校办学中的问题，习惯主动用法治模式来管理自己的公务行为，提高高校领导的法治领导力和法治执行力。

（二）完善高校内部治理结构

1. 健全领导体制，完善党委领导下的校长负责制

党委领导下的校长负责制是中国特色社会主义高等教育体制的基础，是坚持社会主义办学方向、全面贯彻党的教育方针的根本保障，是体现"集体领导、民主决策、科学执政"的核心制度设计，也是我国大学制度得以区别于西方大学制度的重要因素。只有坚持党委领导下的校长负责制，充分发挥党委在高校办学工作中的政治领导作用，使党委、校长各司其职，各负其责，才能使高校各方面工作获得更大的发展。

首先，要制定行之有效的党委领导下的校长负责制实施细则，明确规定党政职权划分、班子成员权力范围、党政和行政议事的规则和决策程序等。其次，要特别重视厘清党委和校长的关系，做到党委和校长定位明确、互相依存、各有侧重，党委领导重在决策，校长负责重在执行。最后，要特别处理好党委书记和党委的关系，真正做到民主集中、集体领导；要特别处理好党委书记和校长的关系，真正做到密切配合，正确履职。

2. 理顺权力运行，建立完善的行政权力与学术权力分工协作机制

首先，要完善制度，理顺行政权力和学术权力的关系，明确两者的边界。各高校应该在职权范围内根据相关法律法规的赋权，制定详细的规章制度。在充分尊重校情和实际的情况下，应尽可能地做到详尽，使规章制度具有较大的刚性、较小的弹性和较高的可操作性。根据规章制度构建责任清楚、分工明确、权限边界清晰的构成体系，行政的归行政，学术的归学术，以规范权力的运行，减少权力的冲突。

其次，解决学术权力泛化的问题要确立"以学术权力为主，以行政权力为辅"的高校管理理念，建立以学术权力为主导的学术管理运行机制。第一，要落实高校办学自主权，减少外部行政干预。高校办学自主权的核心实际上是学术自治，没有办学自主权的学术权力都是无源之水、无本之木，不能长久和持续。第二，在高校内部要将有关学术事务的决策权向学术管理机构流动，使学者在学术领域内行使其决定权，明确学术权力的权威，确立以学术权力为主导的权力机制。第三，要在学术主体配置、学术活动管理、学术组织建构、学术成果评定等方面建立起配套机制来保障学术权力的顺利运行。

再次，行政权力和学术权力要相互尊重。行政人员要充分尊重学者、专家的意见，在行使权力的时候多吸取不同的见解和观点，使得决策更科学，在执行时才能避免与学术权力的冲突，更容易收到成效。同时，学者、专家也要尊

重行政权力，成熟的行政运转体系有助于专家、教授在自己熟悉的领域集中精力进行科学研究。目前许多高校都在致力于管理队伍和机构的专业化和职业化，其对复杂外部事物、内部事务的处理能力，以及所做决策的科学性都在不断提高，学术权力应该给予行政权力应有的尊重，才能有效保障学术权力的实现。

最后，要建立配套机制，实现学术权力和行政权力的相互制约。只有学术权力与行政权力相互补充，相互制约，才能促进高校的健康发展。在高校中如果行政权力过大，便会助长官僚主义，进而削弱学术权力，限制学术自由发展，压制教授群体的积极性和创造性；如果学术权力过大，容易形成学术领域垄断，滋生学术腐败，过分强调学术权力会削弱统一意志，助长分散主义。建立权力制约监督机制的目的就在于防止权力的滥用和腐败的产生。目前，高校权力制约的制度不够完善、执行不够有力，缺乏严格程序，操作性不强，应该建立完善的机制体制，大胆创新，如建立独立的监督机构监督权力的运行。

3. 实现重心下移，建立结构清晰、张弛有度的纵向治理体系

学校要认真分析自身结构和特点，来确定是否需要实行二级管理，以及采取何种模式的二级管理。而无论其采取何种模式，重心下移都是现代高校改革的主要趋势，应该以此为支撑建立起科学合理的纵向治理体系。

首先，在"人权"方面，可以将人事权赋予二级学院，使二级学院能够享有用人自主权，这是推动二级学院建设的有力举措。二级学院立足于专业性和系统性，内部同样有着完整的管理结构，具备选人用人的能力，给予其充分的人事权，能够更好地发挥二级学院办学的积极性和主动性，提高办学水平。

其次，在"事权"方面，可以将权力适当下放。学校具有学术权力和行政权力，但由于学校是一个复杂的科层制单位，学术权力、行政权力集中在学校层面不利于学校办学活动的实施，因此，权力的下放是必然的。在很多方面，学术权力或者行政权力的抓手来自二级学院，因此，二级学院先天就具备享有学校事务管理权的基础。

最后，在"学术权"方面，要理顺学校学术委员会和各学院学术委员会之间的关系。学校学术委员会与学院学术委员会同属于学术权力机构，二者在职权上具有相似性和共同性，二者的差别在于职能范围不同。从关系上来说，学校学术委员会和学院学术委员会存在业务指导关系。从任职上来说，学校学术委员会委员和学院学术委员会委员可能是交叉任职。学校学术委员会和学院学术委员会要建立起职权明确，在业务和权限上各有分工、各司其职的良性互动关系。

4.科学配置权力，建立职责明确、分工协作的横向治理体系

首先，在职能部门的设置上，可以采取围绕中心任务的精干高效的模式。要紧紧围绕高校教学和科研两大中心而设置，对和教学、科研关系不大的部门尽量不设或少设，一切围绕教学和科研。在职能部门设置的数量上，要遵循管理的规律，最大限度地发挥职能部门的作用，职能部门数量最好不要超过学校下设教学单位的数量，否则就会显得"头重脚轻"，违背了高等教育发展的规律。

其次，加强职能部门之间的分工和协作。部门分工必须明确，要做到各司其职，确保学校各项工作得到落实，责权划分清楚。同时，协作必不可少。要加强与各个方面的联系、沟通与合作，理顺与其他部门的关系，互相配合，互相监督；信息资源共享，避免不必要的重复劳动，提高工作效率，发挥整体工作效益；政策出台之前对于涉及其他部门的有关政策，一定相互通气，避免制度出台后出现相互矛盾的现象。职能部门之间要根据各自的工作性质和任务，协调相关单位，调动人力、物力和财力，做到分工协作，互相支持，目标一致，协同协作。职能部门彼此之间应当加强联系、做好部门间、部门与校外机构的沟通与合作，彼此配合，形成工作合力，推动学校工作的顺利开展。

最后，建立激励考核制度，加强人员管理，提高管理部门的工作效率。科学的激励考核制度有利于改善职能部门工作作风，提高工作效率。

5.规范权力使用，建立行之有效的内外部监督体系

（1）完善高校内部监督体系

高校的监督制度建设应遵循整体性、系统性原则，紧紧围绕掌权、用钱、选人的关键环节，结合学校实际，统筹设计监督制度体系，建立起制度制定、执行、监督相互分离、相互制约的体系。监督制度建设必须借鉴权力制衡的合理内涵，建立起一套相互衔接、相互作用的制度体系，保障权力之间的相互制衡，防止权力运行过程中的权力滥用，堵塞滋生腐败的漏洞。要进一步完善工会、教代会、特邀监察员、信访举报等民主监督制度，推行校务公开，既要公开各项制度的具体内容，又要公开各项制度的执行结果，提高工作的透明度，扩大广大教职工及学生的知情权、参与权、选择权、监督权，要真正从制度上明确广大教职工及学生监督的权限、形式和程序，防止民主监督的"缺位"与弱化。

（2）完善外部监督体系

第一，政府要通过制定教育法律法规、制定教育发展规划、统筹安排高等教育事业发展等形式，监督与规范高校的行为和活动，确保其办学在一定范围内自主，不偏离高等教育的基本功能和核心价值。同时，也可以更多地运用制

定标准、拨款、提供信息服务等手段，对高校进行间接的、非强制性的管理。

第二，应该积极引进第三方机构进行评估管理，将第三方机构评估的结果作为评价高校的重要依据。要做好顶层设计，快速建立一批高资质、高信誉的第三方专业教育服务机构。在此基础上，逐步扩大行业协会、专业学会、基金会等各类社会组织对高校教育评价的参与广度和深度，以保证第三方评估的质量和效益。

第三，完善理事会制度，充分发挥社会力量对大学发展规划、学科建设、科学研究等方面的咨询、审议和监督作用，保证社会监督的有效性。

6.理顺校生关系，将学生作为重要的利益相关方纳入治理体系

学生是学校的主体之一，是学校的重要利益相关方，学校在构建多元治理体系的时候要充分尊重学生的主体地位和权益。

（1）合理定义学生自治权利的边界

学生的自治权利是有边界的，所以在性质上适合学生参与的事项，应当尽量让学生参与；与学生的日常生活具有密切关系，而且管理、运作上也不需特别的知识、能力、资格的事务应当尽量让学生自主管理。

（2）畅通学生自治组织参与学校事务的渠道

学生自治组织在学校治理中的参与方式，可以分为制度化和非制度化参与方式两大类。制度化参与方式包括：第一，特别事项上的民主决策；第二，学生代表作为各级各类委员会的正式成员参与决策。非制度化参与方式包括：第一，学生媒体包括报纸、学生电台、学生网站、BBS 等进行舆论监督；第二，召开研讨会、论证会；第三，合法性集会或示威等。学校应该多开辟学生参与的有效渠道，特别是在学生会、团委等学生自治组织的治理上应该多下功夫，从其性质和功能角度出发，努力发挥其应有的作用，促使学生权利在学校运行中得到充分体现。

（三）完善高校师生权益救济制度

1.依法健全校内纠纷解决机制

高校要树立法治意识，把法治方式作为高校与师生矛盾、高校与师生冲突的基本解决方式。在此基础上，建立健全校内信访、调解、申诉等争议解决机制，并综合运用上述解决机制针对性地，依法、妥善、便捷地解决高校与师生权益的纠纷。

2. 完善师生权利救济制度

高校要设立教师申诉或者调解委员会，对教师因职责权利、职务评聘、年度考核、待遇及奖惩等与学校及有关职能部门产生的纠纷，或者教师对学校管理制度、规范性文件提出的意见，及时进行调解和处理，并给出申诉结论或者调解意见。教师申诉或者调解委员会应当有广泛的代表性和权威性，成员应当经教职工代表大会认可。高校还要完善学生申诉机制，应当建立相对独立的学生申诉处理机构，其人员组成、受理及处理规则，应当符合正当程序原则的要求，并允许学生聘请代理人参加申诉。学校处理教师、学生申诉或纠纷，应当设立并积极运用听证方式，保证处理程序的公开、公正。现代领导学将领导体系划分为决策系统、执行系统、监督系统和咨询系统。完善师生权利救济制度，必须同时辅以决策权、执行权、监督权相互制约的运行制度。

3. 健全安全事故及突发事件的应急处理机制

高校要根据新时代高校学生的特点，创建法治的校园文化环境。法治的校园文化会对高校、教师、学生的工作、学习、生活方式产生一定的影响，在高校法治文化熏陶的基础上，健全高校安全事故、突发事件的应急处理机制，切实保障教师、学生的人身安全和财产安全，维护高校秩序的稳定。要积极借助政府部门、社会组织等的力量构建高校安全风险管理体系，形成以校方责任险为核心的校园保险体制，建立高校安全风险管理制度、学生伤害事故调解制度，健全安全风险的事前预防、事后转移机制，建设平安、和谐校园。

（四）完善教育行政管理体制

1. 完善高等教育法律法规体系

完善教育行政管理体系，实现教育行政部门依法行政和高校依法治校，首先要做的就是完善高等教育法律法规体系，保证教育体制改革有法可依。用法律法规规范教育行政机构的管理、监督行为以及高校行使办学自主权的行为，明确双方的权利义务范围和行使权利的具体程序，规定相关义务主体在违反法律法规时所需要承担的法律责任，依法保障高校的办学自主权，同时监督高校依法行使权利，营造一个有利于高校依法治校的法治环境。

2. 教育行政部门要依法行政

教育行政部门依法行政是高校依法治校的前提，要求教育行政部门切实转变行政管理职能，让"法治"成为教育行政部门管理高校的手段。教育行政部门依法行政的依据是国家制定的高等教育法律法规，要厘清其与高校权利义务之间的界限，以法律规范教育行政部门的行为，落实高校的办学自主权。

3. 健全监督机制

目前高校在依法治校中存在很多问题，很大程度上是因为对高校运行缺乏健全有效的监督机制。改进高校的监督方式，有以下几种方式：

（1）保证信息公开和透明

当前在高校治理中出现的问题，很多都可以归因于信息封锁和信息垄断造成的信息不对称。因为信息不对称，高校师生和社会各界想要参与高校治理时，就会缺乏有效信息，而对权力的监督也将会流于形式。

（2）设立组织监察专员制度

当前，在高校的内部治理中，纪委是主要的监督力量，但对比较细微的不当行为缺乏有效的监督方式。如果引入组织监察专员制度，就能发挥纠错功能，完善高校的内部治理，并与其他的监督形式互补，构建全面覆盖的监管体系，促进高校治理的规范化和法治化。针对高校长期存在的学术造假情况，教育行政部门应该完善监督体系与问责机制，在学术造假教师的档案内予以记录，对其将来发表的论文和研究成果要更加严格地审查，同时暂停其职称和荣誉的评定。

（3）完善对高校的司法监督

高校拥有学术自由等自治权，但没有任何权力可以不受规范和约束。大学的自治权一旦不受约束地行使，就有可能侵犯高校师生的权利。当学校和师生处于不平等的"上下位"关系时，高校很容易借"大学自治"之名，对师生实施不当行为。因此，为防止高校滥用权力，有必要对高校的权力行使引入司法监督，促进高校在法律法规的规定下行使权力。

4. 完善教育评估机制，构筑多元评估体系

党的十八届三中全会提出"深入推进管评办分离"，这有利于转变政府职能，形成学校办学、政府管理、社会评估的新型模式，明确政府职责，规范学校的办学行为，发挥社会参与作用。当然，政府在高校办学的过程中应当起到督导作用，但这并不意味着教育行政管理部门可以监督、评价、评估教育的一切。要保证高校真正实现依法治校，必须完善教育评估机制，构筑多元评估体系。

（1）完善社会中介评估机制

教育评估机制由政府评估、社会中介评估和学校自我评估共同构成，彼此间相互补充，不可替代。目前，我国更加重视教育评估中的政府评估，而忽视了社会中介评估在评估体系中的重要作用。教育评估权力集中在教育行政部门，信息来源不公开、不透明，导致评估结果缺乏科学性和公正性，很难成为市场上衡量高校教育质量的重要依据。因此，有必要发展和培育一些专业的社会评估机构，依靠科学、公正、高质量的评估工作，为社会提供参考，也为高校自身发展提供一个参考标准。

（2）完善高校自身评估体系

完善评估体系，除了完善社会中介评估机制，还应当完善高校自身的评估体系。高校外部的评估可以促进高校的进步和发展，但高校内部的自我评估才是高校不断自我发展的关键。高校应当结合自身特点，制定一套符合自身实际的评估标准，既要符合国家的教育方针和相关的法律法规，又要充分考虑日常教学工作目的和要求；要体现高校的教育质量，同时也要反映学校的人才培养能力，使高校的内部评估在规范学校工作、提高教育质量、为社会培育优秀人才方面发挥更大的作用。

（五）建立健全依法治校法律法规体系

1. 高等教育法律层面

（1）尽快制定《学校法》

从我国学校发展的需要与教育立法的现状来看，从法律上讲，《学校法》的核心问题是学校办学与发展的权利和义务问题，这里涉及学校与政府、学校与社区、学校与校长、学校与教师、学校与学生等方面的多种教育法律关系。厘清这些法律关系，才能让依法治校工作得到实施和推进。

（2）尽快制定《大学法》

不同的教育有不同的特征，高等教育不同于义务教育和中等教育，大学不仅不同于小学和中学，而且与其他的高等教育机构不同。作为特殊的社会组织，大学集教学、科研和服务三种职能于一身，不仅担负着为公民提供高等教育的职能，还担负着为国家培养人才，为社会提供服务，为整个人类文明追求真理的职能。大学享有学术自由，既需要法律对作为学术自由的保障性制度——大学自治制度的确立，又需要法律对大学权力运行进行相应的规范，而这都有待于《大学法》的制定。只有制定单独的《大学法》，才能突出大学学术自由与大学自治的特征。

2. 行政法规、地方法规、规章和规范性文件层面

位阶位于法律之下的依次是高等教育行政法规、高等教育行政规章、地方性高等教育法规和规章。我国高等教育法律之下的规范性体系不健全。综观我国的高等教育行政法规、行政规章、地方政府法规和规章，可以发现，关于依法治校的行政法规其实数量非常少，行政规章的数量庞大，呈现出杂乱无章的状态，没有形成比较系统的教育立法体系，而且下位阶规范与上位阶规范抵触现象较为严重。因此，有必要构建完善的高等教育规范性文件体系，充分发挥规范性文件体系对高等教育法律的配套功能，充分利用规范性文件体系的"特殊性"和"个性"特点，使其满足我国国情的需要。此外，还要加强规范性文件的合法性审查，对于不适用的法规进行全面清理。

3. 高校内部规范化体系

完善校内规范化体系应做到以下几点：

（1）让高校内部规章制度的制定有法可依

任何制度的制定都要按照制度来进行，也就是说高校必须先有制定制度的制度。这个制定制度的制度，应该包括制定制度的原则、程序、时效以及对制度的修订、废止等内容，在形式上还要对制度做出科学分类和规范要求。只有这样，才能保证制度制定的规范、科学、严谨，才能保证制度的长久性和可操作性。

（2）明确高校内部规章制度制定的主体

高校的管理工作涉及方方面面，规章制度的建立也涉及各方面工作，从法律角度来讲，只有独立法人单位有制定规章制度的权力。学校具有独立法人资格，有权制定规章制度，但学校的各职能部门和院系不具有独立法人资格，它们只有在学校授权的情况下，才能制定学校的规章制度。

（3）坚持"法律优位"和"法律保留"原则，加强对制度的合法性审查

法律优位原则是指其他国家机关制定的一切规范，都必须与全国人民代表大会制定的法律保持一致，不得抵触。法律保留原则是指行政行为只能在法律规定的情况下做出，法律没规定的就不得做出。在高校制定内部规章制度的时候，不能与国家的法律法规相背离，要采用各种方式方法对自己制定的制度进行合法性审查。

（4）加强对制度执行情况的监督检查

要建立健全制度执行的监督机制，每项制度都要明确监督执行的责任部门，使制度执行的监督责任无可推卸，可采用日常督查和专项检查等方式随时掌握

制度执行情况，及时发现和解决问题，要建立健全制度执行监督机制和问责机制，对执行制度不力的要坚决追究责任。

（六）完善依法治校的制度体系

1.进一步厘清、健全学校依法治校的制度体系

在厘清现有问题的基础上，高校应从以下几个方面完善依法治校的制度体系建设：

（1）建立以大学章程为主的制度

高校要在坚持社会主义办学方向的基本原则基础上，遵循《中华人民共和国宪法》《中华人民共和国教育法》等上位法的要求，依据《高等学校章程制定暂行办法》制定或者修改章程，由教育部或者省级教育行政部门核准。

（2）民主参与，保障制度落到实处

高校制定章程和制度，要在依法制定的基础上，进一步提高制度的精准性。高校的制度关乎学校、教师和学生的切身利益，在制定期间要全校民主参与，要遵循民主、公开的程序，广泛征求校内外利益相关方的意见，尤其是涉及师生权益的，更要通过一定的形式进行调研了解。

（3）依法审查，定期清理不合时宜的制度

高校要设立或者指定专门机构，对校内规章制度进行审查，建立规范性文件审查与清理机制。要建立规范性文件和管理制度定期清理制度，清理结果要向师生公布。新的教育法律法规、规章或者重要文件发布后，要及时对照修订校内相应的规章制度。要在学校内形成决策权、执行权与监督权既相互制约又相互协调的内部治理结构，保证管理与决策执行的规范、廉洁、高效。

2.进一步转变政府职能，健全对高校的监督和指导

教育行政部门要转变政府职能，切实转变对学校的行政管理方式，按照法律规定的职责、权限与程序规范行政权力的行使。

（1）逐步放权，转变对学校的行政管理方式

政府部门尤其是各级教育行政部门要切实转变管理学校的方式、手段，从具体的行政管理转向依法监管、提供服务；切实落实和尊重学校的办学自主权，减少过多、过细的直接管理活动。在大力推动依法治校工作的同时，按照法律规定的职责、权限与程序对学校进行管理，严格依法行政，规范行政权力的行使。

（2）开展指导，健全对学校的监督机制

政府部门要遵循法定职权与程序，积极运用行政指导、行政处罚、行政强制等手段，依法纠正学校的违法、违规行为，保障法律和国家政策的有效实施。

（3）加强考核，完善对高校的评价机制

政府部门要把依法治校情况作为对学校进行综合评估的重要方面，在对学校办学和管理的评估考核中，更加突出依法治校综合考核的作用，减少对学校具体办学与管理活动的干扰。

3. 各司其职，形成高校内部法治的维权环境

高校的组成部分包含管理者、教师和学生，依法治校需要这三者各司其职，树立依法治校的意识，进行依法治校能力的培养，维护权益，形成良好的法治氛围。

第一，管理者必须带头增强学法、尊法、守法、用法意识，牢固树立依法办学、依据章程自主管理、公平正义、服务大局、尊重师生合法权益的理念，自觉养成依法办事的习惯，切实提高运用法治思维和法治方式深化改革、推动发展、化解矛盾、维护稳定的能力，准确把握权利与义务、民主与法治、实体与程序、教育与惩戒的平衡，实现目的与手段的有机统一。

第二，教师要全面提高依法执教的意识和能力，要在入职培训、岗位培训中，专门安排时间，认真学习法治教育的内容。建立健全考核制度，对于重要的和新出台的教育法律、法规，要积极参加学习和培训。

第三，学生要增强法治意识，提升法律素养。积极参加学校的各类法治教育，深入开展法治教育理论的学习和社会实践，通过课堂教学、主题活动、社会实践等方式，掌握法律知识，培养法治理念。要把法治文化学习作为高校学习的重要组成部分，将平等自由意识、权利义务观念、规则意识、契约精神等理念，渗透到自身的行为规则、日常学习生活当中。

第三节 高校学生法治意识培育的问题及培育路径

一、高校学生法治意识培育存在的问题

（一）教育主体存在的问题

高校法治教育是融知识性、理论性、实践性为一体的综合性教育，法治教育的内容需要具备高水平法律素质的教育者依靠先进的教学手段传授给学生。高校法治教育要实现其教育目标，真正提高学生的法律素质、培育学生的法治意识，需要一大批知法、懂法的教师来开展高校法治教育，在高校法治教育涉及的要素中，法治教育教师是教育主体，在高校法治教育各要素中起着主导作用。而从目前中国高校法治教育的现实情况来看，法治教育师资队伍相对比较薄弱。

1. 高校法治教育师资队伍结构不平衡

我国目前多数高校的法治教育课程由思想政治理论课教师讲授，少有具备专门法律知识背景的教师队伍开展系统化、专门化、细致化的法治教育。目前高校开展法治教育的主要课程是"思想道德修养与法律基础"这一必修课程。大部分教授这一思想政治理论课的教师都不是法学专业出身，由于自身法学功底薄弱，教学能力长期得不到培训与提升，导致教学效果难以增强。因而，教师法学功底薄弱的问题，也直接成为影响高校学生法治素养提升的重要因素。由于高校内部院系设置问题，"思想道德修养与法律基础"这一课程的教学任务基本由学校马克思主义学院或者公共基础教学部来承担，而讲授这一课程的教师多数是思想政治教育或者政治学、哲学专业背景的教师，真正具备法学专业背景的教师较少。这些教师不具备法学专业背景，法学知识匮乏、法治理论基础薄弱，对高校法治教育内容的讲授往往只能停留在教材内容层面，法治实践经验少，很难深入讲解社会主义法治观念、法律至上观念等法治理念和原则。对法治教育内容的泛泛而谈导致教学内容缺乏现实性，使学生感到所学法律知识与现实生活联系不大，因此很难激发学生的学习兴趣和积极性。

虽然目前高校教师的学历层次有了很大的提高，很多教师是博士、硕士，但部分教师在观念上不能与时代同步，一些教师自己就缺乏信心。一些法治教育工作者，只是照本宣科，进行空洞式的说教，既不利于培养高校学生的法律

信仰，又不利于提高教师队伍的整体素质，更不利于我国整个法治教育的发展，加上偶尔在教育管理工作中的偏差，很难引导高校学生树立正确的法律信仰。

2. 高校现有法治教育教师队伍的法律素质亟待提高

虽然国家已经出台《依法治教实施纲要》，对提高法治教育教师的法律素质和教学能力提出明确要求，但部分高校由于资金紧张、教师日常教学科研任务繁重等，缺乏对教师法律素质提高方面的培训。教师也由于来自工作、家庭生活等方面的压力，缺乏足够的时间去自学法律知识来提升自己。一些高校现有的教师培训体系更多的是注重教师专业技能、教育教学技能、语言表达能力、教学研究能力等的提升，少有学校开设法律法规方面的培训，学校对教师的各项考核中也缺乏法律素质方面的考核。随着法治进程的不断加快，教育领域的法治化也在迅速推进中，依法治教不仅要求讲授法治教育课程的教师具备较高的法律素质，对全体教师的法律素质也提出了更高的要求，全体教师只有通过多种途径提高自身法律素质、增强法治观念和法治意识，才能更好地遵纪守法、依法执教，也才能在培养学生的过程中潜移默化地影响和感染学生。

百年大计，教育为本；教育大计，教师为本。无论处于何种教育阶段，教师都对教育活动的质量起着决定性的作用，没有高水平的教师队伍，就没有高层次的教育质量，更难以培养出高素质的学生。专业的事情只有交到专门的人才手里，才能得到科学合理的发展，提高高校学生的法治意识也是一样，只有从事该项工作的教师具备相应的专业水平，具有丰富的法律专业知识，才能真正对提高高校学生的法治意识有所作为，才能真正让广大高校学生在法治教育中获益。

（二）高校学生的法治信仰问题

1. 法律认知欠缺

（1）法律知识不完整

高校学生具备了一定的法律基础知识，认识到了法律在社会生活中的重要地位和作用，整体法治观念有所增强，但部分高校学生对法律的认识还处于感性阶段，不够系统，对现代法治基本精神缺乏准确的理性认识。虽然大多数高校学生通过上法治课、观看法治节目、上网等途径了解、掌握了许多法律知识和常识，并能从中受到一定的教育和熏陶。但是，他们往往知道法律的表层，如具体的规则条文，却不能把握法律的深层内涵。

（2）法治观念有待提升

高校学生虽然在日常生活中一般能够做到遵纪守法，但往往只是被动遵守，守法并不是其自觉行为，并未完全实现法的自我内化。大部分高校学生比较关注国家颁布的新法律，尤其关注有关教育、劳动就业等方面的新闻事件和法律规定，这说明学生对法律的关注多来自自身的需求。一些学生会在无人时闯红灯、不走"斑马线"；作为消费者当其合法权益受到损害时，仍有一部分学生不是寻求法律帮助，而是自认倒霉或采取过激的暴力手段解决。这说明一些高校学生还不能把法律当作自己的人生信念来遵守。对于他们而言，法律规范只是一种外在的约束力量，而不是一种内在的行为指南，还不能以法的主人的姿态自觉地、积极地、主动地去守法用法。

2. 法律情感淡薄

所谓法律情感是指个体在社会生活中对法律体系、法律活动、法律事件和法律人物等方面所产生的内心体验和感受，是对法律的肯定与否定、好恶之感等心理反应。作为非理性因素，法律情感主要包括法律信任感、法律责任感、法律依赖感和法律正义感等。

法律情感作为法律意识的感性认识阶段，是对法律认知的内化和认可。法律情感是法律生活的情感纽带，也是法律意志、法律信仰的动力来源和感情基础。法律情感是法律意识产生的基础和前提，是个体依据现实法律制度而对法律以及法律现象产生的心理体验和心理态度。它不仅指处于一定社会的民众对法律的认同或否定、喜欢或厌恶等感性认识，它更是包含了人们的理性情感——对法律价值的信任与法治生活的信仰。

在高校学生群体中，部分学生认为法律是纯粹理性的产物和表现，在法律实践中，如果渗入情感因素，会面临情与法的冲突，会使法律的公正品质受到污染。这种观点将理性与情感简单割裂开来。从法律是公正的理性的化身，不因人情、权势而做出变通规定、随意实施这点来说，法律确实是"无情"的；但是冷冰冰的法律条文和规则里面，充满着公平正义的情感力量和人性的温度。权利和义务是整个法律体系的核心内容，而权利本位取代义务本位成为现代法治的价值导向。也就是说，从权利与义务的对比关系来看，权利是目的，义务是手段，义务从根本上说是服务权利、实现权利的。否则的话，法律就被认为是"整人"的工具，而非维权的利器了。权利观念对高校学生法治信仰的培养尤为重要。权利意识指人们对自己正当权利的感知、正确理解和加以捍卫的观念。对自己权利的主张，必然要求人们将他人作为具有独立价值的主体来认识并尊重其主体性。没有对他人权利的尊重，就没有现代意义的权利观念。尊重他人的权利是主张自己权利的前提，不尊重他人的权利，其实就是在践踏自己的权利。也就是说，只有树立法律的权利意识，才能产生对法律的好感和热爱，才能在人际和社会交往中尊重他人。然而在现实生活中，一部分高校学生缺乏权利观念，自然不能贴近法律，对法律产生好感；一些学生损人利己，不懂得对他人权利的尊重，缺乏应有的社会责任感，法律情感淡薄。

3. 法律意志不坚定

法律意志是"人们在法律认知、法律情感评价的基础上，确定其法律目的并支配其行动以实现预定目标的心理过程"。法律意志是培养法律意识的重要内容，是检验法律认知和法律情感的实践标准。

随着社会主义市场经济体制的逐步确立，各项规章制度、道德规范的控制力愈显薄弱，金钱观念、个人主义意识在每个人身上都有所体现，对于吸收能力极强、判断能力尚待提高的高校学生，这无疑是一个巨大的价值观的挑战。时代特征将高校学生推至各种矛盾的交汇点和观念冲突的着力点上，他们思想和心理的震荡尤为强烈。要让法律意识、法治观念以及对法律的尊重和畏惧在高校学生心中留下深刻印象，让高校学生理解法的真谛、法的精神、法的作用、法的价值、法的必然性、法的科学性进而培养其对法律的认同、尊重、信仰等心理态度，仍需要很大的努力。

4. 法律信任不足

法律信任不足首先表现在法律认同不足上，主要表现为不认同、虚假认同两个方面。

（1）不认同

不可否认，在思想道德修养与法律基础课程中教授法律理论和常识等，并不意味着所有的高校学生会发自内心地认同法律、信仰法律。

（2）虚假认同

虚假认同主要分为概念化认同、教条化认同、边缘化认同。第一，概念化认同。概念化就是仅仅把法律的内容当作符号来看待，内心存在抵制和排斥法律的现象。第二，教条化认同。教条化就是对法律内容背得滚瓜烂熟并能出口成章地表达出来，但是一旦涉及具体的应用就束手无策，没有达到活学活用的效果。第三，边缘化认同。边缘化意味着出于被动接受的态度暂时性记住，而实质上在考试之后就会将其彻底忘记。

5. 法律敬畏缺乏

"敬畏"是指一个人对待事物既谨慎又真诚的心理态度。"敬"生虔诚之心，"畏"生谨慎之行。敬畏意识是公民在自然规律和社会伦理方面所具有的一种敬重和畏惧心理，这种心理具有警戒与自省的功能，能够引领和调控公民的言行举止。人们需要敬畏的东西有很多，如自然、生命、法律等，其中，敬畏法律是最基本的要求。因为道德是为人的根本，而法律又是道德的底线，一个连法律都不敬畏的人在一定程度上讲就不是一个健全的人，因为他既不能保证自己的生存、健康和发展，也会给他人、社会带来危害。

法律敬畏的不足还表现为法治精神的缺乏。当前，内容复杂难记、多元文化冲击、学校教育滞后等影响了学生法治培育积极性的发挥；而在主观上，责任意识的欠缺、法治精神的缺乏则是制约高校学生能动性发挥的主要因素。在法的运用方面，高校学生重视合法权益却很少切实维权。在法的学习方面，高校学生学习兴趣浓厚却反感课堂教学。

6.法律知行脱节

通过对相关高校学生法律信仰状况调查的分析，得出以下结果：大多数高校学生能够做到遵纪守法，依法行使权利、履行义务，具有一定的法律意识，观念上对法律能够接受认可，但当他们置身复杂的社会环境中时，行为选择上往往与法律期望和社会发展的要求有一定的差距。一些高校学生犯法并非因为不知法，而是知法犯法，把法律狭隘地理解为一种工具，而非追求的目标，认为法就是条文，而忽视了法所追求的价值目标，即秩序、自由、效益、平等、人权、正义等。这就导致法律信仰与法治行为选择脱节，这种脱节是指高校学生信仰理念与行为的矛盾性，即对法律信仰的理念追求与自身行为表现的脱节。这固然有高校学生自身的原因，但更为关键的是来自社会生活中种种客观因素的影响。从宏观方面来看，我国民主法治建设进程还处于发展的初级阶段，公民相应的观念的转变、法律信仰的树立更是一个渐进的过程。从高校的法律教育方面来看，学生缺乏主动接触法律的内在动力，同时高校法律教育注重理论说教缺乏实践锻炼，学生很难有对法律的切身体验。没有对法律的切身体验，就难以产生对法律的亲近之感。因此，高校学生的行为选择会存在一些偏差。

二、高校学生法治意识培育路径

（一）优化法治理论认知

对高校学生进行法治知识教育要特别注重发挥高校课堂的作用，重视"思想道德修养与法律基础"等公共课程对法律知识的普及。

优化法治理论认知主要表现在以下三方面。

第一，对核心概念的理解。过去教科书对"法律"的内涵局限在"统治阶级的意志和专政工具"的认识，这种界定使法律不过是一种政治手段和阶级斗争的工具，忽略法律本身的独立价值，以至于无法帮助高校学生树立法律信仰。对"法治"的理解停留在"依法治理"甚至"以法治理"的认识，没能充分认识到法治是与人治相对立的治理模式，其关键是对权力的制约，以保障公民的合法权益。这样，就很难产生对法律的亲近感和法律至上的权威感。因此，有必要科学把握"法律""法治"的内涵。

第二，对法律常识的认知。重点理解法律的价值、法律的功能与作用、我国社会主义法治体系等，对这些常识的正确认知有助于培养高校学生对法律的信仰。

第三，我国现行的与国计民生紧密相关的法律法规，可以使高校学生充分认识到法治是国家治理的基本方式，进一步领会学法、知法、守法、用法的重要性，加深对法律的信任和认同。

（二）促进法治观念认同

对于广大非法学专业的高校学生，高校法治教育和法律学习的重点应从法律常识转变到法律意识与法治观念上来，其内容主要有：

1. 法律至上理念

法律至上理念是和人治理念相对立的概念，是把法律作为最崇高、最权威的价值判断标准。没有法律至上理念，就无法真正树立对法律的信仰，不可能建设社会主义法治国家。1997 年党的十五大确立了"依法治国"基本方略，2014 年十八届四中全会进一步提出"全面推进依法治国，建设社会主义法治国家"。这昭示了法律在社会生活中的崇高地位。高校学生作为社会主义法治国家建设伟业的继承者和接班人，必须真正树立起法律至上理念，正确处理法律与权力、法律与人情的关系，摒弃权大于法、人情大于法、关系大于法、遇到法律纠纷时只要找关系、靠人情就能解决问题的错误观念。由于我国传统法律文化中缺乏法律至高无上、神圣权威的法治观念，长期的专制统治形成的权力崇拜观念、特权思想根深蒂固。当前在社会中仍然存在法律工具主义思想，社会上存在一些特权现象和权钱交易现象，这些势必会影响高校学生法律信仰的形成。因此，高校学生必须转变传统观念，增强法律意识，弘扬法治精神，促进法律信仰生成。

2. 程序公正理念

培育公民对法律的信仰，除了让公民得到公平公正的执法司法结果之外，更要让公民在执法司法的整个过程中得到或感知法律的公平公正对待。马克思说："审判程序和法二者之间的联系如此密切，就像植物的外形和植物的联系，动物的外形和血肉的联系一样。审判程序和法应该具有同样的精神，因为审判程序是法律的生命形式，因而也是法律的内部生命的表现。"程序公正是"看得见"的公正，是实现实体公正的前提和保障。公平、公正的法律实施程序能极大限度地保证实体的公正，其原因在于经过正当化过程的行政决定或司法判决更具权威性，更能让行政相对人或败诉者认可这一法律决定。如果这一决定中程序公正的要件不充分，即使其目的是正当的，也很容易引起争议，从而造成贯彻执行上的阻碍。合法、公平、效益是正确理解和全面把握程序正义原则的三个基本的衡量标准，其中，合法是前提，公平是目的和价值追求，效益或效率是降低成本的需要。

长期以来，我国存在"重实体轻程序""重权力轻权利""重配合轻制约""重打击轻保护"之积弊，程序公正理念有助于扭转中国人的上述思维定式，有助于推进依法治国的进程。这是因为，法治实质上是程序之治，依法治国实质是依法治"官"、依法治"权"，实现依法设定权力、行使权力、制约权力、监督权力。现代法治的基本精神是"规范公权、保障私权"。在法治教育中加强程序公正理念的教育，有助于增强高校学生的法治精神。

3. 权利意识观念

法律的内在核心是公民的权利。法律信仰与公民权利是相互促进的，一方面，加强权利观念将会增进公民对法律的认可，从而进一步增强对法律价值和法律精神的认同，这有助于公民内心法律信仰的产生；另一方面，人们对法律信仰的坚定信念也会促进公民权利观念的稳固，从而进一步促进人们权利意识的增强。如果没有权利观念，法律所宣告的一切权利都只是法律条文而已，不可能变成真实的权利。公民对自身合法权利的要求是树立权利意识的关键。想要培养公民的权利意识，最重要的就是由偏重于对公共权利的维护转向对个人权利的保护，倡导和确立以权利为核心的社会关系，以此不断强化人们的权利观念、法律意识和法律权威信念，以内心的原动力撑起法律信仰的一片道德天空。权利意识是当代高校学生法律信仰的内在驱动力，只有先培养高校学生的权利意识，才能逐步坚定他们的法律信仰。当高校学生切身体会到法律对自身的重要性，其内心便形成了一种强烈的法律感情。当这种权利享受的体验在现实生活中得到反复强化时，意识中便会逐渐形成对法律精神和法律价值的认知和成熟的法律情感。伴随法律情感的不断积累并逐步升华为一种坚定的法律意志，学生便能够自觉主动地遵纪守法，具备与践踏法律尊严的行为做斗争的力量。

培养当代高校学生的权利意识，首先，要在价值认识上克服法律工具主义思潮。一些高校的法律教育领域还充斥着法律工具主义思想，当提到法律的概念时，在本质上是指统治阶级进行阶级统治的"工具"和调节社会利益的"手段"。这很容易让学生产生误解，使其产生情绪上的陌生感和距离感。所以，我们要把根除法律工具主义作为培育当代高校学生法律信仰的基本切入点。其次，在法治教育教学过程中注重以权利为基础进行教育，不断更新教育理念和方法，通过对生动的案例和热点事件的分析，让学生加深对权利的价值和意义的了解，并掌握行使权利的规则以及权利保护的方法、程序等。同时，我们必须引导学生尊重他人的主体性，正确处理个人权利与单位、组织权利的关系，以内在动力夯实法律信仰的基础。

4. 法律权威观念

中华人民共和国成立以来，我国的法治建设有了很大的进步，但现实中还存在一些不可避免的问题，部分学生受到法律虚无主义思潮的影响，这无疑会影响高校学生法律信仰的培育。因此，我们必须加强法律权威观的普及和宣传教育。

法律权威是培育高校学生法律信仰的基础，是推动社会主义国家法治化进程的内在动力。法律权威包含两个互相关联的方面：一方面，法律的威信在人们心中产生无形的力量；另一方面，这股力量的行为主体自觉主动地服从法律的安排。"法律的权威源自人民的内心拥护和真诚信仰。"因此，高校法治教育，首先要摒弃那种片面强调"法律所禁止的行为"的教育理念，不能将法治教育的标准仅仅停留在"教育学生不要犯法"这个浅显层面，而很少涉及法律价值和法律精神的内容，所以在以后的工作中，法治教育工作者必须更新教育理念和教学方法，用一系列宣传方式如校园板报、校园期刊、校园法治日的推广活动等，特别是开展情景式教学，提高高校学生对法律的关注和参与热情，将法律价值和法律精神的种子一粒粒地播种到学生的心田，使法律权威观念在高校学生的心中生根发芽，开花结果。

（三）践法于行

将法律信念外化为高校学生的具体行为是高校学生法治意识培育的最终环节和终极目标。它是高校学生自觉将已经内化的法治理念通过自己的行为意向和具体实践表现于外，并对内心已经认同、接受的法律信念进行确认、检验与修正的过程。与其他行为学习方式一样，它需要经过观察—模仿—内化—实践的过程。具体地说，法律信念的外化过程主要包括明确行为态度、进行价值评价、确立行为意向和实施具体行为等环节。明确行为态度是指高校学生在价值观外显过程中，通过自己的实践活动明晰并强化正确价值观念，产生确定的态度和坚定的信念的过程。进行价值评价是指高校学生根据自己的行为目的，对个人的行动效果和行为意义进行价值评判。确立行为意向和实施具体行为则是指高校学生在核心价值观的指导下，自觉确立个人行为目标和活动动机，具体实施行动计划，并通过具体实践对内心已经认同的法律价值信念进行强化与确认的实际活动过程。

第四节　法治观念与法治文化融合促进高校学生教育管理

一、法治观念概述

（一）法治观念的含义

法治观念是我国依法治国的重要组成部分，人们牢固树立法治观念，能够实现依法治国水平的提升，为国家更好地发展奠定基础。所谓法治观念，就是人们对法治的情感、认知、评价等的统称，也就是人们总体上对法治的认识，对依法治国的评价、理解以及对法治总体情感的认知等。

（二）培养高校学生法治观念的紧迫性

1. 推动国家依法治国方略实施的需要

法治中国建设是一项大规模的工程，人们对法律知识的掌握程度、法治观念的形成情况以及守法用法的习惯等都会对法治中国建设产生较大影响。高校学生作为新时代国家建设的推动者、国家事业发展的主力军和接班人，在法治观念养成方面更应具备前瞻性和示范性，以自身的行动感染身边的人，带动国民树立正确的法治观念，为法治中国建设贡献力量。基于此，增强高校学生的法治观念，能够促进国家依法治国方略的顺利落实。

2. 深化党的建设的重要途径

党的十九大报告中明确指出，各级党组织要发挥模范带头作用，在日常生活中要遵守法律、运用法律并维护法律。落实党的方针政策离不开党员的参与，且各项活动的实施离不开法律。而我国高校作为发展党员和培育党员的重要基地，更应当加强法治观念教育，使高校学生在学校期间养成良好的法治观念，这样在以后从事工作的过程中才能够更了解党的治国方略，更好地约束自身行为，承担起时代重任，促进政治水平和素养的全面提升。

二、法治文化概述

法治文化是指融注在人们心底和行为方式中的法治意识、法治原则、法治精神、法律行为及其价值追求。一个国家的"法治文化"，就是这个国家的法律制度、法律机构、法律设施体现出的文化内涵及公民在日常生活、工作中所持有并遵循的以法治价值观为核心的思想理念与行为方式。

（一）法治文化意识

1. 崇尚法律的意识

崇尚法律的意识，就是人们在心中尊重法律、信奉法律、推崇法律，它反映着人们对法律的情感和态度，是法治能否真正实现的前提和基础。

2. 遵守法律的意识

法律必须被遵守，否则它就形同虚设，有法必依，应当是每一位公民具备的意识，不仅普通公民要守法，掌权者更要守法，各级领导不能只号召别人守法，却不以法律来约束自己的言行。

3. 运用法律的意识

运用法律不仅是指发生纠纷时要寻求法律的保护，通过法律途径来处理争端，而且在日常生活和工作中要运用法律的眼光看待问题，运用法理分析社会现象，运用法治精神和原则分辨是与非和罪与非罪。

4. 维护法律的意识

法律的职能在于惩恶扬善，保护公民和法人的合法利益，维护社会的秩序、公平和正义。要使这些职能充分发挥，需要人们自觉地维护法律。守法只是维护法律的一个方面，与触犯法律的行为做斗争是维护法律的另一个方面。

（二）法治文化观念的转变与革新

1. 本位观的转变与革新

当今我国公民的本位观要实现从"国家本位"到"社会本位"和"个人本位"

的转变。要实现依法治国，就必须打破国家本位，把法律制定的基础转移到以人为本上来，国家的一切行为都是为了保护公民的权利，防止公共权力对公民利益的侵犯。

2. 法权观的转变与革新

公民的法权观要实现从权力至上到法律至上的转变。权力凌驾于法律之上，容易形成权力的专横和崇拜，社会的前进方向容易随领导人的意志和注意力转移。因此要实现法治，就必须改变"权大于法"的状况，必须明确公共权力源于人民的委托，法律是人民利益和意志的体现，是神圣不可侵犯的，任何人的违法犯罪行为都应受到法律的惩罚。

3. 权利义务观的转变与革新

公民的权利义务观要实现从"义务本位"到"权利本位"的转变。在人治的社会里强调义务本位，突出公民对国家和社会的义务，轻视公民的独立人格。权利本位则是指公民意识、主体意识和权利意识，强调要重视人的人格、自由、尊严和利益，并且使人与人的关系走向契约化，为法治的实施创造社会条件。

（三）法治文化精神

1. 人的尊严与自由的精神

人的尊严与自由是人与生俱来的权利，是法治文化的核心价值。法治就是要维护人的尊严、保障人的自由和全面发展，法治应当制约公权，以实现对人的尊严与自由的彰显；法治应当防范公权对个人权利的挤压和侵扰，以实现社会主体的理性解放和人格与人身的独立，使社会主体成为自由、平等的权利主体。

2. 民主的精神

民主简言之就是人民当家做主。法治与民主同呼吸、共命运，互相依存，法治的源泉与动力在于民主，民主的实现需要法治来保障；实行民主制度既是法治的根本措施，也是当代法治文化的集中体现。就中国当前的实际而言，笔者认为强化民主制度应从完善人民代表大会制度、强化人民代表大会的权力和作用做起，使它成为名副其实的最高权力机关，使宪法规定的"中华人民共和国的一切权力属于人民"落到实处。

3. 人人平等的精神

人人平等就是任何公民，不分民族、种族、性别、职业、家庭出身、宗教信仰、受教育程度、财产状况、居住期限，在人格上都一律平等，都平等地享有宪法和法律规定的权利，也都平等地履行宪法和法律所规定的义务，公民的合法权益都一律平等地受到保护，对违法犯罪行为一律依法予以追究。在法律面前，不允许任何人享有法律以外的特权，任何人不得强迫他人承担法律以外的义务。这里需要说明的是，所谓平等，是指人格和权利能力的平等，而不是行为能力上的平等，如对于未成年人及其他丧失民事行为能力的公民，就不能与具有完全民事行为能力的成年人做同一标准的要求。

（四）法治文化原则

1. 法律（权威）至上的原则

法治所强调的是法律的权威和制度的保障，而不是某个领导的个人权威。法律至上是法治的本质体现，是法治社会的基本原则和根本特征，法律在多大程度上具有权威性，是判断一个国家实现法治化程度的基本标尺。法律至上意味着法律是评判公民、法人和国家机关行为最基本的准则，是解决纠纷和社会冲突的首要选择。在我国现实生活中，法律至上的原则经常被权大于法、情大于法的观念所取代，依言不依法、依权不依法的现象仍然存在，这种情况必须改变。

2. 司法独立的原则

司法独立既是一项宪法原则，也是一项司法组织原则，还是一项诉讼活动原则。司法的真正独立至少体现在司法组织的独立、司法活动的独立和司法人员的独立三个方面。但目前我国司法处于形式上的独立，实际上并不独立，或者说处于半独立的状态：就司法组织而言，司法机关的人、财、物受制于政府；就司法活动而言，党委和行政权力时有干涉和左右司法活动的情形；就司法人员（法官、检察官）而言，人事任免由人大常委会（党委——许多地方的人大常委会主任由党委书记兼任）负责，组织关系由党委组织部门和行政人事部门管理。在这种环境下，就很难要求人民法院独立行使审判权、人民检察院独立行使检察权，司法机关很难避免其他机关、社会团体和人士的干涉。

3. 权利与义务相统一的原则

在法治文化背景下，没有无义务的权利，也没有无权利的义务，权利与义务是高度统一的。我国的文化传统和国情不同于西方发达国家，所以在权利与义务观上目前更应当强调公民的权利意识，即权利主体对于权利的接受意识、权利的实现意识、权利受侵犯时的保护意识。

4.权力制衡与监督的原则

我国现行的监督机制从形式上看，有人大监督、党内监督（纪委）、行政监督（监察、审计）、法律监督、民主党派监督、群众监督、新闻舆论监督等，门类很多。但这些监督很难依照法律规定行使监督权，有些监督实际上存在不敢、不能、不便进行的情形。要改变这种情况，监督机构就必须实行垂直领导机制，保持相对的独立，决策应当规范化、程序化、公开化。权力制衡与监督要制约和监督机关"一把手"的权力，副职不能只是摆设，不能养成"一言堂"、一人说了算的不良习气。从内在的逻辑关系和功能上看，权力制衡中的权力是一种内在的权力，是在事前和事中对权力进行约束；权力监督中的权力是一种外在的权力，只能起到事后的作用。"在权力制衡中，每一个权力行使者都具有权力的行使者和权力的制约者的双重身份。权力的行使者不仅受到其他权力的约束，而且也同时约束着其他权力。"这种在约束中行使权力，在行使中又约束权力的机制，是法治社会运行的一种较为理想的状态。

（五）法治文化的价值追求

当代法治文化的价值追求可以概括为真、善、美三个字。

1.真：诚信公正

诚信是一个人的美德，也是一个人安身立命的无价之宝。诚是指言行要真实恳切，不口是心非，不弄虚作假，实实在在；信是说言行要讲求信用名誉，言出必行，许诺必应。一个人不诚实，不讲信誉，其实就是在将自己的人格作为典当。在诚信这个问题上，一个人是这样，一个组织是这样，一个政府也是这样。公正是法治社会基本的行为准则和永恒的价值理念，公正既包括实体公正，也包括程序公正，程序公正是实现实体公正的基础与前提，尤其在司法领域，没有程序的公正很难保证实体的公正，司法的不公正会使法律权威受到损害。

2.善：人性与正义

人性与正义是法治文化的核心价值所在。法律不应当是冷酷无情的，在严肃的条文背后应当包含着对人的终极关怀、贯穿着人文精神、融注着人性化的情感。这是因为制定法律的根本目的是保障人权和自由，实现社会的正义。从另一个视角看，社会正义的实现又需要法律来保障和维护，这就要求法律首先能够体现正义。在法治文化的语境里，法律的正义包括法律自身的正义和法律实施的正义两个部分：法律自身的正义源于符合人性的设定，源于对人的终极关爱，这就是我们通常所讲的"善法"；法律实施的正义源于公民对法律强烈的自觉意识，源于国家工作人员的依法行政，源于司法人员对于法律的高度责任感，这就是我们通常所讲的"有法必依，执法必严，违法必究"。

3. 美：有序和谐

有序是指讲求规则和章法、注重条理和秩序，是指国家机关、社会组织在行使权力时不能为所欲为，公民在行使权利和自由时不得妨害其他人的权利和自由；和谐是指要化解矛盾、解决冲突，使人际关系和社会生活处于和睦安宁的状态。有序的目的是实现和谐，和谐既是现代法治文明的标志，也是法治文化的价值追求。总之，当代法治文化追求的终极目标是从根本上扭转"人治"的状态，彻底改变"权大于法"的现象，使公民在一个公平正义、有序和谐的社会环境中得到自由全面的发展。

三、法治观念与法治文化的融合对高校学生教育管理的促进作用

在当今时代，法治思想要求高校学生教育管理突出其育人功能，逐步推进高校学生教育管理法治化，最终构建高校学生教育管理的法治体系。在现实中，因法治观念不强、法治文化不完备等问题的存在，高校学生教育管理法治化水平仍然达不到国家要求，不能满足社会需求，教育管理法治化水平与社会主义法治建设要求存在一定的差距，时常存在学生受教育权、人身权、财产权受损的情形。在新时代社会主义法治思想指导下，将法治观念和法治文化进行融合，推进高校学生教育管理法治化，可以促进高校学生教育管理水平的提升，使我国高校学生教育管理水平上升到新的高度。

第七章　以生为本理念下的高校学生教育管理发展路径

科学发展观的"以人为本"理念体现在高校学生教育管理工作中就是"以生为本",强调学生在教育管理工作中的主体地位,始终把满足学生的发展需求、促进学生的全面发展作为学生教育管理工作的首要任务。

第一节　以生为本教育管理的时代内涵

一、以生为本的含义

随着和谐社会建设的推进,以生为本、加强人文关怀和心理疏导,将是实现高校教育有效教学的重要教育理念。在高校学生教育管理工作中,坚持以生为本理念就是要以学生为本,就是要树立现代学生观,尊重学生的主体地位,促进学生的个性化发展,实现对学生的多样化评价。在实际工作中,坚持以生为本理念就是要尊重学生的主体性、差异性、丰富性、独特性,把学生当作有血有肉、有生命尊严、有思想感情的人;以学生成长成才为中心,真正尊重学生、理解学生、关心学生、引导学生。

二、新时代以生为本教育管理的内涵

(一)尊重学生主体需求,促进学生成长成才

要区分不同类型、不同层次学生的特点和需求,分层次、分阶段进行深入细致的教育、管理和服务工作,建立帮助学生成长、解决学生困难、方便学生办事、维护学生权益的高校学生教育管理工作体系,让学生受到最好的教育。为此,高校学生教育管理工作必须从学生的需求出发,把工作的需求与学生的

成长成才需求紧密结合起来，把学生的当前需求与长远需求紧密结合起来，把学生个人的需求与群体的需求紧密结合起来，把学生表面的物质需求与深层次的精神需求紧密结合起来，努力培养德才兼备、品学兼优、知行合一的社会主义建设者和可靠接班人。

（二）一切为了学生，高度尊重学生

1. 重视学生的本体价值

在以生为本理念中，学生是学校生存和发展的根本，而"一切为了学生，为了学生的一切，为了一切学生"是推动学校各项工作改革的根本动力。学校的一切工作都是围绕学生开展的，学生有求知的现实需求，教育才会产生并逐渐发展为学校集中式的教育。所以，学生在教育管理工作中处于根本性的地位，只有将学生的需求作为一切工作的方向，才能更好地发展教育事业。

2. 肯定学生的个体价值

学校教育管理的服务对象是一个个独立存在的人，学生是具有自我意识和个人思想的生命个体，是独立于教师头脑之外，不以教师的意志为转移的客观存在，因此，不能脱离学生的个体性而空谈教育。学校必须肯定学生的个体价值，在教育管理工作中挖掘学生的潜能，为学生提供相应的发展平台，引导学生发挥主观能动性，促进学生的个性发展。

3. 顺应学生的天性，适应学生的独立性

学习是人类自身发展的需要，教师进行知识灌输所产生的"减法"思维和阻碍学生主动探索的割裂思维都不利于学生学习天性的保持，因此，我们应该尊重学生，让学生以顺应自然规律的方式促进自身的全面发展。

人的精神发展具有二重性，一是作为自然个体与生俱来的发展趋势，二是作为社会人适应社会的发展动机。在社会化进程中，学生的发展不可避免地会受到外界的影响，学生在发展过程中，总会被"指正"，总会被试图改变，使学生在不断的"指正"下不得不放弃自己的想法，从而抹杀了自己的独立性。因此，在教育管理工作中，应充分尊重学生的天性，用适应学生个性化的引导代替"指正"，尊重学生的独立性，从而为学生的发展搭建更加广阔的舞台。

（三）体现学生的主体参与，实现学生的自主发展

体现学生的主体参与，实现学生的自主发展就是要充分发挥学生的主体作用，强调依靠学生，引导学生参与教育管理实践，使学生成为教育管理的主人。学生参与教育管理的主要平台有学生会、班委会、团支部、社团联合会等学生

组织，可以通过学生干部定期换届等方式，努力让每个学生都有机会参与管理。在就业管理、安全管理、资助管理等工作中，也要充分调动学生的积极性，引导学生参与相关政策的制定和实施，真正实现教育管理依靠学生。

（四）实行民主管理

实行民主管理，尊重学生的主动性和首创性是人本理念的重要体现。因此，不仅要增强管理者和学生的民主管理意识，更要完善民主选举、决策和监督等民主管理运行机制，畅通民主管理渠道。

第二节　以生为本教育管理的价值特征

高校在教育管理中坚持以生为本，具有对象特指性、本体终端性和践行校本性三个价值特征。

一、对象特指性

在高校学生教育管理工作中，管理对象具有特殊性。各个时代的高校学生都具有自身的特点，现在的高校学生有以下特点：第一，自我意识不断增强。随着年龄的增长和知识水平的提高，高校学生自我意识的增强与其文化素养的提升成正比，他们"专注于独立思考和自我评价"。因此，高校进行教育管理不仅要认识到学生的整体特征，而且要注重学生个体的差异性。第二，特殊发展需求与特殊行为并存。现在的高校学生普遍存在沉稳性与突发性并存、自律性与他律性并存、独立性与依赖性并存、目的性与随意性并存的特点，而高校学生教育作为步入社会的职前教育，必须在多学科和专业的基础上，根据学校自身的人才培养目标来对以生为本教育管理理念进行具体运用。

二、本体终端性

郭思乐教授认为，以生为本的一大特征就是"真正认识和把握学生这个本体，把一切为了学生作为教育价值原则"。学生在学校的教育管理活动中处于终端位置并占据着主体地位。教育管理工作的设计是为学生的学而设计的，而不是为教师自身的教而设计的，学校教育的本质要求和最终追求也都是为了学生的发展，并不是为教而教。以生为本是治国方针在学校育人中的落实延伸。党的十九大提出"坚持以人民为中心"，党分别在十七大和十八大报告中提出科学发展观并将其作为指导思想写入党章，将其第一要义定义为发展，将核心确定为以人为本。而学校所面对和培养的对象就是学生，学校的主要功能是教书育人，其根本任务是立德树人。以生为本是以人为本在教育管理中的深化延展，培养出优秀的人才，是对"为什么办学，如何办学和为谁办学"最好的回答。

三、践行校本性

以生为本并不是永不改变的理论，它是在尊重学生个体差异的前提下，根据学校教育管理的目标和专业特色而逐渐本土化、校本化、特色化的实践模式。要求高校学生教育管理者在教育管理中根据学生的具体情况，以多样化的观点，在多样的思维中引起学生的积极讨论与自觉探索。任何理论都要在经过本地特色吸收融合后才能展现其功能，生本理论也是如此。以生为本是需要最大限度地让学生拥有自主权的教育管理方式。在高校学生教育管理中，只有将生本理念结合学校的办学特色才能更好地为学生提供发展条件，促进学生的发展。

第三节　以生为本教育管理的诉求

学生是学校的主体。学校围绕学生的学习研究、日常生活所开展的教育管理工作类型繁多，具有复杂性、具体性和广泛性。学生教育管理工作的效率直接关系到学生素质的培养。在以生为本的管理理念的指导下，将学生的利益放在第一位是高校学生教育管理的主要诉求，要培养学生工作者良好的服务意识，采取精细化的工作方式，从而了解学生的实际需求和面对的具体问题，规范高校学生教育管理工作的办事流程，并以更加开阔的视野和与时俱进的观念做好学生教育管理工作，从而提升高校的学生服务效率，做好学生服务工作。

学校的发展一切以学生为中心，学生的利益是学校的根本利益，只有让学生的利益得到保护，才能培养出符合时代发展要求的人才。

一、保证学生的利益是教育管理工作的核心

（一）以更高的标准顺应新时代高校发展的要求

高校作为培养学生学术研究能力、健全人格和全面发展的主阵地，对学生的成长起着至关重要的作用。高校一般多出高素质人才，培养高素质的、为国家服务的人才是高校的根本功能，习近平在党的十九大报告中强调，要"优先

发展教育事业"，加快一流大学和一流学科建设，进入新时代，必须赋予中国教育新的发展要求、发展内涵。而高校作为发展的第一动力和民族复兴基础工程的重要结合点，应该在双一流建设中谋求更快的发展，在新征程中发挥更大的作用。

学生教育管理工作是最贴近学生利益的事项。学生教育管理工作者应该在高校发展的浪潮中实现自我价值的提升，用更高的标准要求自己，真正走进学生的生活学习中，了解学生在学校真正关心的事情以及面对的实际问题。高校的学生工作人员是整个学校运转的核心，是连接学生和导师、学生和学校各个部门的桥梁，与学生最基本的需求紧密相连，其工作效率直接影响到学生教育管理工作的运行状况。以更高的标准完善学生工作流程，加快学生工作流程建设步伐，培养高素质、切实能干、稳扎稳打的高校学生工作队伍是一项既紧迫又长期的重要任务。

（二）时刻保持服务学生的意识

学生教育管理工作的中心是把学生的利益放在第一位，教育管理工作者应及时掌握学生的思想发展情况和实际需求，了解学生的心理活动和最关心的问题，帮助学生正确处理学习和生活中遇到的困难，树立正确的价值观、人生观和世界观。在管理中做好服务，在服务中做好引导，将服务学生作为第一责任，面向学生提供一系列服务内容，尊重和满足学生的意愿与需求。

（三）尊重学生个体之间的差异

由于来自不同地区以及具有不同教育背景的外在因素和自身条件不同的内在原因，学生的思维方式、言谈举止、兴趣爱好有所不同，无论在横向（学生群体之间）、纵向（同一个学生的不同时期），还是斜向（学生群体与其他群体之间）都存在一定的差异。面对这种差异，公正客观地对待就显得尤为重要，意识到差异的存在是必然的，应避免用流水线式的一个标准去培养学生。尊重和支持学生的自主选择，学生教育管理工作者应适时引导学生向正确的方向发展，让学生发现自己身上的亮点和优势，找到最适合自己的位置。学生教育管理工作者作为和学生接触最频繁的人，要以身作则，不断完善和提升自己，给学生带来积极、正面的影响。

二、了解学生的利益诉求是教育管理工作的出发点

高校作为培养社会主义人才的核心基地，在培养学生的过程中应该多听学

生的声音，了解学生在大学期间需要的学习能力，需要的适宜生活环境，在生活和学习方面需要得到的支持，给予学生充分的表达机会，保护学生的合理利益，充分展示高校的魅力。

（一）学生利益诉求的实际意义

校园的和谐文明建设与学生息息相关，学生生活在校园里，对学校各个方面的感知和体会最深，学生利益诉求是构建和谐校园的核心，只有了解学生的诉求才能建设更符合学生实际需求的高校，让学生真正热爱和融入学校，培养出高层次的人才。

学生对利益诉求的表达体现了学校对公平正义的维护。如果学生发现关系到自身实际利益的事情存在某些问题，却不能与管理者进行有效的沟通交流，那么学生会产生强烈的不公平、不公正的感觉，长此以往，不仅无法弥补学校工作的不足，而且会对学生产生负面影响。在传统教育管理模式中，高校直接做出决定，学生按教师指令办事，缺少了学生表达的环节，而且考虑不够全面，会影响学生的实际利益。

听取学生的诉求，让不同的意见充分表达，真诚地与学生对话才能了解学生实际关心的、真正需要的东西。高校教育管理者要关注学生的实际利益，提高学生的参与度，促进高效的沟通形成良性循环，鼓励和引导学生积极表达自己的想法，让学校的规章制度真正从学生出发，为学生考虑，保障学生的利益。

（二）高校学生利益诉求的内涵

在高校不断发展改革的过程中，高校的内部体制也在发生变革，与学生直接相关的如宿管、饮食、设施等都需要学生与学校相关部门沟通，学校的教务办、宿管科、后勤科等都是学生要沟通的对象，与这些部门沟通的效率和相关人员的态度直接决定了学生的利益能否得到保障。

利益诉求是学生权利的体现。学生在学校里生活和学习，学校有爱护学生的责任，学校应该尊重学生的表达权利，学生也应该通过表达来维护自身的利益。由于相关机制的设置等，学生的这一权利有时会受到制约，使学生处在利益诉求的弱方，无法及时有效地与相关部门进行沟通，但此时相关部门不知道问题的存在，故问题无法得到合理的解决，于是使学生和管理者处于对立面。这不利于学生的良好发展，也违背了学校和管理者的初衷，不仅让学生的利益受到了损害，也让学校失去了引导学生自我完善和更好地发展的机会。

听取学生的利益诉求是高校自我梳理和自我完善所必需的过程，是尊重学生正当权利所必须履行的义务。诉求方式的单一和体制的不完善，都是对学生利益的一种不尊重，个体利益不能实现，团体利益也会难以维护。高校在自我发展和变革的过程中，参与机制的完善尤为重要，听取学生的利益诉求，完善高校的办事流程，进行更加规范化的管理，才能将个体凝聚为团体，维护学生的真正利益。

（三）完善高校学生利益诉求制度

构建诉求体系是解决问题的基础。和谐校园的建设需要学校和学生共同努力，如何消除矛盾和解决问题就显得尤为重要，而了解学生的利益诉求是一切的基础，开通一个利益诉求的渠道成为重中之重。完善学生的利益诉求制度，需要从以下几个方面考虑。

1. 引导学生形成正确的诉求意识

学生在表达自己诉求的同时，应该采取积极正确的方式。学校要培养学生采用正确方法来表达自己的诉求，例如，通过主题活动、讲座和多种方式的宣传，向学生讲解学校的制度体系、政策方针、发展规划以及管理决策，让学生更全面、更实时地了解学校的动向，并且告诉学生有哪些合适的方式和途径可以去表达诉求，让学生在知道自己的权利和义务的同时，也能积极而正确地表达自己的观点和想法，支持学校的发展。

2. 扶持学生利益诉求组织

学生利益诉求组织是学校贴近学生的沟通渠道之一。在学校中有一些学生自发建立或者由学生管理的相关组织，这是学校贴近学生的良好互动平台，学校应该积极支持这种组织并且加强沟通，以达到拓宽信息来源、贴近学生生活的目的。学生利益诉求组织是校园中的重要角色，不仅可以实现信息的快速流动，而且有利于学生诉求的充分表达，从而推动和谐校园的建设。

3. 拓宽学生利益诉求的渠道

通过多种形式的利益诉求渠道来收集诉求信息。除传统的当面交流之外，还可以采取信件来访、邮箱沟通、电话咨询、线上答疑等形式，使学生在有问题的时候，能够找到合适的渠道与学校相关部门沟通，让有关政策落到实处。除此以外，学校的教育管理者也应该走到学生中去，及时掌握学生的情况，了解学生的动态和诉求，积极与学生沟通，做好信息获取工作。

4. 建立利益诉求的专门机构

高校应建立学生利益诉求收集、统计、分类等专门机构。目前与学生利益诉求相关的管理部门主要是学生办公室、后勤处及其他服务类部门，这些部门平时要处理部门事务，有时会无法顾及学生的诉求。为了保障学生的利益，使学生诉求能够在第一时间被相关部门接收，应该建立专门处理学生诉求的机构，完善相关的诉求章程制度，维护学生的正当利益，确保每一个学生的诉求都能够被相关部门接收到，并且高校在收集和处理信息的过程中，要秉承公开、公平、透明的原则，接受学生的监督，保证学生的知情权。

5.健全学生利益诉求的制度章程

制度化是一个体系的核心，建立健全学生诉求制度是保证工作正常开展的基础。在高校教育管理工作中，接收反馈的过程有时比办事的过程更重要，反馈所带来的信息是优化和发展的基础，在学校追求一流建设的今天，如何做得更好成为学生教育管理工作的重中之重。学生反馈意见，是出于对学校不断进步的信心，反馈的不仅仅是意见，还是对学校的热爱和希望，学校在收到意见和建议后，应对之前所做的工作做出评估，找出不足之处并积极改正，使工作能够做得更加到位。学生的积极性在表达意见时得到了充分的提升，如果其意见长时间得不到回复或未被处理，学生的积极性容易受到打击。因此，获取并分类处理学生的反馈是高校必须做的工作。

学生作为学校运行和发展的主线，是一个学校的主体，学生利益则是学校教育管理工作开展和落实的立足点，把学生的利益放在第一位是学校教育管理工作的宗旨。在以生为本的管理理念的指导下，学校应培养教育管理工作者的服务意识，规范管理工作的流程，深入了解学生的需求和学生反馈的信息，以开放和包容的态度做好学生教育管理工作。

第四节　以生为本教育管理理念的实践路径

一、纠正对以生为本教育管理理念的错误认识

当前，以生为本理念在高校学生教育管理中的应用存在很多认识上的错误。例如，在运用过程中偏离人才培养本源的定位取向、迷失原则底线的学生管理举措、不负责任的教育教学行为等都是对以生为本理念在新时期高校学生教育管理实践中运用的误解。因此，高校在进行人才培养时，必须纠正对以生为本教育管理理念的认识错误，突出学生的发展，明确育人为本的价值定位，做好服务与管理的协调推进。

（一）坚持以生为本，重视学生发展

目前，我国正在大力改革教育，而教育改革取得成功的重要途径就是坚持发展能满足社会需要、适应时代发展需要的教育。很显然，传统的以教育管理者为主体，完全不重视学生主体能动性的教育管理理念阻碍了高校学生教育管理工作的改革，而当前一些过分夸大以生为本的理念同样不利于学生的发展，应当警惕。

1. 教育管理者应该引导学生树立自主教育管理的意识

高校学生都是成年人，要有成年人的意识和担当，在高校学生教育管理中，仅仅靠教育管理者的引导和制度的约束是远远不够的，学校应通过讲座等方式引导学生树立正确的生本意识。

首先，教育管理者应注重对学生尊敬师长意识的引导。在学校接受教师的知识传授和管理者的管理是学生在校期间所应尽的义务，学生不应该把自己定位为"消费者"，将一切当作理所当然，从而放纵自己的行为。

其次，教育管理者应注重引导学生对自身负责的意识。学生在生活、学习等方面遇到自己无法解决的问题时，应主动与相应的教育管理者取得联系以获得帮助。学生只有从自身这一终端上保持与相应教育管理者的联系，树立正确主动的意识，才能更好地让教育管理者服好务、把好关。

2. 作为课堂教育管理者的教师需加强对学生行为的引导

以生为本并不是否定教师的价值，而放纵学生的行为。在当前的高校学生教育管理中，部分教育管理者对"生本"的认识存在偏差，过分夸大了学生的主体作用，甚至怕在教育管理工作中出现失误而担负责任，影响自己的前途。这是教育管理的一种畸形发展，更是当前高校教育的一种悲哀。在 2019 年的两会中，全国人大代表许富华就提出，我们要立法来保护教师的惩戒权，教育不是万能的，在通过足够耐心的说服教育之后，对于仍然不听话的学生，学校教师就要采取适当的惩戒措施，不能任其发展。因此，生本不是放纵学生，教师应该有立德树人的正确生本意识，不能放纵学生。

3. 学校教育管理行政部门的工作人员应该尊重学生的主体地位

首先，树立精准服务意识。高校教育管理工作者应该了解学生的现实需求。从教育、管理、服务三个维度搭建平台，推动高校学生自主教育管理，充分发挥学生的主体性。

其次，树立精准施策意识。相关教育管理者应该了解当前高校学生的心理、行为等特征，对学生要加强引导，注重学生发展。学生的成长是内在因素和外部引力共同作用的结果。高校学生教育管理者需要不断创造条件，激发学生的主观能动性，促进学生自我完善、自我发展。

（二）坚持服务与管理协调推进

服务决定管理，管理推动服务发展。管理与服务是辩证统一的关系，不能割裂二者之间的联系。在高校学生教育管理活动中，为学生提供服务并不是将原来"师本教育"中师生之间的地位进行颠倒，而是改变原来"服从与命令"的对立关系向平等、尊重的友好关系转变。教育管理者应该明确自己的定位，既要抛弃传统教育中"独裁者"的身份，又要走出当前过分夸大学生作用而忽视教育管理者价值的阴影。教育管理者应该以身作则，变成学生发展的领导者、指引者和督促者。

在服务和管理中也要重视班级整体与学生之间的关系，着眼于班级整体规划，着力于个人成长发展，推动班级整体和学生个人共同发展。整体和部分二者之间是不可分割的，二者相互影响。部分在一定程度上也限制、制约着整体的发展，关键的部分甚至还会对整体的发展起决定性作用。在班集体管理中，如果每个学生（部分）形成非常合理的整体结构，整体的功能将会以最优的效能影响着每个个体。所以，整体和部分的辩证关系要求我们着眼于整体，着力于局部。要学会优化结构，使整体功能得到充分发挥。首先，着眼于班上每个学生的发展。班级的整体建设应该落实到每个学生肩上，面向全体学生，而且要注重学生的差异化发展。其次，注重对学生干部的培养。在班级有效管理中，培养团结互助、综合素质高的学生干部是建立教育管理者与学生桥梁的有效手段。从马克思主义哲学整体和部分的辩证关系来看，关键部分有时候会决定事物的发展，不能忽视，而学生干部在高校学生教育管理中就是起着关键作用的重要组成部分。

二、优化人才培养模式，促进"师生"互动交流

在优化高校学生人才培养模式，促进教育管理者与学生互动交流的前提下，应该坚持以生为本的教育管理理念。高校学生的教育管理工作必须创新服务方式，优化人才培养模式，提高教育实效性。坚持以信息通畅为基础，以完善人才培养方案为保障，以学生自主管理为主线，以学校和社会联合培养为抓手，形成系统的人才培养模式，才能更好地完成对高校学生的教育管理工作。

（一）优化人才培养方案，强化联合培育

教育管理的发展和改革不能仅仅依靠学校这一单个主体，还需要整合社会资源，形成合力，营造出轻松愉悦的学习氛围。根据国务院2019年制定的《国家职业教育改革实施方案》，可以借鉴校企"双元"模式，由学校和用人单位共同制定人才培养方案，以助力学生成长。学校的人才培养方案主线应该从单一的学科本位主线转变为融学科知识学习、能力培养与素质提升为一体的培养方案主线。

人才培养方案是一所高校培养人才的纲领性文件，应具有专业特色性、时代适应性等特点。高校学生人才培养方案的优化应做到以下几点。

首先，应该根据专业的特点，以人才培养目标为导向，以学科知识、专业技能和综合素质三个方面为着力点进行培养。

其次，高校学生教育管理并不是为了教而教，为了管而管，需要结合用人单位的要求，从实际出发对学生进行针对性培养。因此，高校学生人才培养方案与课程体系需要校企联合，在立足时代特征和专业特色的前提下进行制定。

最后，学校教育管理是高校学生培养的主要途径，需要从理论上进行全方位指导，让高校学生学好理论并指导其实践。用人单位作为高校学生培养体系的重要组成部分，要扮演好高校学生实践培育者的重要角色，担负起相应的社会责任。在相关实践培育中，用人单位应有针对性地培养自己所需人才的相关技能，从而为自己注入新鲜的血液。

综上所述，当前高校学生教育管理需要改变纯粹的学校单向管理，也要改变千篇一律的理论传授，更要改变"主观式"培养，要从多方收集关于学生培育的信息，有针对性地优化培养方案，优化人才培养课程体系。

（二）完善学生自主教育管理支持体系

苏霍姆林斯基认为，真正的教育必须激发学生进行自主教育。"以生为本，发展学生；深耕精培，成就学生"理念下的高校学生教育管理工作应完善学生自主教育管理支持体系。高校学生自主教育管理主要分为学生个体自主教育管理、学生群体自主教育管理和学生参与性自主教育管理三个方面。

1. 学生个体自主教育管理

在学生个体自主教育管理中，学生具有教育管理者和被教育管理者的双重身份。作为成年人的高校学生要明确法律、校规校纪的红线不能触碰，应该以"慎独"的思想严格要求自己，培养自己的道德情操。

学生在进行自我教育管理时要处理好以下几个关系：第一，自由与纪律之间的关系。自由不是绝对的放纵，是在一定的制度、纪律约束下的相对自由。第二，自身与他人之间的关系。马克思认为人是社会的人。学生在进行自我教育管理时要处理好自身与他人之间的关系，应团结同学，换位思考，顾及他人感受。第三，个人与集体之间的关系。学生要明确自己是集体中的一分子，不仅要树立主人翁意识，主动参与集体活动，而且要以大局为重，主动维护集体利益。因此，作为教育管理者的辅导员要对《学生手册》等纪律制度性文件予以解读、普及，让高校学生能够准确地为自己的行为定性；从古代经典的"慎独"等思想着手，加强文化氛围的营造；以张贴标语、建设班级网络等方式，提升学生的思想素质。

2. 学生群体自主教育管理

学生群体自主教育管理分为正式和非正式两种。正式的学生群体自主教育管理的主体主要为学生会干部、班团干部、党员干部，非正式的学生群体自主教育管理主要是对班级成员的文化指导和舆论引导。

（1）加强正式的学生群体自主教育管理

高校是人才的培养基地和汇聚地。在高校学生群体自主教育管理工作中仅仅培养学生的参与意识还无法达到学生自主教育管理的目的，学生教育管理者需要有意识、有针对性地培养学生的参与能力。首先，让高校学生清楚地了解自己所享有的权利与维权途径，明白其所应该承担的责任、履行的义务及违反相应规定的后果，在高校学生的心中拉起一根"高压警戒线"。其次，让高校学生在实践中不断提高自身的参与能力。在高校学生班级管理中，辅导员是主要的实施者与责任人，扮演着不可替代的角色，而高校学生的日常管理工作，还应该包括学生的自我管理，尤其是要发挥学生干部的重要作用。

应该立足于班级的整体发展，设定班级建设目标，根据相应的班级建设目标制订具有可操作性的计划，完善学生自主教育管理支持体系，教育管理者应该注意以下几个环节：第一，明确学生自主教育管理的目标——前提。教师要根据班级学生的情况设立总体目标和具体活动目标，通过目标定位，让班级学生的教育管理工作更加具有目标性和可行性。第二，培养学生干部——关键。图7-1为班级管理结构示意图，可以看出，在高校学生管理队伍中包含两个部分：其一是以辅导员、班主任等教师为代表的学生管理教师队伍；其二是由学生组成的学生自我管理、自我服务的学生管理队伍，二者合称为高校学生管理团队。在以生为本的高校学生教育管理中，要将整体与部分进行有机整合。第三，制定自主教育管理的制度——保障。学生自己制定规章制度，制定的过程要充分考虑全班同学的整体意志，注重班级文化和班风建设。

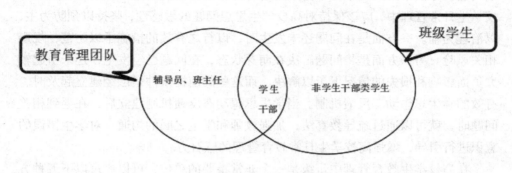

图 7-1　班级管理结构示意图

（2）重视非正式的学生群体自主教育管理

相对于非正式群体自主教育管理，正式群体自主教育管理具有滞后性。因此，应该加强对非正式群体自主教育管理的文化氛围的营造。高校学生教育管理者应以一种正确的价值观指导相应氛围的营造，扩大其影响力，以其正面力量弱化甚至消除相应的负面影响，助力高校学生自主教育管理的推进。

3.学生参与性自主教育管理

学生参与性自主教育管理主要是指学生在相关部门教育管理者的领导下适度地参与学校的管理，一方面可以推动学校服务的完善，保障学生的利益，另一方面能起到锻炼学生能力的作用。在涉及学生的利益和学生关心的问题时，应该加强对学生意见的调研，充分听取学生的意见，甚至是让学生在一定程度上直接参与到管理中。这不仅能推动学校的管理运行，而且能在相关实践活动中起到锻炼学生能力、培育其品格的作用。全方位搭建自主教育管理平台，创建高校学生自主教育管理委员会和微信公众平台，从学生的视角服务和引导学生，以优秀学生标兵团队引导和带动学生。把握舆情动态，在教育管理者的主导下，从微信平台上开辟校园热点论坛，引导学生合理地表达自己的想法。

（三）创设学生思想动态反馈机制

针对教育管理者与学生互动交流不足的问题，教育管理者可以通过先进分子反馈、班级干部反馈、第二课堂小组反馈、日常生活反馈及师生交流反馈五种形式建立学生思想动态反馈机制，及时了解学生的情况。

在高校学生的教育管理活动中，教育管理者与学生间的沟通是一种双向互动活动，特别是在班级管理中，教育管理者只有建立了完善的学生思想动态反馈机制，才能够更好地掌握学生的思想动态，更好地为学生服务。尤其是在高校学生日常管理中，应该保持对高校学生思想问题的敏感性，坚持以预防为主，以治理为辅。一方面是在问题还未发生时，以行之有效的措施予以防范，规避相关风险。另一方面是将问题解决在萌芽状态，在问题已经发生，还未引起较大负面影响和损失的情况下予以解决。而这些的前提条件是已经建立起及时、有效的学生思想动态反馈机制。当学生思想动态反馈机制建立后，在遇到相关问题时，就可以通过疏导教育法，加强教师和学生之间的沟通，对学生错误的意识进行引导，增强高校学生日常教育管理的感召力。

在高校学生教育管理中班级是一个非常重要的单位，可以通过以下五种方式进行学生思想反馈：

其一，学生的思想动态可以由辅导员直接向学生本人了解，也可以由学生直接和辅导员交流，这具有时间上的快捷性和事务处理上的针对性。但是，我们在实际操作和调研中发现，仅仅依靠教育管理者和学生直接交流的反馈渠道是狭窄且难以发挥作用的。

其二，先进分子反馈。在日常教育管理中由党员、预备党员和入党积极分子组成的先进分子小组对学生有比较深入的了解。

其三，班级干部反馈。班长等班级干部在高校学生日常教育管理中是与其他学生交流接触最多的。通过班级干部进行了解，有助于从整体和局部上形成一条主线。

其四，第二课堂反馈。在高校学生教育管理中，由于教室不固定，课程活动相对自由等，班级同学之间交流不多，而第二课堂增进学生间的了解，更利于思想的交流与反馈。

其五，以宿舍为单位进行学生状态了解。宿舍是班级管理的有机组成部分，具有管理复杂性、空间私密性、学生动态本质性等特点。宿舍是学生的经常性生活场所，很多生活习惯都在宿舍予以显现。因此，高校学生教育管理要着重关注宿舍的动态管理，以高校辅导员、后勤管理处、学生处、保卫处、物业公司等形成合力，对学生的思想动态进行监管、反馈、引导。

三、明晰"引路人"角色定位，强化教育管理者的引导功能

在高校学生教育管理中，传统的"师本位"教育观念与绝对化的"生本位"

教育观念都不利于学生的发展。在落实立德树人根本任务，推进"三全育人"的背景下，高校学生教育管理应该探寻教育管理者和学生关系的平衡点，不能片面、单一地依靠高校学生自身的主体性来进行教育管理，不能让高校学生教育管理者在高校学生的教育管理中缺位，在对学生的实践引导过程中缺力。教育管理者应该明晰自身"引路人"的角色定位，发挥自己的"导向"功能、"导思"功能和"导行"功能，增强教育管理者在促进高校学生全面发展过程中的引导效用。

（一）发挥教育管理者的"导向"功能

"非学无以广才，非志无以成学"，在高校就读期间是学生学习的黄金时期，学生可以学习知识、增强本领，为青春奋斗提供动力。当前高校学生从心理特征上看自我意识显著增强，具有较强的自我教育能力；从行为特征上看"具有明显的目的性且这一目的性让其在大学期间的行为和活动都具有明确的指向性"。

1. 科学制定并展示必要的教育管理目标体系

高校学生具有明确的目标和较强的践行能力，但是由于高校和中学的课程、实践活动等有较大的差别，很多高校学生不能对自己的高校学习生活进行科学合理的规划。因此，科学制定教育管理目标是发挥"导向"功能的关键。高校学生教育管理者需要明确告诉学生在大学期间所要学习的课程是什么，相关资格证的认定条件、报考时间、注意事项等。

2. 营造平等交流氛围，提升育人质量

把握学生行为特征，形成师生平等、自由交流的校园氛围。针对当前师生交流不足、管理实效不强的情况，教师首先要加强师生之间的交流。而师生之间形成有效交流的前提条件是要营造多维的文化氛围，让师生之间保持平等、自由的对话，具体表现如下：

（1）激发学生的主观能动性

兴趣是最好的老师，在高校学生教育管理中需要找准学生兴趣和人才培养路径的契合点，激发学生的主观能动性。通过对相关问卷的分析，了解到学校在实践上不能满足学生的发展需求，有 79.53% 的学生表示经常和总是希望学校多开展一些实践活动，说明大部分学生的学习愿望是非常强烈的，通过学生喜闻乐见的实践活动来对他们进行教育，具有较强的可行性。尤其是在教育教学方面更是需要充分地激发学生的主观能动性，让高校学生获得充分的锻炼演示机会，不断提高学生的表达能力、实践能力。

（2）发挥教师的引导作用

配备足够的师资，让教师的教育受众群缩小在一定范围内，从而更好地实现"全员育人"的目标。2018年国务院在《关于全面深化新时代教师队伍建设改革的意见》中明确提出"充分发挥教师在高等学校办学治校中的作用"。在高校学生教育管理中，我们首先是确定学生在教育管理活动中的主体地位，激发学生的主观能动性，以更好地促进学生的发展。但是，"以生为本"并不是片面地强调学生的作用，而忽视教师的价值。在高校学生教育管理的各个环节，教师的主导作用永远都不能忽视。教师在坚持"以生为本"教育理念的同时也需明白自己的定位和职责。

（3）教师主导和学生主体相结合，防止两种极端倾向

在高校学生教育管理中，我们不能过度地依靠管理者，也不能夸大高校学生的主体作用。在"以生为本"教育管理理念的运用过程中，应该坚持教师的主导和学生的主体作用，让二者互相交织，形成合力。如果在高校学生教育管理中仅仅强调教师的作用，那么人才的培养模式将会退变为传统的行政管理式的"师本教育"，如果一味地强调学生的作用，忽视教师在高校学生教育管理中的作用，则可能导致教师的不作为、懒作为和假作为。以上两种情况都显然与我们的主流教育价值观不相符。在高校学生教育管理过程中应该充分地彰显学生的主体性，也应该让教师的价值得到肯定，使二者协调发展，推进"以生为本"在高校学生教育管理工作中的应用。

在形成平等、自由的氛围的过程中，应注重两个方面：

第一，师生应该互相尊重。在传统的师本教育中，教师占据着主导地位，而在新时期的高校学生教育管理中，教师应该转变理念，与学生平等交流，想学生所想，思学生所思，把握学生的成长规律和行为特征，进行有效的引导教育。

第二，学生应该在尊敬师长的前提下与教师互动交流。虽然当下强调言论自由和个性发展，但是这并不代表学生就可以目无尊长，抛弃中国尊敬师长的优良传统。因此，只有教师和学生共同遵守交流的平等性原则，并予以实践，形成良好的校园沟通氛围，师生之间的交流才会更加融洽，高校学生教育管理才会有更强的实效性。

（二）发挥教育管理者的"导思"功能

"学而不思则罔"，在高校学生教育管理中要坚持教育与管理相结合，以教育为主。要将教育引导和学生管理融为一体，以思想政治教育晓之以理，以

学生管理导之以行，让二者互相促进、互相补充，让教育寓于管理之中，共同推进学生思想的升华，收到事半功倍的效果。

1. 在课堂教育管理中，以课程问题为导向，巧设悬念

首先，以问题情境为导向。有问题，才有疑虑，最终方能激发思考。因此，在高校学生课堂教育管理中，应该坚持以问题为导向，让学生带着问题在相关文献资料中进行针对性探索。其次，以例释理。在高校学生课堂教育管理中会涉及很多晦涩的理论知识，这就要求高校课堂教育管理者在课堂中激发学生思考。

在传统的教育教学中以教材为主线，强调按部就班地以预设课程对学生进行知识灌输。但是在生本课堂中强调的是在教师的主导下让学生多一些自主探索，以合作探究式、问题导入式等手段加强学生思考。在媒介上可以建立数字教育资源共享机制。随着互联网的发展和信息社会的不断进步，资源共享已经成为当前高校学生教育管理中必不可少的一环。而且通过"双师设备"等方式建立的数字教育资源共享机制，突破了时间和空间的限制，拓宽了信息收集渠道，能够促进学校之间的交流，更能够满足当前高校学生对知识、对外界信息的需求，有利于激发高校学生在学习上的主观能动性。

2. 在日常教育管理中，多管齐下，启发学生思考

在高校学生教育管理中，除了在课堂教育管理中要引起学生的思考外，在日常教育管理中也需用多种方法启发学生思考，坚持显性教育与隐性教育并举。首先，开展谈心谈话活动。辅导员作为日常教育管理工作的组织者，应该增加与学生谈心谈话的频次，既要摆事实、讲道理，又要办实事、解决问题，通过以理服人和以情感人两种方式促进学生从思想上进行反思、升华。其次，开展主题班会，以演讲辩论、文章分享等方式与高校学生在思想上进行平等沟通，以潜移默化的隐性教育把握学生的思想脉搏，启发学生思考。

（三）发挥教育管理者的"导行"功能

以生为本的教育目标是"促进学生自主发展"。针对教学任务单一、环节程式化和师生交流不足、管理实效不强等问题，应该采取改进教育的方法，构建以教师为主导，以学生为主体的教育管理模式，形成师生平等的氛围，以激发学生的主体性，促进教育对象自主发展。而"导行"的"行"指的是行为——受思想支配而表现出来的活动。作为教育管理者要指导学生的行为，应该将言传和身教作为发力点，坚持以教育为主。具体方法如下：

1. 说服教育法：加强思想导行

说服教育即教育管理者针对受教育者当前思想和行为上的问题，通过以事实切入，以道理说服让学生从思想上受到开导，从行为上予以转变。当前高校学生的"人格发展基本成熟但不完善""知行差距较大，思想认识肤浅，实际经验缺乏"。因此，教育管理者需要将事物"由表及里"地进行本质性分析，通过讲解、谈话、讨论辩论等方式进一步让高校学生通过"被说服"的方式从思想上改变并由此引导自己的行为，而不是"被压服"，让学生不得不按照相应教育管理者的想法做事。这种柔性的教育管理方式比刚性的方式更能从根本上解决问题。

2. 典型教育法：强化示范导行

典型即在同类型事物中最有代表性、更能说明本质的个体。首先，树立学生优秀典型。在高校学生中，总会有特别优秀的学生。对相关优秀的学生予以培养、推广，从正面树立典型，加强示范教育作用，影响学生的行为。其次，树立自身典型。教育管理者在对高校学生进行行为上的引导时，应该注重自己的"身教"。"打铁还需本身硬"，只有教育管理者自身做到了言行一致，才能够大大地增加典型的示范感召力。

四、深化实践教育改革，提升实践育人质量

当前高校学生对社会实践要求强烈，社会各界也认为应该加强高校学生在理论学习后的实践培育，提升育人质量。因此，可以通过构建"三维课程体系"、实施"1+1+X"证书制度和加强校企联合培养的方式，深化实践教育改革。

（一）构建三维课程体系，强化学生实践发展

学生是独立的个体，具有相对的差异性，无论是能力、学习背景还是兴趣爱好都会有一定的差异。因此，构建适应学生发展的课程体系是解决当前教学任务单一、环节程式化等问题的重要措施。

当前，我们在实施教育改革的过程中并没有很明显地进行区分，甚至以必修理论课的教学模式占据了大部分，而给学生自由选择的机会非常少。所以，我们应该建立三维课程体系即必修课程和选修课程、专业课程和综合课程、学科课程和活动课程三维课程体系（见图7-2）。

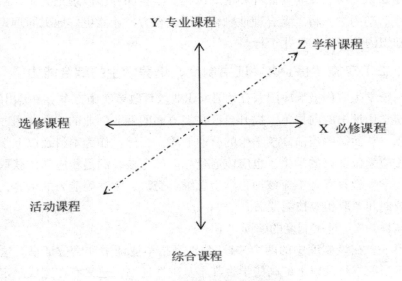

图 7-2　三维课程体系结构示意图

改进教育方法，构建三维课程体系不仅能促进学生的发展，还能助力社会的进步。首先，从个体发展的角度上看，我们只有构建并践行了适应学生差异发展的课程体系，才能够走出唯书、唯上的怪圈，真正地让学生在高校学习生涯中除训练必备的技能和储备相应学位、学科的理论知识外，自由、有效地寻找相应的学习空间。其次，从集体发展的角度上看，每个学生都是班级的一分子，也是当前新时代储备力量的一分子，我们只有着眼于顶层设计，着力于个人发展，让每个学生充分地发挥所长、最大限度地获取感兴趣的知识，并将其运用于社会生活实践中，社会才会发展得更快。

在"三维课程体系"中包含三组课程关系，我们应该全面综合地考虑。第一，必修课程和选修课程。目前高校学生教育管理中必修基础理论课占据总课时的比例较大，在此，应该增设更多的选修课程，让学生能够根据自身的兴趣爱好、发展需要来选择相应的课程。大学课程体系中主要以院系、专业来划分相应的课程，只有增加选修课的种类、提升选修课的质量，才能尽可能地让高校学生掌握多项技能，助力学生的全面发展，使其适应社会的发展需要。第二，专业课程和综合课程。在高校学生的课程体系中专业课程非常重要，必须夯实专业基础才能够在未来的发展中尽可能地展现专业优势。但是当前社会发展中除了专业人才，还需要复合型人才。而综合课程是按照一致性原则，由两门或两门以上的学科领域构成的学科，让学生能够在多学科的整合下更精确地把握理论并运用知识。第三，学科课程和活动课程。学科课程多以理论为主，活动课程以实践活动为主。将二者合理地融合后形成合力，才能更好地巩固理论知识，并将知识内化于心，外化于行。

（二）实施"1+1+X"证书制度，培养学生的综合能力

高校学生应积极响应国家在《国家职业教育改革实施方案》中提出的号召，在获得学历证书的前提下，提升自己在多方面的就业创业的综合能力，拓展多维本领，从而缓解当前高校学生的就业矛盾。当然，作为本科及以上学历并应取得相应学位证书的学生，也应该通过相应的考核，满足相应学位获取条件。在高校学生教育管理中应该加强学生思维、交流、观察等能力的培养，鼓励学生在校期间考取相应技能证书。

"1+1+X"证书制度的解读如下：

第一，在该制度中的两个"1"分别是指毕业证书和学位证书。这两个证书对于当前本科及以上的高校学生都是基础性证书，也只有在完成规定的学业并考核合格后才能获得。当然，有些专科学院的学生没有学位证书，但是也需要获得毕业证书。当获得相应的基础性证书后，也就表明学生在学校研修的课程和培育都已合格。

第二，"X"证书主要分为职业资格证书和技能资格证书两类。首先，相关专业的学生需要在院系专业的大背景下获得相应的职业资格证书。例如，师范类高校学生需要考取相应的教师资格证，而法律专业学生也需要通过司法考试。这是为以后的工作打下坚实而必要的基础，也是后期从事相应行业的"敲门砖"。其次，需要获得尽可能多的"技能资格证书"，例如，英语等级证书、计算机等级证书、普通话等级证书等。"人是社会的人"，高校学生终有一天会走出高校的象牙塔，走进社会的竞争中，只有掌握多种技能，才能够更好地立足于竞争的社会洪流里。

（三）加强校企联合，形成产学合力

《中国教育现代化2035》明确提出"要注重知行合一"。企业是高校学生就业的重要渠道，也是实践锻炼的重要平台。企业在招聘人才的时候需要有相关工作经验的学生来为企业注入新鲜的血液，而高校学生也希望能够在实践中锻炼自己的能力，让自己在求职中能多一份优势，在工作中多一些经验。学校应该架好企业与在校学子之间的桥梁，加强校企之间的合作，通过让企业专职人员到校讲课、学生赴企业一线参观学习和提供企业实习平台等方式更好地满足高校学生的实践需求，提高高校学生的专业实践能力，促进高校学生教育

管理改革。校企形成合力后对高校学生教育管理的影响是巨大的。首先，让企业专职人员赴一线课堂讲课能够更好地让学生了解当前该行业的动向和人才需求，为学生在校的能力培养提供了一个明确的方向。其次，高校学生在赴企业一线参观学习后会对自己的能力形成较为清晰的定位和认知，从而有力地激发学生的主体性，让其在后期的学习生涯中更加努力进取。最后，让高校学生进入企业内部实习锻炼可以使其尽早地感知企业文化，并将自己在校所学的理论知识在实践中进行巩固、提升。这不仅给学生个人提供了一个实践锻炼的机会，还满足了企业对人才的专业性需求，更是为学校的专业教育确立了方向。

《中共中央、国务院关于深化教育改革全面推进素质教育的决定》提出要加强产学研结合，大力推进高等学校和产业界即科研院所的合作。可以通过校企共建实验室、实习基地以及合作教学的形式，共建"双师"型教育队伍，为高校的教育改革提供新的方向。校企联合培养可以有效地解决当前部分专业教育与社会脱节、学生实践能力不足的问题，真正地形成资源共享、优势互补的融合式教育。

第八章 中国高校学生教育管理存在的问题与创新实践

第一节 高校辅导员、班主任和学生在教育管理方面存在的问题

一、辅导员队伍存在的问题

职业化、专业化是进一步加强辅导员队伍建设的重要途径和开展高校学生教育管理的必然选择。然而，在现实工作中，虽然国家出台了一系列政策，如《普通高等学校辅导员队伍建设规定》《高等学校辅导员职业能力标准（暂行）》等文件，但是一些高校辅导员队伍的不稳定性依然存在，一些高校的辅导员将现职工作当作跳板，心中存在转岗的想法。当前辅导员队伍存在的问题如下：

（一）职业化、专业化的问题

辅导员这个工作岗位，从长远发展来看，势必要求有一些人立志长期从事这项工作，这样既能保持工作的延续性，将工作做实做精，又能为一些热爱学生工作的辅导员提供专业化和职业化的道路。但是，在现实生活中，部分高校辅导员表露的想法或者内心向往的是尽快转岗。辅导员不愿意向职业化和专业化发展的原因包括以下几个方面。

1. 辅导员配比不合理

按照《普通高等学校辅导员队伍建设规定》的要求，高等学校总体上要按师生比不低于 1∶200 的比例设置专职辅导员岗位。辅导员的配备应按照专兼结合、以专为主的原则，足额配备到位。但是，目前一些高校的辅导员并没有按照这个比例来配备，1∶300 或者 1∶400 的占大多数，个别学校在内部岗位竞聘之后，辅导员大量转岗，甚至出现辅导员师生比一比近千人的现象。这样势必会增加辅导员的工作压力，影响辅导员的工作积极性和职业化的意愿。

2. 辅导员的工作压力较大

《普通高等学校辅导员队伍建设规定》还明确规定了辅导员的工作职责，各高校也结合该规定的要求制定了本校辅导员工作职责。从工作职责来看，辅导员的工作从学生的安全稳定到思想政治教育，可以说是包罗万象。在现实工作中，辅导员的工作杂、乱、繁，无法分清8小时内外的特点，加上高教园区的出现要求辅导员入驻公寓，使得辅导员尤其是婚后的女辅导员感觉压力较大，一些辅导员急于转岗。

3. 辅导员的工作地位不合理

由于多数高校辅导员职业化的道路并没有开通，目前在岗辅导员的年龄较轻，在工作中客观上存在多跑些腿、多干些杂活儿，尤其是承担一些非本职范围内工作的现象。朱霞梅认为，《普通高等学校辅导员队伍建设规定》明确规定对辅导员实行学校和院（系）双重管理，意味着辅导员要服从以学生处为主的学校各职能部门的指挥，做好"与学生沾边的工作"，同时接受院（系）领导，还要在学院"被承担"很多"与学生无关的工作"。这事实上形成了辅导员只能遵照学校各部门和学院的"行政指令"而不是按照职责要求开展工作的局面。"双重管理"下事务性工作的不断强化，使很多辅导员疲于应付，分不清工作的重点和职责，造成现实中"不务正业"状况的出现，难以起到学生"人生导师"的作用。人的精力是有限的，疲于应付以及对职业地位的不满自然影响了辅导员对职业的认同。

4. 辅导员职业化吸引力不够

毋庸置疑，人大都具有趋利性。如果辅导员将岗位作为一个过渡或者是跳板，自然会影响其对工作的专业化努力程度。对于一个立志将辅导员工作作为职业来做的人而言，其对于专业化的精力投入度和积极性自然比将辅导员岗位作为过渡的人要高得多。辅导员职业化吸引力不够，自然会影响专业化的进程。

（二）辅导员"双重身份"的现实尴尬

《普通高等学校辅导员队伍建设规定》明确了辅导员既是教师又是干部的"双重身份"。朱霞梅认为："根据《事业单位岗位设置管理试行办法》（国人部发〔2006〕70号）及其实施意见关于'转换事业单位用人机制，实现由身份管理向岗位管理转变'的精神，教育部随后又颁发了《教育部直属高等学校岗位设置管理暂行办法》（教人〔2007〕4号），规定改革后的高校岗位只有专业技术、管理和工勤技能三大类别，并有严格的比例要求。专业技术岗位一般不低于岗位总量的 70%，管理岗位一般不超过岗位总量的 20%，并要逐步减少工勤技能岗位的比例。目前许多高校都已经或正在落实'定编定岗'的设置与改革。就改革实际情况来看，由于辅导员队伍本身规模较大和管理岗位严格的比例限制，大多数高校的辅导员基本上都和教师一样被列入'专业技术'类别，从而在现实中形成了'一种身份'，即教师身份。可见，不同文件的规定和执行已经造成了高校辅导员'双重身份'规定的现实尴尬。"问题还不止于此，对于辅导员而言，他们更愿意让自己具有教师身份，但问题是当评职称时，《普通高等学校辅导员队伍建设规定》规定："辅导员评聘教师职务应坚持工作实绩、科学研究能力和研究成果相结合的原则，对于中级以下职务应侧重考查工作实绩。"可是当评副高及以上职称时，因工作性质及要求不同，辅导员明显要比专职教师投入教学和科研的时间少，用一个标准来衡量的话，其教学和科研水平明显处于弱势，事实上形成了虽有教师身份，却无教师职称晋级之优势的尴尬局面。另外，由于多数高校还处于前期扩招的消化期，目前行政岗位缺编还会从辅导员中选拔，一旦行政岗位满额，空额要依靠行政人员的个别外调或者是退休的自然减员，则能够转岗的辅导员的数量势必大大减少。加之领导管理岗本身较少，选拔要求又高，对于多数辅导员而言具有更大的难度。

（三）辅导员"干部身份"的实际挑战

《普通高等学校辅导员队伍建设规定》明确规定辅导员具有教师和干部的"双重身份"，但是高校"去行政化"和教育职员制的改革，使辅导员的"干部身份"也将面临现实的挑战。《国家中长期教育改革和发展规划纲要（2010—2020 年）》提出，要"探索建立符合学校特点的管理制度和配套政策，逐步取消实际存在的行政级别和行政化管理模式"。2000 年，中组部、原人事部和教育部就曾联合下发《关于深化高等学校人事制度改革的实施意见》（人发〔2000〕59 号），要求"高等学校的管理人员实行教育职员制度，教育职员实行聘任制"。当前事业单位岗位设置管理改革，高校定编限岗，实行工资职级制，越来越向教育职员制靠近。而一旦真正落实，辅导员具有"干部身份"的规定在现实中将有名无实，随之而来的问题是辅导员应划归到哪一个职级。虽然教育部出台了《高等学校辅导员职业能力标准（暂行）》，但这个标准如何操作，谁来操作似乎还未破题，而且毫无疑问，由于涉及面广、涉及的人员众多，操作的难度是非常大的。

二、班主任队伍存在的问题

为了进一步加强高校学生教育管理以及进一步加强班主任队伍建设,《普通高等学校辅导员队伍建设规定》和《教育部关于加强高等学校辅导员班主任队伍建设的意见》明确规定,每个班级都要配备一名兼职班主任。但是随着高等教育的发展,新时期班主任的工作也面临一系列问题。

(一)教学科研压力较大,教师担任班主任的积极性不高

《教育部关于加强高等学校辅导员班主任队伍建设的意见》明确规定:"班主任应从思想素质好、业务水平高、奉献精神强的教师特别是中青年教师中选聘,原则上应具备相关学科专业背景和较强的组织管理能力。"但在现实工作中,由于高等教育的快速发展,一些高校的生师比激增,教师的教学压力明显加大;由于高等教育不断深化校企合作、工学结合的教育模式,教师的教研、科研、产学结合的压力也明显增加,影响了其担任班主任的积极性。

(二)评价导向的功利化打击了教师担任班主任的积极性

做好教学(含教研)、科研、育人工作是对高校教师的本质要求。但是在现实工作中,教学、科研工作看得到、摸得着,做好了既有经济收入、个人名誉,又有利于个人职称的评审、职级的晋升,而育人工作尤其是担任班主任要做好育人工作,投入的时间多、精力大,却在短期内很难见到成效。久而久之,自然会影响教师担任班主任的积极性。

(三)学分制的发展加大了班主任工作的难度

随着教育改革的深入,一些高校逐步实行了完全学分制。实行学分制后,高校学生的生活和学习趋向个体化、微观化、动态化、复杂化。教学上出现了独特的现象,如同班不同学(班级相同,选课不同),同学不同班(选课相同,班级不同);生活上出现了'同学不同寝,同寝不同学'的现象。同一班级内部同学学习的内容、进度、时段、场所、空间将不再完全一致,传统意义上整齐划一的班团框架逐渐瓦解。这一变化给传统意义上的班主任工作方法带来了极大的挑战。例如,约好时间开主题班会或进行专题教育,学生会因课程安排不一致而很难聚集在一起;加强学生宿舍卫生管理,或者教师到宿舍对学生开展教育管理工作,会出现到了一个宿舍只有一个学生的现象等。当老办法不管用、新办法不会用时,自然会影响教师担任班主任的勇气,进而影响其担任班主任的积极性。

（四）班主任工作和辅导员工作的"冲突"，影响了教师担任班主任的积极性

《普通高等学校辅导员队伍建设规定》对辅导员配备的规定，使得客观上形成了班主任、辅导员同时管理学生的局面，如果各高校对班主任、辅导员的职责定位不清，或者学生处、各（院）系在学生工作布置上角色错位，不仅无法更好地发挥班主任、辅导员的育人作用，形成育人合力，反而会产生一件事情双方都管或者有些事情没人管的现象。此外，还会经常出现由于班主任年纪大一些，辅导员年纪轻一些，班主任将本职的学生工作"推"给辅导员，或者是辅导员为了减轻自己的工作负担，利用经常传达院（系）领导对学生工作任务分配的"权力"，将本职的学生工作"推"给班主任的现象。

三、学生存在的问题

随着我国教育体制改革的不断深入，相关研究表明，高校学生问题的内涵界定呈现缭乱之态。高校学生问题是我国高等教育遇到的棘手问题，这不仅是高校学生个体发展的偏差结果，也在一定程度上反映了国家和社会在特定发展阶段面临的问题。高校学生问题一般表现为部分学生在思维模式、心理状态及行为方式等方面出现异常，例如，缺乏责任心、未树立正确的价值观、漠视制度等，通过进一步分析发现，具有上述表现形式之一者，可被认为在思维、心理、行为方面出现问题，其容易被社会、学校和同学不认同。

在新时代，高校学生思维活跃，精力充沛，具有较高的科学文化素养和思想道德素养，因此，高校学生既要承担社会、家庭的责任，又要肩负起振兴中华，实现中华民族伟大复兴的任务。教育者需要培养高校学生的思想，对高校学生进行教育，切实把握高校学生的思想以及行为特点，探究其中，深入其理，有效提高高校学生的思想素质。高校学生存在的主要问题包括以下几方面。

（一）自我管理意识差

当前，网络技术发达，科学改变了人们的生活，学生是科技风尚的主要受众。电脑和手机已成为高校学生生活中的必备品，学生对新的网络事物有着较强的接受能力，运用网络获取信息和进行沟通交流，开阔了学生的眼界，学生可以针对不同事情提出自己的看法。网络在为学生带来优势的同时，也给学生带来了较大的负面影响。高校学生心智尚未成熟，对于是非的分辨能力较差，容易受到不良思想诱导，自身的判断意识及自我管理意识较差，容易沉迷于网络，受不良思想影响较大，这对学生的身心造成了较大的危害，不利于学生正确价值观的塑造。

（二）以自我为中心

现在的高校学生多为独生子女，一些高校学生从小受到家长的宠溺，各种行为均以自我为中心，表现为自尊心较强，缺乏包容心。在高校学习生活中，一些学生与他人交往的能力较差，在与其他学生相处时矛盾频出，给学生的日常生活造成了极大的困扰，增加了学生在校期间的精神压力，不利于学生的健康成长。

（三）独立能力较差

新时代的一些高校学生在入学前，各种生活上的事务都由家长打理，导致其进入大学后生活自理能力较差，不能处理好自己的日常事务，与其他学生在宿舍生活中的关系不佳，在渴望独立的同时，也感受到了生活的压力。虽然一些高校学生在穿着打扮上较为时尚及成熟，但是内心依然对家人充满依赖，缺乏安全感，意志力较差。

第二节　高校学生教育管理与学生时代特征相融合的创新思考

一、高校学生的时代特征

高校学生有较高的思想品德和文化，新时代的高校学生有鲜明的时代特征，了解高校学生的特征和需求，是做好高校学生教育管理工作的前提。

（一）高校学生的基本生理特征

1. 身体迅速发育

人的身高和体重，在生长发育过程中有两次高峰，第一次是从出生到一岁，体重增长一倍，身高增加比例为身体的50%。第二次为青春期，身高每年增长8厘米左右，体重增长4千克左右。

2. 发达的大脑和神经系统

青年时期，人的智能高度发展，神经系统的形态和技能基本完善。人在青年时期逻辑思维能力很强，能够灵活运用概念进行推理和判断。

高校学生可以利用复杂的脑力劳动，独立进行思考和学习。他们的观察力、想象力、记忆力都很强，对社会现象有自己的思考和见解，求知欲强，喜欢接触新事物。

3. 性机能日渐成熟

高校学生处于性的成熟期。性激素作用于整个身体的发育，使骨骼和肌肉越发坚实有力，体格更加丰满匀称，针对高校学生成熟的特性，要格外关注这一时期。

（二）高校学生的基本心理特征

青年时期是少年向成人过渡的时期，高校学生具备以下心理特征。

1. 具有丰富强烈的情感

情感是对人或事物的感觉，是对客观事物刺激的反应。

（1）理智感、道德感和美感显著发展

理智感是智力活动中所产生的体验。求知欲和好奇心都是理智感，在学习中好奇心越强，理智感越强。道德感是根据社会道德评价别人和自己言行的情感体验，爱国主义和责任感、反感、疏远、尊敬、轻视都属于道德感。美感是人的审美体验，美感的发展与文化修养有关。高校学生欣赏美，喜欢音乐、艺术、美景，对内在美和外在美都很热爱。

（2）友谊感在高校学生的情感中十分突出

青年时期是人生的一个分界点。起初个人对家庭很依赖，友谊感并不强烈，伴随着思想的成熟，青年人越来越需要友谊，注重理想、爱好、性格的吸引，会互相交流和帮助。

（3）高校学生的情感具有外露性

青年人会很直接地表达自己的感情，有为理想和真理奋斗的激情。他们有时候情绪会很激动，难以控制，容易出现错误行为。当自己的心愿实现的时候，他们情绪激动。他们把生活想象得过于美好简单，一旦遇到挫折就十分沮丧。

2. 认知能力发展迅速

（1）观察力的发展

观察是持续的、目的明确的直觉活动，观察力是透过现象发现本质的能力。高校学生的观察力发展得很快，观察力中的精确性和深刻性得到很大的提高。

（2）记忆力的发展

记忆力是大脑对所发生事情的存储能力。青年时期是记忆力发展最快的时期。高校学生有很多种记忆的手段，如机械记忆、意义记忆等，他们的记忆能力很强，课本的知识、社会的知识，大量的信息储存在他们的大脑中。

（3）想象力的发展

想象力是在原本知识的基础上创造新形象的能力。观察力和记忆力是想象力的基础。高校学生有丰富的想象力，对未来充满希望。

（4）思维能力的发展

抽象思维是思维活动最重要的部分，高校学生在思维的敏锐、深刻、批判和独立性上都有很大的发展，其思维从形式逻辑思维向辩证逻辑思维发展。

3. 自我意识得到发展

自我意识是自身对周边人和事关系的认识。

（1）自尊心、自信心和好胜心明显增强

随着知识的增加，高校学生的力量不断增强，希望受到别人的尊重，希望别人可以重视自己，对自己的知识和能力逐渐充满信心，喜欢肯定自己。这一时期，学生喜欢展现自己的才华，对于学生的自尊心和自信心，我们应该积极地引导，使他们有一个积极健康的心态，积极进取，重视荣誉。如果没有正确的引导，会使他们有很强的虚荣心，变得孤立自傲。

（2）独立意向迅速发展

高校学生的智力和体力越来越强，个性变得更加独立。他们在小学和中学阶段在思想上和精神上对家庭有很大的依赖，但是到了大学阶段，他们会产生批判的心理，越来越表现出独立，对此要有正确的引导。

（3）自我评价和自我教育能力成熟

高校学生有很强的自我意识。他们不仅重视别人的评价，还重视自我评价。在对高校学生进行教育管理的过程中，要重视学生的自我教育。

4. 社会心理逐渐成熟

随着各个方面的成长和发育以及与社会的交往面的增大，高校学生也越来越意识到人际关系的重要性。

（1）与家庭关系的变化

进入大学后，他们与家庭的关系也慢慢地有了质的变化。他们崇尚独立，对父母的思想敢于说"不"。随着自己知识的提高，他们自主支配自己行为的能力越来越强。

（2）与同龄人关系的变化

在与同龄人的交往上，良好的关系可以得到更好的经验和友谊。高校学生希望像小时候那样有集体的归属感，希望加入更多的团体，承担更多的社会责任，希望在团体中发挥更大的价值。

（3）与教师关系的变化

高校学生不再把分数看作衡量自己的标准，他们把教师看作朋友和前辈，和教师的关系不再那么密切。

5. 形成自己的个性和意志，兴趣变得多样化

个性中体现了人的很多心理特征，高校学生有自己的理想和追求，进取心很强。高校学生的个性处于形成时期，善于模仿，在可塑性和模仿性不稳定的阶段，对高校学生进行正确的引导，可以帮助其形成良好的个性。

高校学生随着年龄、知识的增长，意志力不断增强，使他们可以战胜自身的弱点，支配自己的行为，取得成功。但是，高校学生的意志还没有定性，很容易冲动，很容易感情用事。

兴趣是积极探索某种事物的思想意识，是探求知识的动力。爱好是对某种事物有积极的倾向。高校学生在大学期间学习知识，与其兴趣爱好和未来的事业是有关联的，所学习的知识将来会应用到工作中，其对自己热爱的知识会持之以恒地学习。我们知道学生要对各科知识都有了解，要做个知识丰富的人。高校学生脱离了家庭的管制，可以自由地支配自己的时间，为了满足学生的不同喜好，我们要开展不同的活动，使他们的精力向健康的方向释放。

6. 性意识开始成熟

高校学生处于人生的青年时期，性发育已经成熟，异性对他们有很大的吸引力。他们在意自己在异性心目中的地位，希望可以谈恋爱。现在高校学生谈恋爱的情况很多，除去青春期的原因，还有些是受外在环境的影响，与家长的鼓励也有关系。还有很多学生一心扑在学习上，希望"先成才后成家"。当然，在大学阶段，学生的主要任务是学习专业技能和钻研知识。

（三）高校学生的思想特征

1. 思想上的积极因素

新时代高校学生理想信念的主流是健康向上的，思想很活跃，主要表现在以下方面：

（1）性格爱憎分明，有强烈的爱国情怀

新时代的高校学生出生在和平年代，他们爱憎分明，具有强烈的爱国情怀。例如，在遭遇抗洪抢险和地震灾害时，高校学生组成志愿者队伍，努力去

帮助那些需要帮助的人；在北京奥运会、残奥会上都可以看到高校学生志愿者的身影。

（2）思想独立，容易接受新鲜事物

新时代的高校学生经历了时代的变革，有思想、有个性，既喜欢传统的事物，又喜欢时尚，容易接受新鲜事物。

（3）人生态度健康，有崇高的社会理想

新时代的高校学生积极向上，有理想，开始规划自己今后的人生道路。他们维护国家利益和民族的尊严，孝敬父母，用行动表达对父母的爱；关心国家和国际上发生的事情，有积极的反映；当别人遇到困难，愿意尽自己所能帮助别人。

（4）思想活跃，喜欢创新

现代高校学生生活在一个较为开放和民主的环境中，新时代的全球化潮流，使整个世界和村庄一样，紧密地结合在一起。随着信息技术的普及，尤其是互联网的发展，高校学生的接触面有所扩大。此时的高校学生心理发育还不是很成熟，对新事物缺乏判断力，不再拘泥于过去的思维和形式，乐于接受新事物、新看法和新风尚，运用新的手段获取信息，对待一些问题他们有自己的处理方法。他们富于变化，但是很阳光，积极向上，这是这一代人的特征。

2. 思想上的消极因素

高校学生的思想主流是好的，但也有些消极因素存在，主要表现在以下方面：

（1）价值取向多元化，部分学生价值观有些错位

随着改革开放的推进，我国逐渐进入市场经济体制。经济全球化带来了经济、政治和文化的交往，人们的价值观念开始多元化，这是新时代高校学生所处时代的特点。

当前，由经济体制改革带来了国内外环境的变化，国内外环境的变化带动了高校的改革，高校的革新改变了高校学生的生活方式、思维方式及价值观。一些高校学生比较认同社会主义和改革开放的理论，但理论在实践中比较模糊，认识不到位；部分学生总体人生价值观比较积极，但是价值目标过低；还有少部分学生过于看重自身价值的实现，功利性太强，对于成功的认识有了错误的看法。

（2）理想信仰存在危机

高校学生在对自己的定位和理想的选择上常常感到迷茫。现在的社会出现

了很多问题，高校学生的信仰受到各种思想的冲击。人们的价值观出现了多元化的选择，学生在多元化价值观面前受社会阅历的限制，旧的价值观逐渐失去影响力，价值判断很矛盾，在选择人生的道路和方向上感到困惑。

高校学生不仅接受社会主义核心价值观的教育，还受到市场经济变革和西方资本主义的影响，他们希望在社会上展现自己的才华和价值，但是社会存在阴暗面，使他们对未来感到迷茫。部分高校学生在学校树立了自己的理想和信念，步入社会，发现原来美好的理想被现实击得粉碎，他们便抛弃了自己的信念。还有一些学生意志不坚定，内心充满畏惧，不能勇敢地追求自己的理想。

（3）政治意识变淡

在全球化的背景下，人们的意识形态受到冲击，部分青年人更喜欢西方的节日。西方不仅是一个地理的概念，还是一种文化，这种文化受背景环境的影响，它的本质并不是主流的文化价值观。高校学生容易丧失政治警惕性，这些文化中的消极影响不知不觉进入学生的世界，并获得潜意识的认可，最后部分学生在思想上接受了这样的观念，盲目地追求西方的民主和自由。

（4）社会责任感弱化

社会责任感是一种对社会责任表现出来的自我意识，是理想和价值的统一，是整个国家发展的强大动力。在当今社会的"花花世界"中，部分高校学生只是享受上大学的乐趣和自由，应付学业，沉浸在无意义的玩乐中，对家庭和社会缺乏责任感，不去思考社会问题、民生问题，甚至对于自己的道路和未来，都不去认真规划。

二、高校学生教育管理创新的含义、内容与路径

（一）高校学生教育管理创新的含义

高校学生教育管理创新是一个系统工程，既要考虑中国的基本国情，又要结合高校自身实际，既要适应社会发展的需要，与时俱进，又要考虑高等教育的全过程。

《普通高等学校学生管理规定》指出："高等学校要以培养人才为中心，按照国家教育方针，遵循教育规律，不断提高教育质量；要依法治校，从严管理，健全和完善管理制度，规范管理行为；要将管理与加强教育相结合，不断提高管理水平，努力培养社会主义合格建设者和可靠接班人。"这就突出体现了育人为本、德育为先的原则，强化了高校的育人功能。在《高等学校学生行为准则》中更是明确提出了高校学生教育管理的目标：培养高校学生"志存高远、

坚定信念；热爱祖国，服务人民"的思想政治素质。培养高校学生"勤奋学习，自强不息；追求真理，崇尚科学；刻苦钻研，严谨求实"的科学文化素质。培养高校学生"积极实践，勇于创新"的创新素质。培养高校学生具有"强健体魄，热爱生活"和"诚实守信，严于律己；明礼修身，团结友爱"的身体心理素质。这两个文件从政策的高度回应了高校学生教育管理工作中出现的新问题，在其指导下，高校学生教育管理工作更加有效地应对了高等教育体制改革、高校规模扩大、高校后勤社会化、互联网络普及带来的新情况和新问题，使高校学生教育管理工作克服了管理理念落后、管理制度不健全、管理模式滞后、管理手段老化等突出问题，推动了新一轮高校学生教育管理的政策创新。

在实践创新方面，全国高校以贯彻落实学生管理新政策为契机，在实际工作中进一步解放了思想，更新了观念，不但确立起全新的高校学生教育管理理念，而且形成了全新的高校学生教育管理的原则和模式。

在管理原则方面，全国高校普遍确立起三条基本原则。

第一，始终坚持以人为本、以育人为本的管理指导思想和原则。《普通高等学校学生管理规定》是一个完整的制度体系，一条主线就是以育人为本，它以最大限度地发挥学校的教育功能为根本目的和出发点，通过管理育人、服务育人、制度育人的管理形式，全面贯彻国家教育方针，把维护、保障和发展学生权利作为学生管理的最高价值取向，努力促进学生的全面发展，从而顺利完成高等学校人才培养的使命。在高校，以人为本就是以学生为本，管理只是手段，不是最终目的，最终的目的在于培养学生。在管理过程中要充分尊重和肯定学生的主体作用，充分信任学生的智慧和潜能，充分激发学生的能动性和创造性，真正做到以学生为本、以育人为本。

第二，始终坚持依法治校、依法管理的管理原则。《普通高等学校学生管理规定》坚持并遵循了"依法治教、依法建章、依法管理"的基本原则，严格依据国家基本法律法规建章立制，充分体现了与《中华人民共和国教育法》《中华人民共和国高等教育法》等有关上位法的承接性关系，具有时代性、创新性、合法性和规范性的制度创新特征，体现了科学化、法治化、人性化和个性化的现代学生管理的总体趋势，并且充分实现了在新形势下对上位法的细化、深化和发展，充分体现了依法治校、依规则规程行事的精神实质。

第三，始终坚持理论联系实际、实事求是的管理原则。在深刻领会《普通高等学校学生管理规定》精神实质的基础上，全国各个高校正确分析和判断本校学生管理工作及其制度建设的实际状况，准确定位本校学生管理工作及其制度建设的目标，扬长避短，突出特色，形成个性，充分发挥学校优势，努力形成本校既有共性特征又有个性特点的充满生机活力的现代高校学生教育管理制度。各高校在制定管理规定的过程中实事求是，根据本校的具体情况，依据本校的办学目标来制定自己的管理规定，既不盲目攀比，也不千篇一律。

在管理模式方面，全国形成了依法推动管理创新的新趋势。很多高校对本校的学生管理规定进行了精益求精的修改，做到了贯彻文件精神而不是照抄内容，从法学专业视角对相关管理文件的语言表述做了调整，把最不易被关注的细节都进行了修订。总体来看，各个学校新制定的学生管理规定都强调了管理制度的育人功能，使教书育人的行为规范内化为各个条例的自觉要求，实现了行为规范与管理制度创新的"无缝对接"。全国高校实现了以观念创新推动制度创新的工作目标。很多学校在加强学生管理的过程中，遵循权利义务、权利救济、形式合理、公平正义、权力制约、普遍奉行六个观念，摒弃工具主义和处罚学生两个观念，有力地推动了制度创新。

在理论创新方面，以政策创新为先导，高校学生教育管理拓展了研究视域，充实了研究内容。主要研究成果集中在四个方面。

第一，在以人为本的管理理念指引下，一大批理论文章从教育的本质是培养人的活动入手，重新界定高校学生教育管理过程中主体与客体的关系，深入探讨新时代高校学生教育管理工作的新理念问题，提出了以学生为本，尊重学生，培养学生，切实关心学生成长成才，推动学生从他律走向自律，逐步实现自我管理的理论观点。

第二，将依法治国的基本理念引入高校学生教育管理领域，把"法治"作为新时代高校学生教育管理的重要手段，论述了依法管理高校学生的必要性和重要性，提出了依法管理学生的理论观点。

第三，加强高校学生教育管理队伍建设的理论研究，深入剖析了当前高校学生教育管理队伍建设中存在的突出问题，探讨了新时代高校学生教育管理工作队伍的发展趋势，普遍认为专业化是新时期加强和改进高校学生教育管理队伍建设的必由之路。

第四，开展中外高校学生教育管理工作的比较研究，在对美英等发达资本主义国家的学生事务管理工作进行深入研究的基础上，借鉴西方国家在"人本"理念指导下，以学生个体为主体、以学生需要为中心、以学生满意为标准、以激发学生潜能为目的、以帮助学生成才为目标的具体做法，不断充实我国高校学生教育管理工作的内容，提高管理、服务、咨询、指导水平。随着研究的不断深入，高校学生教育管理理论研究已涉及管理理念、管理对象、管理模式、管理体制、管理队伍、比较研究等多个层面，高校学生教育管理理论已见雏形，理论创新与实践创新有效互动，整体上推动了高校学生教育管理工作水平的提升。

（二）高校学生教育管理创新的内容

1. 突出高校学生教育管理的育人功能

高校学生教育管理不是单纯地为了管理而管理，而是为实现国家培养人才的目标而服务的。从这个意义上讲，高校学生教育管理的目的就是培养国家需要的德智体美全面发展的人才，管理的目的就是育人。因此，高校学生教育管理创新，应充分重视育人功能的发挥，突出以育人为目的和指向的管理内容。以育人为目的和指向的管理内容一方面应体现在高校学生教育管理过程中的人、财、物等资源配置的方方面面，另一方面应体现在对高校学生进行教务管理、安全管理、行为管理、群体组织管理、就业管理、资助管理等学校各部门分属管理的方方面面。只有在这些方面充分发挥管理中的育人功能，才能体现高校学生教育管理的创新，这就需要在高校学生教育管理中处理好管理与思想政治教育的关系，将高校学生教育管理与思想政治教育有机地结合起来，自觉遵循教育规律，重视发挥思想政治教育在树立高校学生正确的世界观、人生观和价值观方面的作用，实现科学管理和有效管理。

2. 完善高校学生教育管理的规章制度

高校学生教育管理创新只有生成基本的管理规章制度，长期坚持，不断完善，才能推动管理工作不断上新台阶。高校学生教育管理工作要创新，必须将科学高效的工作规章制度作为基础性的客观保证。在规章制度建设方面，除了国家制度层面的保障外，高校自身也必须努力创新学生管理工作制度，真正在学生管理工作领域形成一套宽容有序、落实有力、鼓励创新的工作制度，为学生管理工作走上创新之路提供可靠的保证。这不仅是一个为完善规章制度而进行制度设置的问题，还是在严格执行现有制度的基础上，在高校学生教育管理的日常工作中经验的不断积累和实践过程的完善与创新。因此，高校学生教育管理要牢固树立依法治校、依法治教的法治观念，通过正当程序控制学生管理过程，规范权力运行程序，避免学生管理运行的无序性、偶然性和随意性，保证管理行为的合法性和高效性。

3. 健全高校学生教育管理的服务体系

高校学生教育管理的对象是青年学生群体，不仅涉及高校学生的生活、学习，而且涉及高校学生的社会实践和求职就业等。高校学生活动的范围、领域、内容、目的都随着时代的发展而不断地呈现出新的变化，影响高校学生的各种因素也相对复杂。这就要求高校学生教育管理不能仅仅是管理者的管理、单纯的事务性的管理，而更应该是作为被管理者的高校学生主动参与的管理、全方位服务性的管理。因此，高校学生教育管理要健全管理的服务体系，积极完善管理中的服务软件和硬件体系。一方面，进一步解放思想，深化对管理的认识，树立服务意识和服务观念，在高校学生教育管理中不断提升服务水平，营造管理育人、教书育人、服务育人的各部门齐抓共管的良好局面。另一方面，加大投入和研发力度，充分利用网络信息技术，搭建网络化、信息化、一体化的教务、安全、就业等服务平台，引导高校学生主动参与到管理中来，最终实现自我教育、自我管理和自我服务。

（三）高校学生教育管理创新的路径

新时代高校学生教育管理创新要通过引导学生实现自我管理、探索网络信息化管理以及加强管理队伍建设三条路径来实现。

1. 以学生为本，引导学生实现自我管理，推进高校学生教育管理创新

没有管理的教育和没有教育的管理都是软弱无力的。教育离不开管理，管理是为了教育，这就是以人为本的高校学生教育管理工作的全新辩证法。高校学生教育管理工作与人才培养的这种特殊关系，使得高校学生教育管理创新的路径有别于一般管理工作，它客观上要求将全新的管理理念作为指导。理念是反映对象深层次本质和规律的观念。教育理念是关于教育基本问题的深层次本质和规律的观念，具有理想性、持续性、统合性和范式性的特点。新时期的高校学生教育管理理念要契合科学发展观的价值尺度，追求以人为本的管理。以人为本的实质就是尊重学生的发展特点和规律，尊重学生的人格个性，创建开展学生思想政治教育的良好环境，建构和谐的师生关系，培养素质全面、个性良好的创新人才，其关键是正确发挥学生的主体性，尊重学生学习的主体需求，使思想政治教育活动忠实于教育内涵，对不同的学生施以不同的教育，使学生的潜能得到充分发挥，形成一种积极向上的内在的力量。

开展高校学生教育管理工作不是管理人、约束人、控制人，而是创造条件培养人，通过有效的培养发展人。在这种方式中，学生本身既是管理者，又是被管理者，学生在这种角色转换中大大提高了自我管理的积极性，特别是增强了学生自我约束、自我管制的能力，在学习知识的同时锻炼了自己，既"学到了知识"，又"学会了做人"，增强了学生的主体意识和责任感。

2. 运用网络实行信息化管理，推进高校学生教育管理创新

在创新管理方式、方法和手段的过程中，要注重运用网络实行信息化管理，充分利用现代科学技术手段，针对不同时期高校学生教育管理发展的新情况和新趋势，开发管理平台，整合管理资源，实现网络化、数字化管理。运用网络实现信息化管理，能够使管理方式变封闭式管理为开放式管理，进一步加强管理与思想政治教育的融合，与学分制等学校管理制度相配合，与社会管理相结合。同时，运用网络实现信息化管理，也是促使高校学生教育管理变单一管理为综合管理，把管理与服务紧密结合起来，以服务促管理的有效途径。在管理方法创新方面，要充分发挥网络平台的作用，实现师生有效互动，变灌输为交流，变命令为引导，创造学生主动参与的全新工作局面。同时，在管理手段创新方面，当前最为重要的是通过网络信息化促进法治化的规范管理，建立合理的程序机制。

3. 加强管理队伍建设，推进高校学生教育管理创新

加强管理队伍建设是确保管理工作顺利开展的重要保障。随着新时期社会形势的变化，高校学生工作也发生了许多变化。学生工作的一些职能转化了，一些职能弱化了，一些职能需要强化，学生工作由过去重管理向现在重教育、咨询、服务转化。心理健康教育、经济困难学生资助、助学贷款、就业指导等学生工作职能必须得到强化才能适应形势需要。

同时，高校学生群体的思想问题和实际问题也复杂化、多样化，这就需要管理队伍凭借智慧、知识和技能形成"专家化"的本领。所以，从高校学生教育管理工作的发展趋势来看，高校学生教育管理队伍必须走专业化道路。就当前高校学生教育管理队伍而言，虽然在政治素养、敬业精神、个人品德上是合格过硬的，但在解决实际问题的能力和本领上还与现实要求有较大差距，在不同程度上存在着"本领恐慌"。一些管理工作者带着固有的陈旧观念和思维定式面对学生，不了解，也不理解当代学生与以往迥然有别的内心世界和真实想法，甚至在语境上都难以与学生沟通，形成了代沟和隔膜。

一些管理工作者虽充满热情，但缺乏相关的基本训练和专业知识，甚至在信息的获取上还不如学生，难以对学生产生真正有效的指导。显而易见，"本领恐慌"状态下与学生产生的隔膜，解决不了学生面对的实际困难，也解决不了学生的思想问题。因此，需要有专职从事学生管理工作的人，通过专业方式承担起新时期学生管理工作的重任，以工作的专业化带动队伍的专家化。要超

常规选拔人才，高起点聚合精英，不拘一格，广纳贤才，培育一支数量足、素质高、业务精、能力强的专业化学生管理队伍。

三、基于高校学生时代特征的学生教育管理创新

高校学生教育管理在其发展的每一个历史时期都需要创造性地发展。当前，做好新时期的高校学生教育管理，必须准确把握新时代高校学生的时代特征和教育管理的新趋势，不断更新对高校学生教育管理的认识，进而不断创新高校学生教育管理的实施路径。

（一）管理过程规范化

高校学生教育管理过程主要包括决策、计划、组织和控制四个环节，高校学生教育管理过程的规范化要从这四个环节入手。

1. 管理决策的规范化

高校学生教育管理决策是指高校学生教育管理工作者在掌握充分的信息和深入分析有关情况的基础上，运用科学的方法，从两个以上的可行性方案中选择一个合理方案的分析判断过程。

管理决策的规范化主要包括四个方面：第一，确定决策的指导原则，即指导管理决策活动的准则。第二，建立专门的决策机构，即有专门的决策机构和承担责任的专职决策人员。专门的决策机构是实现科学决策的组织保证。第三，构建管理决策的民主化机制。随着决策内容的日益复杂、决策速度的不断加快，高校学生教育管理工作的领导者难以独立承担决策的重任，管理决策越来越趋向民主化，以确保决策的正确性、提高决策的效率。第四，严格遵循决策程序。决策程序从制度上规定了论证、评审和决策的方法与过程，是决策科学化的重要保证。在高校学生教育管理的决策过程中，既要做好总体决策，又要结合高校教育学生管理的实际情况做好分段决策。

2. 管理计划的规范化

高校学生教育管理计划就是在决策既定目标的前提下，进一步根据实际情况，科学、及时地制定未来行动方案。

要做到管理计划的规范化，就要规范地进行高校学生教育管理计划的制订、执行和调整。首先，在计划的制订方面，要有规范的信息获取渠道、科学的分析方法、合理的目标分解和有效的综合平衡，并使管理计划得以有效下达。其次，在计划的执行方面，除了按照原有计划执行外，还要让所有相关人员都了解在

其执行任务时，一旦遇到突发事件，该怎么处理。同时，还可以建立一个良好的信息沟通系统，确保纵向、横向沟通的顺畅。最后，要根据实际执行情况对计划进行调整。

3. 管理组织的规范化

高校学生教育管理组织的规范化主要包括四个方面：首先，根据高校学生教育管理目标、内容、特点和外部环境划分工作部门，建立组织机构，如建立专门的学生就业管理机构、学生资助管理机构等。其次，根据高校学生教育管理所涉及的具体内容，按专业化分工的原则设立相应的职位，如心理咨询专业人员、计算机系统开发人员等。再次，明确组织机构中的各种职责和职权，做到责权明晰。最后，协调高校学生教育管理组织机构中各方面的关系，使组织机构内部成为一个有机整体。规范化的管理组织，能够让高校学生教育管理人员更加明确在管理过程中的任务、责任、权利以及组织机构中的各方关系，保证组织机构的协调运行、组织目标的全面实现。

4. 管理控制的规范化

高校学生教育管理控制是对高校学生教育管理的计划、组织等管理活动及其效果进行测量和校正，以确保拟定计划得以实现的有效手段。管理过程是一个动态的发展目标系统，既不能一蹴而就，也不能一劳永逸，需要将规范化的控制贯穿于管理的全过程。

管理控制的规范化主要包括三个方面：首先，要确定控制标准，即为实际和预期工作成果的比较提供一个尺度。这是执行管理控制的前提。如果没有控制标准，控制工作也就失去了目的性。其次，要衡量偏差，即通过与标准进行比较，对实际执行情况做出客观评价，主要有直接观察、统计分析和例会报告三种形式。最后，要纠正偏差，即在衡量工作成效的基础上，根据被控对象相对于标准的偏离程度，及时采取措施予以纠正，使其恢复到预期状态。以上三个方面实际上构成了管理控制的一个运行周期，通过螺旋上升的循环过程，形成了一个完整、规范的反馈控制系统，使偏差不断缩小，从而保证管理活动向目标健康发展。

（二）管理模式多样化

高校学生教育管理模式的多样化是指高校根据学生的需要，通过多方参与、协同解决的方式提供相应的公共服务，从而确定高校学生教育管理对学生负责的公共责任机制。

多样化的高校学生教育管理模式的特点主要有：第一，多样化的高校学生教育管理是一个互动的过程，突破了传统高校学生教育管理模式中以单纯管理为主的工作方式，形成管理与服务并重的工作方式。第二，多样化的高校学生教育管理主体之间是相互协作的关系，追求公共责任的落实，高校与学生在传统高校学生教育管理模式中的管理与被管理关系变成了相互协作的关系。

目前，高校学生教育管理模式呈现多样化的特点。归结起来，常见的管理模式有"目标—关系型""系统—过程型""契约—参与型"和"中心型"四种类型。但在管理模式的应用中，不能照搬拿来，而是要科学把握管理模式多样化的核心要素（内容、对象、方法），结合各高校实际情况，建立起合理有效的管理体系。实现高校学生教育管理模式多样化要从以下几个方面入手。

1. 管理内容的多样化

应构建集管理、教育、咨询和服务于一体的多样化管理。

第一，管理也是教育，高校学生教育管理工作必须坚持管理与教育相结合的原则，发挥制度的引导、约束、规范和教育作用，有意识、有目的、有计划、有组织地促进受教育者的发展。学生日常的教学管理既是一种管理手段，又是一项重要的教育措施。可以通过对课堂、作业、考试、社会实践等的管理，抓好教学管理的各个环节，帮助学生培养和提高综合能力，更好地实现自我价值。管理目的达到了，教育目标就实现了。

第二，充分发挥咨询在学生教育管理中的作用，采取恰当的方法对学生进行有针对性的教育和疏导，切实解答学生在实际生活中产生的困惑，如开展就业咨询、心理咨询等。

第三，以"服务管理"为突破口，改变过去重管理轻服务的做法，将管理与服务有机地结合起来。

2. 管理对象的多样化

管理对象的多样化要求管理要立足于管理对象的差异性，承认他们在智力、生理、情感和社会背景等方面存在的差别。在整个大学过程中，应根据学生的年级、性格等特征进行个性化的教育管理。一方面，根据每个年级的不同特点，每个阶段的管理目标和任务都应有所侧重，管理手段也要有所差异。一般来说，对于大一新生，要着重培养他们的适应能力，把重点放在养成教育上，之后，再有目的地培养他们的学习能力，提升其专业基础知识水平。对于高年级学生，则应以导代管，引导其自我约束，自我管理，重视培养学生的实践能力，使学生在社会实践中得到锻炼。另一方面，学生的特长、兴趣、爱好不一样，发展方向也不一样。在管理中,应立足于这些差异,注意个性间的有序协调,多层次、多方位、多渠道地做好管理工作,使学生的个性和专长得到充分发展,潜力得到充分挖掘。

3. 管理方法的多样化

高校学生教育管理方法是指在管理活动中为实现管理目标、保证管理活动顺利进行所采取的工作方式。高校学生教育管理方法日渐成熟,已逐渐形成一个相对完整的管理方法体系。它包括法律方法、行政方法、经济方法、教育方法等。不同的方法有不同的特点,也有其特有的适用对象,因此,在高校学生教育管理的具体工作中,应该结合实际情况采取最有效的方法来实现对高校学生的科学管理。

(三)管理手段信息化

管理手段的信息化主要是指利用信息技术来优化管理信息的传递和反馈程序,改变学生教育管理的组织方式,最终提高学生教育管理的运行效率。在实际的应用中,管理手段的信息化主要是构建管理信息化体系,提供大量的学生信息资源、各种学生管理专用信息系统及其公用通信网络平台等。管理手段的信息化主要包括以下几个方面:

1. 日常管理的信息化

高校学生的日常管理是一项十分具体、繁杂而又细致的工作,主要涉及学生的基本信息、学籍、学业、奖惩等方面的管理,实现日常管理的信息化能够让管理人员从琐碎的事务处理中解脱出来。

首先,学生基本信息管理的信息化,即对学生的基本信息进行方便快捷、动态的更新、查询、统计等管理。其次,学籍管理的信息化。学籍管理分为基本档案、学籍档案、学生调班和分班以及退学办理等部分,可以管理学生的基本信息、学籍变动等情况,可以管理学生在校期间的专业调整和班级调整情况,还可以在新生入学时按照相关条件智能分班。再次,学业管理的信息化。学业管理包括学生选课、成绩录入、统计分析和成绩报表查询四个部分。最后,奖惩管理的信息化。奖惩管理主要包括学生奖励、处罚、考勤以及考评等内容,记录学生在校的行为表现。

2. 管理服务的信息化

目前,不断提高服务质量,丰富服务内容,优化服务形式成为管理的一项重要内容。在信息化时代,利用信息化手段积极开展学生资助服务、学生就业服务、心理咨询服务等是新时代高校学生教育管理的必然要求。首先，资助服务的信息化。资助服务的信息化主要包括困难补助、奖学金、国家贷款、勤工助学四个方面的内容，以及完成各项主要工作的计划、申报、审批、发放、查询等。其次，就业服务的信息化。就业服务的信息化主要包括毕业生信息、用人单位信息、咨询指导和就业情况统计四大部分。它可以在毕业生和用人单位之间搭建一个桥梁，实现毕业生和用人单位的双向选择，并在此基础上，由就业管理部门和辅导员统计学生就业情况。最后，心理咨询服务的信息化。心理咨询服务的信息化主要包括建设网上测试与咨询系统，让学生测试自己的健康程度，及时地调整自己，平衡心态，同时让受挫折、有心理障碍的学生通过网络进行在线咨询。

3. 思想教育的信息化

随着科学技术特别是信息技术的迅猛发展，高校应积极主动地运用现代科技手段，使正确、积极、健康的思想文化占领网络阵地。一方面，建立集思想性、知识性、趣味性、服务性于一体的主题教育网站或网页，及时宣传国内外重大时事，使思想政治教育的内容不仅"进教材、进课堂"，而且"进校园网"，形成线上线下思想政治教育的合力。另一方面，开辟网上专栏，组织一支由水平较高的专家学者、德育教师和学生党员组成的骨干队伍，以平等、热情、友善的态度与高校学生网民一起对一些热点问题、敏感问题、有争议的问题开展讨论、交流，宣传党和国家的方针、政策，发布积极健康的信息，倡导爱国主义、集体主义，帮助学生树立正确的和科学的世界观、人生观、价值观。

在实现管理手段信息化的过程中，必须有相应的配套支持，如管理业务流程、信息化标准、信息化建设队伍等。否则，管理的信息化进程就会遇到许多管理和协调等方面的问题，既发挥不出信息化的高效率优势，也无法对信息化的质量和效果进行客观的评价，信息化建设取得的成果也就无从充分体现出来。

（四）管理队伍专业化

管理队伍的专业化，主要指管理人员在整个管理生涯中，以学生管理为基础，通过专业训练，习得管理的专业知识、技能，逐步提高管理水平，成为优秀的高校管理工作者的成长过程。管理队伍的专业化是高校学生教育管理工作的重要趋势，对于提高高校管理水平和办学效益有十分重要的意义。管理队伍的专业化主要表现在以下几个方面：

1. 专业化的职业素养

高校学生教育管理队伍具有一般管理队伍的特征，但因为其管理对象的特殊性而表现出具有高校学生教育管理特征的专业性质，主要体现在以下几方面：

第一，掌握高校学生教育管理工作的相关专业知识和具有从事高校学生教育管理工作的专业能力。高校学生教育管理队伍应掌握的专业知识主要包括：系统的科学文化知识，扎实的马克思主义理论及教育理论知识，高等教育管理的基础知识，现代管理知识，国家法律及行政法规、政策与规划等方面的知识。高校学生教育管理工作的专业能力在能力结构方面主要包括：语言表达和文字写作能力、教育管理和经营能力、科学研究能力和创造能力。

第二，工作效率高，工作效果好。这是推进高校学生教育管理队伍专业化的目的之所在，同时也是衡量高校学生教育管理队伍专业化程度高低的一个硬指标。专业的职业技能既不完全等同于知识化，也不完全等同于文凭化，关键在于管理者是否掌握并熟练运用高校学生教育管理专业知识和技能，管理行为是否专业。专业的职业素养是管理队伍专业化的前提。

2. 专业化的机制保障

完善的管理机制包括专业化的招聘、培训、薪酬和考核机制四部分。

首先，专业化的招聘过程是建设专业化队伍的入口保障。它可以从源头上保证高校学生教育管理队伍与管理岗位的匹配度，落实招聘的"最适"原则。根据"冰山模型"理论，高校学生教育管理队伍的招聘考核，除了"冰山上"的相关专业知识和技能外，"冰山下"应聘者的思想素质、职业道德、工作态度更是考核的重点。

其次，专业化的培训是建设专业化队伍的成长保障。高校学生教育管理队伍的培训是一个系统、复杂的工程，是一项长期的工作，要始终坚持全员性、全面性、全程性原则。高校应该把管理队伍的培训纳入用人体制中，构建相应的培训制度，并落实专人负责管理。例如，辅导员队伍的专业化，实质就是依托专门机构及终身专业训练体系，对辅导员进行科学的管理和培养，使辅导员掌握从事思想政治教育工作的知识和技能，全面有效地履行辅导员职责的过程。

再次，专业化的薪酬体制是建设专业化队伍的动力保障。合理的薪酬体系对管理队伍的满意度有积极的影响。管理队伍的薪酬体系构建应坚持"对内公平、对外竞争"的原则，结合美国行为科学家弗雷德里克·赫茨伯格的"激励－保健理论"，充分发挥薪酬的"保健"作用。

最后，科学合理的考核制度是建设专业化队伍的优化保障。公平合理的绩效考核体制对于提高高校管理人员的工作积极性有重要的促进作用。绩效考核不仅要建立一套科学合理的考核机制来考核高校管理人员的绩效，还应通过考核，形成相关的绩效反馈机制，进而为实现管理人员绩效的提升提供支持。

3.专业化的机构支撑

健全的组织机构是管理队伍专业化的支撑。没有健全的高校学生教育管理机构，高校学生教育管理专业化和高校学生教育管理队伍专业化的实现就成了无源之水，无本之木。同时，组织机构的构架也应相对稳定，只有这样，才有利于提高职位的专业化程度。当然，这种稳定是相对的，稳定并不排斥队伍内部的竞争上岗和定期轮换，更不排斥队伍内部的新陈代谢。因此，应该在高校学生教育管理的群体组织管理、行为管理、安全管理、资助管理、就业管理等方面设立专业化的部门和队伍，建立健全组织机构，为全面实现管理队伍的专业化提供有力支撑。

第三节　高校学生教育管理模式创新探索

一、强化后台支撑，构建"云共享"模式

21世纪，网络和计算机技术的快速发展为高校学生教育管理资源的整合共享提供了新的实现手段。近些年来，"云计算"越来越被人们熟悉，不仅被视为科技界的又一次革命，还代表着一种新的管理理念和服务模式，正以其强大的功能逐渐渗透到教育领域，影响着教学方式和教育资源管理、共享的方式。

运用云计算思维来管理高校学生教育管理的数字化资源，建立依托云技术的高校学生教育管理数字化资源共享机制，能够整合分散在各职能部门的学生事务数字化资源，并在数据安全的基础上实现资源的数据共享、应用共享和服务共享，对学生教育管理的数字化资源进行标准化处理、协调调度和统一管理，解决学生教育管理系统重复建设、信息孤岛等问题，促进学生事务数字化资源的共享。"云共享"为高校学生教育管理提出了革命性的创新思路，其核心就是将所有资源、信息整合在一个平台上，通过现代信息分析技术，实现资源的最高效利用，并以更优质的服务形式反馈给最终用户。"云共享"模式在高校学生教育管理中的运用将突破当前高校学生教育管理资源共享的瓶颈，它可以提高数字化学生教育管理资源的共享效率，同时降低共享成本，实现学生教育管理的系统数字化、服务便捷化、传播高效化、效果最优化的目标。

（一）"云共享"模式的基本特征

"云共享"模式应用于高校学生教育管理系统对促进学生事务数字化资源共享有非常重要的作用。

1. 统筹跨部门、跨系统的学生教育管理通用共享资源平台

目前，不少高校学生教育管理部门的数字化管理系统采取相互封闭的建设方式，共享平台缺乏开放性和互联互通。已有的各种网络资源共享的探索，也仅局限在有限的范围内，为部分管理者、相关服务对象提供信息查询服务。传统高校学生事务数字化资源管理在不同层面还存在软硬件资源重复投入、平台运行维护成本高、资源整合利用率低和信息系统安全性堪忧等现实问题。"云共享"模式则探索将学生工作中涉及的来自不同载体、主体、任务、资源、部门的信息融合，达到"合"与"分"的最佳平衡状态，提高学生事务管理效率和服务质量，实现高校学生教育管理数字化资源的通用共享。

2. 节约学生事务管理资源共享建设的成本

构建"云共享"模式，有助于高校学生教育管理资源共享建设成本的节约。高校目前分部门推进管理资源数字化的成本较高，包括初期服务器、终端及网络接入等设备的购置，日常系统运营及维护，设备更新等。"云共享"模式集中解决信息的互联互通和对象特性、行为轨迹研究等问题，对硬件设备要求很低，不需要大规模的硬件投入，可以使建设成本大幅降低。目前，各部门网络资源间的转换、交换、兼容和共享困难，利用云计算的协调工作能力，可以进一步实现异质、分散、自治的资源间的转换，实现兼容和整合，使信息共享更有效，同时也省去了资源转换和整合的费用。

3. 提高信息处理效率并改善能耗比

"云共享"模式的创新点在于充分挖掘了新兴的互联网技术——云计算与高校学生教育管理信息存储共享、学生舆论引导以及师生日常交流方式之间的结合点，能够有效提高和改善学生教育管理信息处理的效率和能耗比。建立"云共享"模式，可以满足高校学生教育管理内部海量信息存储和处理的新要求，提升高校学生事务信息交流的效率和满意程度，可以通过对信息的全面挖掘，有针对性地分析高校学生的思想动向和诉求，实现学生教育管理在工作效果和归属感上的显著增强。首先，使用云计算思维和技术辅助高校进行大规模的信息处理（信息搜索、云端存储、分布式共享），比起现有的方式在效率上有质的飞跃。其次，通过信息技术算法，利用学生的公开交流信息进行高校舆情分析，

实现了以往辅导员或职能部门人工调查学生思想动态的功能并且在真实性上有一定优越性。最后，可以结合微博的即时特点为高校学生提供全新的、立体式的、本土化的服务，相较于传统的 BBS 留言和回复有着不可比拟的交互性和实效性。

建立健全"云共享"学生教育管理模式，努力将学生教育管理者从繁杂事务中解脱出来，让学生教育管理真正落实"以人为本、和谐发展"的理念，实现跨部门、横纵融通的融合式网络管理服务模式的构建，搭建"全方位、网络化、立体式教育与管理"的公共平台，是保障学生教育管理高效运转的重要举措。

（二）"云共享"模式的设计理念

基于当前高校学生教育管理的特点，在构建"云共享"模式时应以"和谐发展"和"科学管理"为原则，贯彻"六大融合"的理念，即主体融合、载体融合、渠道融合、资源融合、任务融合、流程融合，通过云共享方式突破学生教育管理数字化资源共享的瓶颈，为高校学生教育管理者提供工作便利，为学生提供更好的服务。

1. 主体融合

构建"云共享"模式，不仅是对信息技术的要求，还需要学生教育管理的相关主体发挥最大效用。这里的主体，不仅包括从事学生教育管理的人员，还包括学生。高校可根据各自的管理体制和模式，进行用户管理和权限设置，在横向和纵向上形成层次清晰、分工合作的工作模式，充分调动各主体的积极性，协同管理，统一指导、各方配合、任务明确、优势互补，顺应多校区、信息化的发展和时代要求。

（1）多层次纵向贯穿

高校学生教育管理往往不是某个学生或某个学生教育管理者可以单方面完成的，大多数管理任务都涉及学生、院系、相关职能部门及学校层面，因此，需要建设一支能适应高校学生事务网络管理要求的队伍。

针对目前不少高校实施学生教育管理时采用学校—院系—学生的多层次传递方式，可以探索建立"学校职能部门—院系副书记—辅导员—学生"四个权限层次，其中学生只能看到自己的信息，辅导员只能对其所管理学生的信息进行操作，院系副书记可操作整个学院学生工作，职能部门看到的信息相应扩大。各用户权责分层、实现分级管理，进一步明确责任，从纵向上将整个学生教育管理贯穿起来，体现工作的流程性；同时，充分体现学生的主体意识，让学生参与到"自我管理"过程中，增加意志表达和机会选择途径。

（2）多用户横向联络

高校学生教育管理涉及多个职能部门，工作关系交叉、复杂。应通过多用户多角色设计，为不同职能部门设立专门的角色，管理某方面的学生事务，在横向上搭建网络化、制度化的分布协同平台，加强各部门之间的沟通，使各部门协同完成各项学生教育管理任务，消除各部门之间可能存在的壁垒，提高管理效率。

2. 载体融合

实现一个门户多个职能，将不同部门的具有相对独立性的信息系统作为子系统融合到同一平台上，统一认证，实现各子系统间无缝互访。

3. 渠道融合

高校学生教育管理的"云共享"模式主要将"录入上传""审查修改""参与反馈""实时调用""个性输出"等渠道融合，以信息畅通的输入输出为前提，确保数据的完整性和准确性。

（1）"录入上传"渠道

该渠道主要用于大批量信息的集中录入上传，一般是新生刚入学或新学期刚开始时，统一的、有组织、依程序的集体录入和上传。一方面，学生教育管理部门可以将固定的、不可更改的学生信息，包括学号、专业、身份证号等统一上传到数据库，保证数据的准确性和完整性；另一方面，组织学生在规定时间内维护其他个人必要信息，基本确保信息的完整性。

（2）"审查修改"渠道

在后期管理中设定隐含审查限制条件，督促信息不完整者将信息补充完整。例如，如果某些相关必要信息不完整，可能影响学生奖助学金申请，可利用制约条件督促学生进一步补充完整自己的信息。

（3）"参与反馈"渠道

设置反馈渠道，各级学生教育管理主体参与到管理过程中，如发现有错误或不准确、不完整的数据存在，及时通过这些渠道反馈至管理员，经过审查核实，完善数据，即时更新。

（4）"实时调用"渠道

通过"云共享"平台的建设，消除异地办公带来的不方便操作的弊端。从事学生教育管理的人员可实时调用所需数据，提高工作效率，满足处理突发事件的时间要求，做到及时处理、适时应对。同时，学生也可以随时通过手机、电脑等网络终端查询到需要的信息。

（5）"个性输出"渠道

为节省制作各种报表、奖学金证书、在学证明、学生履历等花费的时间，将多种模板格式上传到网络平台上，实现个性化定制输出，大大提高工作效率。

4. 资源融合

高校学生教育管理涉及的信息来自方方面面，融合涉及学生事务的各方面信息是整个"云共享"模式的基本要求。通过云计算内部导入、关联，以学生信息数据包括学籍异动、家庭经济情况、奖助学金获得情况、保险理赔情况、档案管理信息为基础，整合注册信息、勤工助学管理信息、学生困难认定信息、助学贷款数据、学习成绩、缴费信息、校园卡数据等信息，将各类信息集成共享、适时研究推送，实现学生信息立体、全面、多维度的整合与共享，为学生事务决策判断提供支持和参考。

5. 任务融合

（1）任务集成，立体综合服务

实现系统各功能模块化，集成于一个平台。例如，学生注册、奖助申请、网上考试、互动留言、保险理赔、档案转递等，实现网络"一站式"服务和任务设计，面向任务、面向主体，提供综合化服务，推动学生工作的全程化。

（2）潜在制约，自动整合关联

任务融合是横向上多种制约条件的关联体现，学生教育管理项目的完成涉及多部门的条件规定，各部门互相影响、互相制约、互为条件。任务融合并不只是将各功能模块和信息集成到一个平台上，而是在程序内部设定好制约条件，在具体任务实施过程中，系统有内部的关联机制，自动调用所需制约和前提信息，过滤出不符条件项，自动判断是否可以进行后续操作，防止学生教育管理者的误操作和误判断，避免出现操作的不规范现象，有效保证教育管理的公正运作和高效完成。高校学生事务繁多，通过潜在的任务融合能充分提醒管理者和学生正确操作，避免出现差错。如国家励志奖学金申请，主要实现下列系统关联检测：检测有无困难等级—检测成绩是否合格—检测是否获过其他大额助学金—检测有无不良记录等，其中任何一个环节不符合条件，系统即停止继续申请审批操作。

6. 流程融合

流程融合是纵向时间层面上的集成化。学生教育管理涉及多层级用户的设置和多主体的参与，必然需要纵向流程的关联融合。多数学生教育管理项目的执行涉及多个环节、多个层次，其完成是"学生—辅导员—院系副书记—学校职能部门"四层联动流程操作，学生申请了，辅导员才能操作；辅导员的意见，给院系副书记提供参考；院系意见为学校意见提供决策支持。各层之间相互制约、环环相套、层层限制。同时，在某些学生事务中，每个层级的操作都有时间限制，系统根据时间自动进行某些功能的开放和关闭工作，有效保证工作的按时完成，使学生教育管理呈现规范化、流程化操作。例如，最常见的奖助学金申请，就涉及公告通知—学生申请—院系审评—学校审批—全校公示—颁发仪式—奖金发放—奖学金后期管理等多个流程。当前，高校的奖学金和助学金项目逐年增多，只有实现流程融合，才能在规定的时间内有条不紊、合理适时地完成任务。

（三）"云共享"模式的创新策略

基于"六大融合"的"云共享"学生教育管理模式，从可持续发展维度来看，在构建时要注重"公正透明化""个性智能化""主体情感化""服务导向性""操作延展性""功效渗透性"和"优化持续性"。

1. 公正透明化

学生教育管理数字化系统的主体融合、任务融合和流程融合，为各级各项工作的开展营造了公平公正的氛围；开放的环境，利于民主监督和根据反馈意见调整相关规定。同时，学生主体的主动参与，使高校学生教育管理由"部门和辅导员的下行管理模式"向"支持学生参与互动、沟通反馈、自主管理的双向管理模式"转变。

2. 个性智能化

"云共享"模式力求最大限度地提高学生教育管理效率，系统形成了智能化、自动化的操作。如申报、审批、公示等事件时间节点的自动提示和终止；各奖助学金申请条件、资格、名额审查的自动检测和限制；多种数据信息的个性化检索和统计；各种报表的制作、打印方便快捷；确保消息通知的发布、意见的汇总等及时完成，提高办公效率。

3. 主体情感化

构建"云共享"模式时，要充分考虑学生、教师、辅导员和管理者的四位一体，考虑多方管理的特点，了解管理主体的心理和可能遇到的困难、时间成本。例如，辅导员可通过安全预警机制，完成沟通反馈，重点关注孤儿、单亲或离异家庭、特困家庭学生及在心理、成绩方面出现严重问题的学生，在工作中给予其帮助，保证学生能健康、顺利地完成学业；在学生奖助后期管理中，通过"给获奖获助学生的一封信"，在情感上关心学生成长、督促学生合理使用奖助金、保持良好心态。

4. 服务导向性

本着"以人为本"的原则，将管理者从传统的学生教育管理中解脱出来，使之可在工作统筹、学生引导方面投入更多时间；实现学生教育管理从"以领导为主"向"以服务对象为主"转变，由"单纯管理"向"强化服务"转变，从"管理型机构"向"服务型机构"转变。例如，网上考试，将教师和学生从传统的纸质答卷、监考、阅卷中解放出来；各种表格、证明模板的设计实现即打即得，节约大量人力物力；网上离校手续办理简化办事程序、缩短办事周期、提高办事效率。

5. 操作延展性

"云共享"模式将各部门学生教育管理者从办公桌前解放出来，不必局限于某个地域或某台电脑，不必限制于在办公时间内解决，只要有网络、有电脑，就可以办公，在空间上和时间上实现了有效延展；对于突发事件能做到及时处理，有利于安全稳定。同时，较之纸质文档，电子数据更便于存储、数据统计、整理分析，可以方便地实现历史回溯，通过对多年学生工作或发展状况的历史分析、对比总结，为下一步操作提供支持。

6. 功效渗透性

任务和流程的融合，实现了导向与激励、约束与调适、凝聚与辐射的结合，丰富了文化管理的内涵。如各种申请、审批、公示时间的网上自动设定，使学生、院系、学校形成潜在的时间管理文化，保证工作按时按量完成，工作趋于计划性、步骤性和约束性；奖助学金后期管理，系统中要求学生记录自己的获奖、获助感言，同时记录奖助学金的使用情况，将感恩教育及科学合理使用理念渗透其中。

7. 优化持续性

"云共享"模式的实现依赖于软件、硬件及各部门、各主体的支持，同时高校学生教育管理会在时代发展中出现各种新的需求。因此，"云共享"模式的服务平台需要整体设计、超前规划，坚持适时拓展、不断完善、及时优化、动态更新相关功能，确保系统的持续性发展。

尽管"云共享"在学生教育管理中还处于探索阶段，一些理论和实践问题有待深入研究，但将"云共享"应用到学生教育管理中是一种有益的尝试，随着技术及其应用的日渐成熟，"云共享"模式将在未来展示出其旺盛的生命力。

二、提高服务质量，推广"一站式"模式

近年来，随着高等教育大众化进程的不断推进、学生法治与维权意识的不断增强，以及各级政府"一站式"行政服务中心模式被实践证明行之有效，一些高校借鉴美英等国学生教育管理的成功经验，陆续推出了学生事务"一站式"服务模式，如"学生事务服务大厅""学生事务服务中心""阳光大厅"等，将分属于不同部门的业务受理点集成到一个统一的平台上，一方面推动学生教育管理职能从单纯管理向管理与服务并重转变，通过流程再造与优化，为学生提供优质、便捷、高效的服务，另一方面借助高效的信息采集系统、完备的数据库、模型分析和数据挖掘等手段的应用，为学生教育管理决策提供信息保障和决策支持。

高校学生教育管理"一站式"服务模式强化了高校指导服务的意识，将服务理念贯穿于学校管理全过程，践行于服务学生的实际行动中，不仅具有实践意义，而且深入价值层面。"一站式"服务模式改变了传统的教育管理思路，引入了"以学生为本""一切为了学生"的理念，价值取向由教育管理转变为指导服务。"一站式"服务模式依据学生事务本身的规律，对工作职能、工作流程、服务资源进行了优化整合，将以往分散的职能部门的工作进行汇总，在同一地点、同一时段办公，既优化了资源，又提高了办事效率。

（一）"一站式"模式的基本特征

学生事务"一站式"服务是一个新生事物，是学生教育管理模式的新尝试，是学生工作职能的重要转变，是以人为本办学理念的集中体现。目前，在国内可供借鉴的经验不多，可供参考的评价标准更是少之又少。笔者初步从服务内容、服务流程和服务保障三个方面，就服务的针对性和科学性、效率性和便捷度、规范性和完备度三对指标，初步总结以下特征。

1. 服务内容的针对性和科学性

从服务内容上看，要重点考察服务的针对性和科学性。考量、评估学生事务"一站式"服务是否注重对学生服务需求的分析，能否将满足学生的需求、促进学生的发展、服务学生的成长成才作为服务内容设计出发点。是否注重对学生群体特征的研究，能否抓住当前多元文化影响下青年学生自我意识、维权意识增强，倾向利用网络新媒体等特点，进行服务内容开发，确保学生能够做好自己想做的事，了解自己想了解的信息。

2. 服务流程的效率性和便捷度

从服务流程上看，要重点考察服务的效率性和便捷度。考量、评估学生事务"一站式"服务是否注重学生工作规律性的研究，能否根据精益化管理的理念，进一步优化工作流程，而不是仅仅把源于不同部门的服务项目简单地汇总在一起。是否重视学生工作职责的梳理，能否遵循资源共享的原则，进一步汇总、整合服务资源，根据不同的服务性质与类型，在"一站式"服务平台设立固定或阶段性服务窗口，避免不同服务条线各自为政，尤其是要有效解决目前校区规模扩大，学生机构分散，学生四处找人、四处找办事机构的问题。

3. 服务保障的规范性和完备度

从服务保障上看，要重点考察服务的规范性和完备度。考量、评估学生事务"一站式"服务是否注重制度规范的设计，能否根据精益化的原则，制定较为完善、详细的工作职责和工作人员行为规范，落实管理责任制，避免多头领导、相互扯皮，确保工作人员立足本职岗位，将教育、管理贯穿到服务中去。是否建立健全运行机制，能否根据绩效管理的原则，出台较为科学、健全的反馈、监督和考核机制，重视对服务成本、服务效率和学生满意度等的调查、追踪和评估，做到信息公开与透明，提升工作质量与服务形象。

（二）"一站式"模式的操作指南

1. 学生事务"一站式"服务的核心理念

学生事务"一站式"服务秉持"以学生为本"的基本理念和"一切为了学生的发展"的根本宗旨，倡导和贯彻"以学生为中心"的服务理念，通过规范管理、优化服务，为学生的学习生活提供高效、便捷的服务，有效促进学生成长成才。

（1）把满足学生成长需求作为管理的目标

高校学生平等地享有和教工一样的地位和人格尊严。尊重学生，就要承认并重视学生成长过程中在学习进步、职业发展、身心健康等方面的需求。学生事务"一站式"服务就是秉承努力为学生提供良好的学习生活条件，提供优质高效的服务的原则，尽量满足学生的各种发展需要。

（2）把深入了解学生状况作为工作的出发点

随着高等教育国际化进程和市场经济改革的推进，高校学生的思想、心理以及发展需求呈现出多元化的发展趋势，给学生教育管理工作带来新的挑战。只有注重了解学生的思想、心理特征以及多元化的发展需求，根据学生需求和身心特点来设计、确定服务的内容和形式，才能提高工作的针对性，确保服务质量。此外，还倡导关注学生对服务的满意度，通过开展学生的满意度调查，将学生的意见作为改进工作的重要依据。

（3）把发挥学生主体作用作为工作的着重点

随着学生自我意识的增强，尤其是"教育消费者"和"高校权利主体"地位的确立，高校学生教育管理越来越重视将学生纳入管理的主体，引导其参与到学生教育管理决策的制定和实践落实当中，注重发挥学生的主动性和创造性。越来越多的高校明确规定在各类学生教育管理领域设立学生代表席位，确保学生在这些领导决策机构中发挥作用。

2. 学生事务"一站式"服务的机构设置

高校学生事务"一站式"服务模式的运行，一般由学校党委学生工部、党委研究生工部或者校学生处、学生事务中心等归口职能部门负责，相关职责部门如团委、教务处、保卫处、宿舍管理中心、招生就业处等配合。

组建学生事务"一站式"服务领导小组，由学校分管学生工作的校领导任组长，相关职能部门负责人任组员，主要职责是研究制定学校学生事务"一站式"服务中心建设总体方案以及具体工作规划。

设立"一站式"服务办公室作为领导小组的办事机构，负责服务平台的日常建设管理工作。主要职责包括：建立健全平台建设和发展的规章制度；协调相关部门内设各服务窗口的工作；按照评估指标体系，对平台内各个窗口实施考核；采取问卷调查等方式搜集和整理学生对平台各窗口服务质量的反馈，切实发挥监督作用。

3. 学生事务"一站式"服务的人员配备

高校学生事务"一站式"服务的具体工作人员，既可以由相关职能部门的教师担任，也可以由经过统一培训后上岗的勤工助学学生担任。

目前，也有部分高校学生事务"一站式"服务的工作人员由职能部门的专职工作人员、勤工助学学生共同组成，有效弥补了单一人员组成的不足，发挥了组合优势，达到了良好的效果。

4. 学生事务"一站式"服务的职责功能

基于"帮助学生成才、解决学生困难、方便学生办事、维护学生权益"的目标设置，高校学生事务"一站式"服务的职责功能由"管理"型向"教育、管理、服务"并重型转变，主要包括受理日常事务，办理与学生息息相关的帮困助学、权益维护、学务管理、就业派遣等各项事务；提供咨询和指导，及时帮学生解决思想上的问题、消除学习上的障碍、解答生活中的困惑，促进学生全面成长。

5. 学生事务"一站式"服务的运行机制

"一站式"服务规范的运作以及健康、有序的发展离不开一套完善的运行机制。首先，能够实现直接办理。相关部门在管理中简化办事程序，提高服务水平，直接为学生处理事务。其次，能够兑现服务承诺。学生教育管理者能在规定期限内，按照服务的要求帮助学生办理相关事务。再次，能够整合资源实现集中办理。对需要两个以上学生教育管理部门处理的项目，基本实行联合办理。最后，能实现后台处理的隐形化。对学生的咨询要求，大厅工作组基本可以给出明确答复。以中南大学为例，其"一站式"服务中心坚持"即办件当场办理、承诺件限时办理、联办件协调办理、急办件快速办理、退回件明确答复、特殊事务预约办理、服务结束实施评价"的运作机制，确保为学生提供高效便捷的服务。

（三）"一站式"模式的创新策略

作为新生事物，学生事务"一站式"服务模式必须在积极尝试中与时俱进，用改革创新来解决发展中出现的各种新问题，有针对性地提出应对举措。

1. 思想变革，理念先行

"一站式"服务凸显的是学校为学生提供集中、高效、便捷的服务，并通过这种集中式的后台服务，发现学生需求、满足学生需要，从而提高管理效率。这是高校学生教育管理者真正践行"以生为本、服务至上"的理念，立足于现代服务理念和公共服务平台，想学生所想，急学生所急，主动、积极、热情地为学生服务，积极履行"一切为了学生，为了学生的一切"的职业行为准则的体现。

2. 改革体制，提高效率

"一站式"服务实际上构建首尾连贯旳全方位、全天候的高质量服务模式。要全面整合公共资源、打破条块分割、优化服务流程，提供以学生需求为重点，吸引学生积极参与的"一条龙"服务，使学生省力、省心，让学生称心、放心、满意而归，提高接受服务、参与管理的幸福感和主动性。

3. 整合资源，集中管理

"一站式"服务要求集中式管理，即将与学生事务相关的人员集中在一起，高效率地为学生服务，切实帮助学生解决困难，满足他们学习成长的需求。集中管理不仅整合了服务资源，提高了办事效率，而且激励学生积极参与管理，实现双向互动。新建校区可先行规划、设计、兴建学生事务中心；不太可能新建事务中心的高校，也可因地制宜地集中在一层楼或一幢大楼统一集中管理；有条件的可配套电子校务建设，建立网上学生事务服务大厅，实现办事指南、服务动态的网上发布和各项业务的网上办理，提供各类表格、文书样本的网络下载。

4. 规范操作，形成制度

高校学生教育管理实施"一站式"服务，由于管理人员来自不同的管理部门，习惯于各条线以往的管理、服务规章制度，难以避免各自为政。实施"一站式"服务时，需根据统一的服务要求，制定新的操作规范、服务流程和职业准则，既使管理人员实施"一站式"服务有章可循，又便于学生参与，同时方便检查督促，从而达到提高执行力和满意度的目的。

三、倡导学生参与，打造"参议制"模式

承认并尊重学生的参与权是高校学生教育管理工作民主化进程加快的重要体现。随着高等教育改革的推进，学生参与管理日益成为创新发展的重要内容。在实践层面，在与学生个体权益密切相关的制定修改管理制度、出台改革方案、决定学生违纪处分、开展相关主题教育活动等问题上越来越多的学校以听证会、公开征求意见等形式，听取并采纳学生的合理化建议，有效推进了高校事务民主决策和科学管理。

（一）"参议制"模式的基本特征

1. 学生参与高校管理彰显高校管理的民主

扩大学生的有效参与，凸显了学生在高校管理中的主体地位，推动了高校的民主化进程，促进了校方与学生之间的良性互动，提高了管理的效率和品质。学生通过参与高校事务的管理决策和具体管理行为，平等地与校方开展沟通和交流，既能充分表达并让校方明确获悉自身的利益诉求，又能清晰把握、理解校方的管理意图与目的，有效监督、督促校方合法、正当地行使管理权，从而有效彰显了高校管理的民主性、服务性。

2. 学生参与高校管理提升管理运作的效率

在一些直接或间接涉及学生利益的管理决策制定的过程中，学生通过积极参与，与校方保持良好的沟通与交流，平等地向校方表达自己的意见与主张，一方面，感到自身的主体地位得到认可、自身利益得到尊重，有利于形成认同管理决策的心理基础；另一方面，通过持续的自我管理、自我服务的锻炼，自

身能力也得到了进一步的提高。因此，相较于传统的"高校出决定、学生照执行"管理模式因缺乏学生认同而经常遭受挑战，"参议制"模式由于能够听取、吸纳学生的意见或建议，学生参与模式下的管理决策能赢得更多的认可与拥护。学生的广泛参与，尤其是不同主张的充分表达和各种利益的综合平衡，有效地防止了不满情绪和抱怨行为的滋生，平等的沟通和心平气和的对话大大减少了怀疑心理和抵抗行为的产生，从而提升了学生的参与积极性和高校管理的运作效率。

3. 学生参与高校管理重在提升现代公民素质

主体意识和参与能力是现代国家公民应具备的基本素质。学生参与高校管理，在其成长过程的关键时期确认社会主体资格，强化参与意识，个体地位受到尊重，能够充分表达自主意志，发挥自己的聪明才智，为学校管理出谋划策，强化了内心的主人翁感受和个体效能感，弱化了对校方的离心力和疏远感，有利于养成他们主动参与一般社会事务管理的习惯，有助于他们成为对公共事务关注度更高、感觉更敏锐、兴趣更强烈的现代公民，并在此基础上获得不断进步的力量源泉。总之，在浓厚的民主氛围和规范的民主管理模式下，学生通过参与高校管理获得了自我教育与自我提升，促进了现代公民素质的养成，具有很强的社会溢出效益。

（二）"参议制"模式的基本路径

1. 赋予学生参与决策的权利

决策科学以及程序民主是高校民主决策的重要保证，只有在参与的广度上集思广益，在参与的深度上深思熟虑，才能最大限度地消除决策主体能力不足、知识有限可能导致的不良影响，以及避免某些利益关系对决策过程所造成的不良影响。任何涉及学生主要权益的管理决策，在程序上都要有程序合法的基本要求，确保学生有充分的机会和途径实际参与，并能够对决策的形成产生积极影响。管理部门在制定管理规则时，始终要坚持"公开为一般、不公开为例外"，始终注意尊重学生的主体地位，在制定规则的重要环节，要广泛征求、采纳管理相对人的意见建议，确保管理服务对象能够实际参与到规则的制定过程中。高校在对违纪学生做出处分决定之前，应承认和重视学生对事务决策的参与权，切实赋予学生提出意见、申辩和要求复议的权利，确保学生能够享受并行使这些程序性权利，而非被动地接受处分决定，从而提高学生对决策的认可和接受度。

2. 赋予学生参与具体高校事务管理的权利

除了影响高校事务的民主决策外，学生参与高校管理还体现为参与学生利益相关的具体管理事务。因此，除了尊重并赋予学生参与学校管理的权利外，高校还应积极促成具体参与管理行为的产生，重视培养学生自我管理、自我服务的意识和能力，在图书馆、教学楼、实验室等学生学习场所，以及餐厅食堂、宿舍公寓、教学楼宇、活动中心等学生生活场馆开辟管理岗位、创设服务项目，为学生参与高校学生教育管理提供机会。

3. 参与的基本方式

在高校管理实践中，学生参与决策和管理的方式并不是单一、固定的，而应根据具体的管理需要，有所设计，勇于创新。

（1）培育学生参与高校管理的自治组织

为了避免学生的合法权益受到侵犯，确保学生的利益诉求得到表达，高校应该有目的地培育或者引导学生自发组建自治组织作为学生利益的代表，自治组织有权参与到学校教学、学生事务等相关部门的具体管理环节中，参与讨论或者审议高校管理部门制定的与学生利益相关的各类决策，表达利益诉求，提出意见和建议。例如，围绕教育、教学内容组建相关管理委员会，方便学生了解教学改革目标，使对学校的教学计划、课程以及教师配备、教学设施等方面的意见和建议，通过主流渠道反映给教学管理部门并及时得到反馈；围绕校区宿舍管理、网络管理、餐饮管理等主题，积极支持筹建学生自治组织，及时汇总学生意见和建议，让学生参与相关管理，提高其解决问题的能力。

（2）发挥学生会参与管理决策的支持作用

学生会是学校、教师与学生间沟通交流的主要桥梁，要充分发挥其对管理优化、决策科学、团队引领方面的支持作用。学生会要代表学生积极参与学生教育管理，及时反映学生的意见和要求，大力倡导学生以自我教育、自我服务的精神积极参与相关事务。同时，各个管理部门也要注重依托学生会及时收集、归纳学生代表提案和意见建议，协助学校及时处理与答复。

（3）搭建学生参与高校管理的信息平台

运用现代信息网络技术及辅助设施，通过校园微博、学生论坛、学生网上评教、电子邮箱、意见信箱等建立高校管理网络的新平台，建立师生平等、互动的新型关系，这不仅提供了学生参与高校管理的可能，而且可以促进师生间的沟通与交流，畅通高校与学生间旳信息传播。依托这一新的平台与渠道，高校管理者可以和学生对政策热点问题进行讨论和交流，既有利于学生表达自身的利益诉求和要求意见，也有助于管理者了解服务管理对象的合理化建议，提升民主管理效率。

（三）"参议制"模式的创新策略

1. 形成学生参与高校管理的共识

不可否认，有自主自立观念和自我管理思想的学生不是很多，有足够的管理知识、经验的学生更是少之又少，但这并不能排斥学生的参与，更不能否定学生对科学决策和有效实施的影响力。因此，在学生所关心又涉及学生利益的事务上，应充分吸纳学生参与并听取他们的意见。此外，学生不乏创造性、革新性的优势，有的甚至已成为高校科研力量的生力军，在学校科研决策、改革方案制定等问题上吸纳学生参与，听取学生意见，可以为学校发展注入生命活力与创新力量。

2. 提高学生管理工作者的素质

学生参与学校管理，最重要的是示范引领和经验积累。一支高素质、热心公益的学生工作队伍，尤其是大大小小的学生干部，以其能力、阅历和经历者的第一视野，可以引导其他学生在参与的方法、途径上减少失误和挫败感，是带动学生参与管理取得实效的重要因素。加强这支队伍的能力建设，提高队伍素质尤为重要。要加强专业化建设，提高知识和学历层次；要完善人格品质，确保管理过程公平公正；要丰富工作阅历与经验，在实践活动中多锻炼，认真总结经验教训，确保遇到问题时成熟镇定。

3. 创设适度的社会心理环境

应当承认，学生与学校管理者的知识结构、心理优势存在较大差距，平等的交流需要师生间良好的人际互动和心理平衡。因此，校方要充分彰显对学生的理解、信任和尊重，激发学生自主参与的热情，使其既不妄自尊大，也不妄自菲薄，能够较为客观地看待自身参与对最终决策效果的现实影响；同时，管理者也要尊重并且从内心平等对待学生，对其现阶段的知识弱点、认识的不足给予朋友式的真诚帮助和指引，营造师生交流的良好氛围。

4. 完善的制度保障

当前，虽然学生教育管理创新仍处于探索阶段，寻求学生参与管理的相关立法尚需努力，但是各高校应当根据各自实践和实际情况，切实加强制度建设，确保制度落实，让学生在制度保障下提升自身权利意识，不能停留在短期、临时的活动层面。要有意识地扩大学生团队的管理权限，积极为学生参与管理提供程序和规范运作引导，扩大管理职责，甚至为他们提供财力支持和具体指导，从根本上解决学生参与高校管理的认知问题。

四、重视文化建设，培育"工作室"模式

高校辅导员作为高校学生成长的指导者、学习的引导者以及心理健康的疏导者，是高校学生思想政治教育和学生教育管理的骨干力量。高校辅导员具有特殊的角色定位与岗位职责，其队伍的基本素质，尤其是文化素养和品质，对培养高素质的高校学生具有十分重要的作用。将辅导员队伍作为高校学生教育管理创新的切入点，不仅是时代发展的必然要求，而且是提高辅导员的综合素质，优化学生教育管理的落脚点。其中，辅导员工作室作为高校辅导员队伍建设的新载体，最近几年焕发出新的活力，对于创新中国高校学生教育管理模式具有重要意义。

（一）"工作室"模式的基本特征

辅导员工作室普遍具有团队特征，有目标、有组织、有机制，既能发挥集体优势又不失个人风格；注重挖掘成员的优秀潜质，造就一批更具专业信念、知识和能力的优秀辅导员；能够实现资源共享，为全面提高学生思想政治工作、学生教育管理工作的质量打下坚实基础。

1. 辅导员工作室普遍具有团队特征

辅导员工作室作为一个"工作室"，不可能只由一两个人组成，或无目标、无组织，而应该是一个基于主观上或客观上的共同特征而组成的共同体或团队。

（1）辅导员工作室有目标、有组织

成立辅导员工作室的根本目的在于推进学生教育管理队伍的建设，通过平台的搭建，发挥名师的示范、引领作用，促进团队成员的成长与进步，提升学生思想政治工作的发展水平。为了保障这一目标的实现，辅导员工作室一般都有严格的成员准入条件和考核程序，有明确的发展规划和培养方案，不是随意拼凑的松散俱乐部。

（2）辅导员工作室注重规范运作

一是每个工作室都有一个能够发挥示范、引领作用的导师，在专业素养各方面指导青年辅导员的成长，促进青年辅导员专业素质的提升；二是有独立运作的推进机制，设有包括日常管理服务工作的目标管理责任考核体系，责任落实到包括负责人在内的工作室所有成员，贯彻落实学期或学年工作规划的每个

环节；三是有信息反馈、过程共享的促进机制，要求成员定期阅读相关理论期刊、书籍，撰写读书心得，并组织优秀学员评选；四是有定期活动的常规机制，能够定期开展相关主题教育活动。通过这些常态机制的建立完善，确保工作室成为可以发挥团队力量的平台载体。

（3）辅导员工作室是一个重视集体优势又不失个人风格的共同体

每一个工作室都有一个灵魂人物，他（她）或者有独特的工作方法，或者有特别的人格魅力，或者有强大的资源统筹能力。这些特质使得每一个工作室都能够在一种团队文化意识的支持下，在彰显团队身份、凝聚团队力量、发挥各自特长上，产生强大的关怀力量，既注重发挥整体效能，又推动团队的协同合作，以培养一批充满热情、理念先进、素质过硬的辅导员队伍为发展使命。

2. 辅导员工作室注重挖掘成员的优秀潜质

辅导员工作室不是一个普通辅导员的成才平台，其注重发挥优秀辅导员的标杆、示范、引领作用，借助交流与共享机制，实现较高层次的合作和发展，确保充分挖掘、提炼、培育及发挥每位成员成为优秀辅导员的潜质。因此，辅导员工作室一方面应该依托网络平台，通过开展课题研究、教学研讨等活动，充分挖掘、培育、提炼成员的优秀潜质，另一方面也要求每一个成员依据团队发展目标和自身规划，依托自身专业背景、兴趣爱好，提高自觉发展的主动性，既融入团队建设，也提高自身专业能力，努力实现有团队特色的专业成长。例如，提倡学员阅读相关专业著作，撰写心得体会，提升专业认知，组织学员围绕特定主题开展学习、研讨、交流；鼓励学员定期就相关问题发表论文，做到观点鲜明，论证充分，逻辑清晰，确保论文的价值；组织学员每人做一次主题报告，或是分享学习心得，或是分享研究报告，配合其他互动研讨、专家报告等活动；经常组织工作室成员开展与工作室学生事务有关、强调个人专业背景的科研活动，定期交流研究成果，实现成员间的研究课题的内在关联、相互启发，实现资源整合、研究深化。

一系列挖掘优秀潜质的举措，可以进一步提升辅导员的专业化素质。一是更具专业化的信念，这是与非专业人员最重要的区别；二是具备更多的专业知识，突破工作室个别成员包括指导导师的专业限制，从而促进辅导员不断地学习；三是具备更专业的能力，如应对能力、反思能力、科研能力等，从而让辅导员不断适应变化了的环境与学生，提高专业化水平。

3. 辅导员工作室能够实现资源共享

与以往局限于学校、院系不同，在新时期，辅导员工作可以具有更多社区、属地特性：在高校园区，不同学校、院系的学生聚在一起，通过搭建区域性的学习、生活、服务等共用交流平台，可以较为便捷地实现不同专业、院系、学校辅导员之间的资源共享、平台共用和经验分享，进一步增强辅导员自主发展的特性，为提高学生工作质量打下坚实基础。

（1）建设网络平台

利用教学、生活区域相对集中的特点，通过日常交流了解实际需求，借助网络信息技术，及时分享各领域的最新工作动态与研究成果，定期举行在线交流、研讨，为工作在一线的师生提供支持。

（2）丰富活动内涵

在专业指导方面，可以跨学校聘请重要师资开展一线指导，帮助学员掌握本领域的前沿理论和科学研究方法等；在具体实践领域，可以通过案例分析、情景模拟、观摩交流、小组沙龙、互动参与等形式，开展具有实际效果的探讨交流。

（3）强化工作的体制机制建设

要将工作室建设作为学生事务的重点内容，学校分管领导、院系领导要经常性地实地调研，发掘和培育典型，及时把握发展方向；工作室的优秀辅导员要切实发挥引领作用，在把方向、聚资源、增实效上提供典型示范；其他工作人员参与协作，认真做好组织、联络、服务工作。

（二）"工作室"的操作指南

作为注重发挥优秀辅导员个体引导和示范作用的平台组织，辅导员工作室的高效有序运行，离不开一套相对系统、规范的操作指南。

1.基本任务

以推进素质教育为根本，以提升辅导员素质能力为目标，注重个体间交流引导效果，通过优秀辅导员的示范引领，建立辅导员在一线成长的工作机制，个性化解决学生发展过程中的实际问题，促进辅导员队伍整体素质的提高。

2.机构组建

充分发挥工作室优秀辅导员的导师引导作用，给予较为充分的授权和支持，由其依据规范甄选学员。

（1）导师的要求与确立

辅导员工作室导师一般从在职的优秀辅导员中产生。要求热爱学生思想政治工作，乐于奉献，善于学习；理念先进，主动进行学生思想政治工作的研究和实践，具有较强工作能力；有一定的组织、管理和指导能力及强烈的自我完善、自我突破、自我发展的愿望等。符合条件的优秀辅导员可向学生工作部、研究生工作部等学校相关管理部门提出申请，并提交一份工作室方案。工作室方案主要包括研究项目、工作规划培养目标、培养措施及时间安排等。学生工作部、研究生工作部等学校相关管理部门对优秀辅导员提交的方案，组织有关专家进行论证后，经学校学生工作领导小组审定，确定相应的优秀辅导员工作室导师并命名。

（2）工作室学员的产生

学员必须热爱学生思想政治工作，从事学生思想政治工作一年以上，基本确保两年内不变动岗位。学员可自主申请加入工作室，导师可在申请的人员中选择数名作为本工作室学员。其他条件可由主持工作室的辅导员导师确定。

（3）工作期限

优秀辅导员工作室开展工作时间一般每期为两年。

3. 工作职责

（1）导师的工作职责

全面主持"辅导员工作室"的工作；负责制订"辅导员工作室"的工作计划和学员培训计划；负责开展学员的学生思想政治教育和学生教育管理基础知识的传授、基本能力的培养，引领学员提高综合素质；负责指导开展学生思想政治教育和学生教育管理研究，提供具有学术价值的旨在提高工作水平的研究论文、调查报告、研究报告等；负责对学员的考核、评估和评价工作，建立学员档案；负责总结自身工作经验和"辅导员工作室"工作经验，提高理论水平，推广经验，传播先进工作理念；根据需要参与全校辅导员培训工作，接受学校相关管理部门的指导、检查、评估，向主管部门汇报工作，并做出书面总结。

（2）学员的工作职责

听取导师指导，接受导师的检查评估，向导师汇报工作，做出书面总结；积极参与"辅导员工作室"的各项工作，参加各类研究；认真学习思想政治工作理论，努力提高辅导员基本功；积极探索和改革学生思想政治教育与学生教育管理，在学习期间有较大的发展和提高。

4. 保障措施

（1）组织保障措施

成立"辅导员工作室领导小组"，以加强对辅导员工作室的领导和管理，一般由学生工作部、研究生工作部、团委等相关学生工作部门人员组成，负责辅导员工作室的命名，协助遴选学员，日常管理和考核，审核和下拨优秀辅导员工作室的经费等工作，并协调相关部门积极为工作室创造良好的工作条件和提供保障。

（2）经费保障措施

为使辅导员工作室顺利开展工作，学校应为优秀辅导员工作室提供专项经费，经费实行专款专用，主要用于：添置学科发展的相关报刊、书籍；日常办公经费；科研、课题经费；聘请专家、学者的授课费；与培养工作有关的培训、交流、考察费。

5.组织管理

①辅导员工作室一般设在优秀辅导员所在院（系），设工作室一间并挂牌。

②辅导员工作室成员所在单位要为辅导员工作室开展工作办实事，在落实工作地点、安排工作时间和协调工作关系等方面给予大力支持。

③辅导员工作室、导师、学员实行年度考核、评估。加强管理考核与绩效引导，不实行工作室"终身制"。届期满时，对工作成效明显、学生满意度高的工作室继续挂牌；对业绩不突出、运作不规范的，进行试用挂牌或取消授牌。

（三）"工作室"模式的创新策略

辅导员工作室是辅导员素质提升和队伍建设的重要途径，是推进辅导员职业化、专业发展的有效载体。如何进一步加强辅导员工作室建设，发挥辅导员工作室的辐射、示范、标杆作用，推动辅导员的能力建设和辅导员工作方法创新，引领和带动中国高校学生教育管理实践发展，是值得进一步思考和探究的课题。

1.整合资源，提升工作室成员的能力与素质

（1）以专题研究为着力点，提升能力

专题研究能够提升辅导员发现问题、分析问题和解决问题的能力，是推进辅导员业务素质建设的重要依托。要尽量避免没有着力点，泛泛而做，浅尝辄止的一般研究，注重科研的质量。一是组织学员集中学习，围绕一个主题，研讨相关领域专家学者的研究成果。二是鼓励成员自选专题，选择合适的切入点，检索、搜集并研读相关的文献，撰写有创新、有专长、有影响、有超越的研究论文。三是组织互动交流，分享研究成果，"以一篇带一组，以一人带多人"，有效提升学员发现问题、分析问题和解决问题的能力。

（2）以参赛评比为驱动力，检验实效

近年来，随着对辅导员专业化、职业化发展工作重视程度的不断提升，各

类辅导员评比应运而生。各类比赛既是对辅导员日常经验积累和业务能力素质的检验，又是激发辅导员挑战极限，展示自我的重要机会。尤其是对于处于专业水平提升重要节点的潜在优秀辅导员，参与此类活动，不仅能检验专业能力，还能收获常态工作无法给予的体验、感悟。辅导员工作室应积极鼓励、大力倡导学员参与各类评比竞技，给予参与学员及时、有效的帮助，组织其他学员提供力所能及的支持。

（3）以信息技术为亮点，打造特色

充分运用现代信息技术，为工作室增添发展利器。一是利用信息技术做好工作台账记录、案例积累和情景分析，深化专业课题研究。二是运用信息技术进行业务创新，优化学生教育管理程序，提升学生教育管理实效。三是强调成员的信息技术素养提升，帮助他们熟练使用相关软件，提高工作效率，使成员的跨越式发展成为可能。

2. 营造氛围，推动工作室实现文化育人

（1）以协作文化滋养人

每一个工作室都有特定的文化，它由团队长期积累、协同合作凝聚而成，并潜移默化地影响团队的发展。因此，营造一种健康、积极、向上且富有特色的辅导员工作室文化氛围，尤其是引导工作室成员逐步认同和践行工作室文化价值观，将协同合作精神渗透到工作室各项实践中，有助于实现工作室"文化育人"的目标。例如，在每一项具体实践中，都要倡导成员的团结协作，认真挖掘成员的潜力并促使其优势互补。同时，要积极引导工作室成员将点状思维、割裂思维转变为整体思维、辩证思维，做到既可以从各自专业背景角度分析，也能够从个性需求、公共利益等角度深入分析个案，能够发现事物间的普遍联系。同时，以制度性的平台沟通为基础，支持成员间开展思辨讨论，不断强化成员的团队意识。

（2）以榜样文化影响人

发挥工作室中优秀辅导员专业发展和成长足迹对成员的影响、感染、示范作用，对辅导员的专业化、职业化发展具有更为直接的教育和指导意义。一方面，优秀辅导员不断摸索、探求新知的率先示范，既提供了目标指引，又能够激发工作室的年轻成员更大胆地参与其中；另一方面，优秀辅导员在探索过程中的各类挫折和教训，可以让其他成员自觉自醒，避免犯类似错误。通过多场景的示范和引导，优秀辅导员的经验探索无疑会在潜移默化中转化为影响成员成长的重要因素。

（3）以个性文化唤醒人

不懈探求真谛的职业自觉和对专业水平的自我认同是优秀辅导员不可或缺的优秀品质。因此，工作室要注重激发每一位成员的职业憧憬，通过搭建成长和交流平台，鼓励学员大胆发表自己的意见，让成员在此进程中自我肯定、自我欣赏，从而自觉地选择适合自己、可预期的成长途径。同时，工作室成员间的差异和个体的丰富性更能够促进工作室群体水平的提升。因此，要尊重个体的独特性，在具体分配任务时，因才设岗，帮助成员找到各自的定位；在进行专业指导时，结合成员特长有针对性地给予建议，既帮助学员发展优势，又能弥补其不足。

五、注重师生沟通，倡导"书院制"模式

教育事业发展的生机活力离不开对传统和当下教育教学体制和方式的继承和创新。近年来，伴随高等教育领域人文教育缺乏、学生事务僵化等不足的逐步显现，书院教育传统的复苏和对欧美大学住宿学院做法的借鉴使书院制日益引人注目。书院制借鉴中国传统书院和欧美住宿学院在重视人文教育、注重通识教育、强调开放教学以及学生事务与学术事务有机融合等方面的长处，是新时期学生教育管理模式创新的有益探索。

面对教育主体、教育需求的复杂多变，在人文教育、通识教育以及开放教学方面颇有长处的书院教育突破了时空束缚，在当下的高等教育领域努力寻找自己的发展空间。

（一）"书院制"模式的基本特征

1. 以学生为本，重视全人教育

书院制以学生发展需求为根本，在服务管理过程中为学生提供更多平等交流的机会、更多的活动空间和更好的服务环境，充分尊重和发挥学生的主观能动性，满足学生的合理需求，提高学生教育管理的效能。

2. 课内外融合，倡导通识教育

在"书院制"模式中，书院和大学、院系既互相独立，各司其职，又注重课内外教育的交融。书院主要承担教学计划以外的日常生活管理、通识教育课程和隐性教育，院系则负责基础理论、专业知识的传授及基础科学研究指导，通识教育和专才教育紧密结合，促进学生健康发展。

3. 全方位育人，注重师生对话

在书院教学环境中，不同院系、专业的学生吃、住、活动在一起，促进不同专业背景的学生在思想、情感、文化、信息等方面的沟通交流，有利于开阔学生的心胸、视野。书院通过各种方式实现各方的对话，包括高年级学生与低年级学生之间的对话、学生与教师之间的对话，甚至教师与教师之间的对话，使师生关系更加密切。除了学生之间的跨界交流外，书院也倡导学生与专业权威以及社会贤达的常识性沟通，进一步促进平等主体间的理解交流。

4. 设施齐全，重视特色文化建设

在"书院制"模式中，除了学生宿舍和食堂外，书院内还设有多媒体教学实验室、图书阅览室、学生活动室等设施。同时，各个高校的书院都非常重视文化传统和特色建设。例如，联合书院提倡"明德新民"的精神，注重培养学生的社会责任感。逸夫书院重视"修德讲学"，倡导学生德育、智育并行发展。

（二）"书院制"模式的实施指南

1. 功能定位和建设目标

①整合人才培养相关条线的管理和服务功能，集通识教育、养成教育和学业指导于一体，将书院建设成兼有文理学院和住宿制学院两种功能的二级实体单位，形成学生对专业院系和书院的双重文化认同。

②统筹协调，尊重学生兴趣和选择，配备优秀指导教师，建设优质课程资源，提供个性指导和帮助，打造面向全体学生的教育教学和职业养成的平台。

③构建以提高人才综合素养、培养科学的思维方式为目标的通识教育体系，探索多元分层和多途径学习的人才培养模式，逐步形成集课堂教学、实践创新、指导服务、养成教育于一体的协同育人格局。

④实施住宿制书院建设，在学生对书院与相关专业院系双重认同的基础上，积极营造有利于提升专业知识、专业技能和专业品行的学习环境、生活空间和文化氛围，尤其是在研究反思、同伴合作、表达交流、领导团结、尊重关爱等专业品行方面产生重大影响。

2. 组织管理架构

（1）行政管理组织体系

参照实体学院的模式建构党政管理架构，并实施党政联席会议制度。

书院设院长 1 名、书记 1 名，院长由具有较高学术造诣和地位、丰富的教育教学经验、乐于也善于与学生沟通交流的著名专家担任；副书记（兼副院长）

1名，分管书院学生教育管理（可由学工部副部长兼任）。

书院下设书院办公室、教务与学业指导办公室、学生事务办公室。

书院办公室发挥综合协调作用，协助书院领导做好书院日常工作的安排和协调；负责书院各类会议的组织工作，书院内人事、财务的管理工作，校内外的来访接待工作。

教务与学业指导办公室负责学生选课与运行、课程建设与管理、科研训练、实习见习、学业指导等。工作人员以应届生招聘为主，也可从院系教务员、辅导员中适当招聘。

学生事务办公室（含学生团学办公室）负责学生管理工作，由1名行政人员和若干名辅导员、助理辅导员（由学生兼任）组成，负责公民教育、生命教育、社区活动、心理咨询、学籍管理、奖助学金评定等各项事务。

（2）相关决策与咨询委员会

校教学委员会下设置通识教育课程建设委员会。通识教育课程建设委员会由对通识教育有深入研究及具有通识教育课程教学实践经验且教学效果良好的校教学委员会委员和其他相关人员组成。该委员会的主要职责如下：统筹规划学校通识教育的建设目标和思路；设计论证学校通识教育体系和课程模块；实施通识教育的课程建设和评价。

3. 书院的学生管理服务体系

（1）学生管理服务体系建构的基本思路

设立书院，其目标是培养思想的全人、生活的全人。与书院人才培养目标相适应，学生事务团队以精英人才能力的培养、"未来教育家"价值理念的培养为核心，开展各项学生事务。

（2）辅导员的聘用和职能

聘用：范围宜面向校内外公开招聘；标准定为硕士以上，中共党员；编制在录用后属书院编制；待遇参照有关管理办法，发放辅导员值班津贴。

职能：开展公民教育，培养学生公民的责任感、使命感，以及服务社会、关怀群众的意识；开展生命教育、健康教育、心理咨询，促进学生成长为身心健康的人；支持学区导师开展职业生涯指导，帮助学生确定发展方向和路径；策划、组织社区活动，培养学生的领导能力、社会交往能力、写作能力、表达能力、英语应用能力等；协助学区导师完成科研、科创活动，培养学生的创新能力、学术兴趣、学术研究能力；进行学籍管理以及奖助帮困学金的评定；传递社区各项住宿、生活服务信息，满足学生对住宿生活的需求，提高学生生活品质。

（3）社区活动

在党团组织的领导之下开展社区活动，培养学生能力，引导学生形成正确的价值观，成为具有多元包容品质的全人。围绕人才培养主题，在社区建立若干志趣联盟和研究中心，在辅导员牵头策划组织下开展各项社区活动。

（4）文化建设

通过环境建设、媒介建设、节日建设，构建学生可以自然而然、随时随地融入的学习共同体和人际交往空间，传播书院核心价值理念和书院精神，增强学生对书院的归属感和对书院人的身份认同。

（三）"书院制"模式的创新策略

书院教育的长处与其小班教学的历史特点密不可分。书院归来，直面的是现代大学制度建立以来，学术事务和学生事务、"求学"与"做人"两者关系的历史纠葛。作为大学教育的源头，书院无疑是精致的，在授业权威兼导师的言传身教下，书院的学术事务和学生事务实现了高度协调，取得了明显的教育成效。对于动辄数万学生的现代高校，完全复制书院模式无疑成本高昂。书院归来，对当前高等教育最大的启示，就是要尽力避免科层管理造成的弊端，防止学术事务和学生事务的分离、对立，应以学生发展需求为中心，不断促进两者的融合互动。

1. 培育特色鲜明的书院文化

书院文化是凝聚和团结书院师生的无形力量，是书院得以存在和发展的核心。在书院建立发展的漫长历史过程中，特色鲜明的书院文化对学生的归属感、凝聚力的形成，对其价值规范的构建具有重要的指引作用。硬性的制度管理显然已经不适合现代书院的学生管理体制，在大力推行书院制的同时，不能忽略书院文化对书院教育取得成效的重要支撑作用。但书院自身特色和文化的形成需要一个长期的过程。现在国内部分高校建立的书院，发展时间较短，还没有形成带有自身鲜明特色、较为稳定的文化氛围。尽管不少高校的地理位置、物质环境、文化传统已有各自特色，但是面对当下的社会需求又可能相对单一。所以，形成各有特色的书院精神和文化传统，需要几代甚至几十代师生的共同努力、长期坚持。

2. 不断强化管理部门间的合作与分工

传统大学院系和工作机构偏重"条线"的管理，"书院制"模式更加突出"块"的服务，隶属于大学的书院与地位平等的专业院系、二级管理部门如何分工与合作，是近年来书院发展中难以回避的问题。我们认为，书院及其内设机构应该主要凸显为学生服务的各项功能，"条线"的管理主要通过大学二级部门的一站式平台进行，但是服务与管理往往难以绝对区分，两者的分工与合作应该同等重要。当前，既要积极探索书院行政架构、人事安排、教师资源的开发与利用，又要明确大学管理部门与新设书院之间的分工协作关系，明确书院、院系的管理职责、各自工作边界和相互支持关系。这些都直接关系到书院职能目标的完成，也是"书院制"顺利实施和发挥优越性的关键。

3. 重视导师队伍的建设管理水平

在书院发展过程中，导师扮演着重要的角色，其不仅关注学生的兴趣爱好，还要在自觉自愿的前提下，培养他们探究未知和思辨的能力，培养他们独立解决问题的能力。目前，不少高校都为新设书院配备了专门的教导者，负责学生学习生活方面的咨询指导，包括学业导师、管理教师以及专兼职辅导员等不同角色。由于肩负了学术事务、学生事务的双重职能，对导师队伍也有了更高的要求。

首先，要有准入标准，确保有视野、有认知、有能力、有爱心的师资进入这一探索领域，量化分类标准。

其次，要加大培训力度，为导师提供培训或交流的机会，使其学习先进的管理理念和背景知识，为他们的专业成长和发展创造机会。

最后，要建立完善的激励机制，在薪酬待遇、职称评定方面，参照学术领域的可比较人员，提供对等标准和待遇。在发挥导师作用的同时，还要充分发挥学生自我管理的作用，为学生提供更多的参与书院管理的机会，共同促进书院管理水平的提升。

参考文献

[1] 丁兵. 当代高校教育管理研究 [M]. 西安：西北工业大学出版社，2019.

[2] 李玲. 高校学生管理工作创新研究 [M]. 长春：吉林人民出版社，2020.

[3] 王宝堂. 当代高等教育管理与实践路径研究 [M]. 青岛：中国海洋大学出版社，2018.

[4] 代静. 高等教育管理与教学研究 [M]. 西安：西安交通大学出版社，2017.

[5] 郑雨欣，贾龙宇，邓培林. 宿舍环境对大学生学习的影响研究 [M]. 成都：西南财经大学出版社，2014.

[6] 王娜. 新时代高校学生资助工作理论与实务 [M]. 北京：中国人民大学出版社，2020.

[7] 汪宗田，张洁，王佩. 大学生思想政治教育研究 [M]. 北京：社会科学文献出版社，2017.

[8] 尹乃春. 多元协同下高校法治教育体系化路径研究：以大学生法律信仰培育为中心 [M]. 上海：上海交通大学出版社，2019.

[9] 董泽芳. "以生为本"是大学办学的第一理念 [J]. 中国高等教育，2002（12）：32-33.

[10] 马俊杰，文书锋，黄文斌. 论坚持"以生为本"的高校学生工作理念 [J]. 学校党建与思想教育，2009（1）：63-64.

[11] 周天良. "以生为本"应从满足学生的合理需要做起 [J]. 教学与管理，2016（20）：60.

[12] 吴荣军，李亿. 美国高校学生培养工作生本理念与实践及其借鉴 [J]. 学校党建与思想教育，2015（4）：94-96.

[13] 赵燕. 基于数字化校园网络的高校教育管理模式的创新研究 [J]. 教育

教学论坛，2014（39）：15-16.

[14] 陈礼明. 新形势下高校教育管理的现状与机制创新构建 [J]. 科技资讯，2013（16）：176.

[15] 杨莹莹. 大数据时代高校学生教育管理模式存在的问题及应对策略 [J]. 西部素质教育，2017，3（14）：92-93.